LÉGENDES

ORIGINES

LA COMÉDIE DE NANCY

LÉGENDES

DES

ORIGINES.

APPROBATION.

Nous, PIERRE-LOUIS PARISIS, évêque d'Arras, de Boulogne et de Saint-Omer,

Vu le rapport qui nous a été fait sur cette quatrième édition des *Légendes des Origines,* revue et corrigée, nous n'y avons rien trouvé qui soit contraire à la foi ou aux mœurs.

Arras, le 10 septembre 1864.

† PIERRE-LOUIS,
Évêque d'Arras, de Boulogne et de Saint-Omer.

Paris. Typographie Henri Plon.

LÉGENDES

DES

ORIGINES

PAR

J. COLLIN DE PLANCY.

QUATRIÈME ÉDITION.

Approuvé par S. G. Mgr l'Évêque d'Arras, de Boulogne et de Saint-Omer.

PARIS

HENRI PLON, IMPRIMEUR-ÉDITEUR,

RUE GARANCIÈRE, 8.

1864

LÉGENDES DES ORIGINES.

I. — DISPUTES DE PRIORITÉ.

> Dis-je quelque chose assez belle ;
> L'antiquité, toute en cervelle,
> Me dit : — Je l'ai dit avant toi.
> C'est une plaisante donzelle.
> Que ne venait-elle après moi ?
> J'aurais dit la chose avant elle.
>
> Le chevalier de Cailly.

On rit un peu, dans certain opéra-comique, à une charge de M. Deschalumeaux, personnage de ce siècle. Il a émis une phrase qu'il croit spirituelle. On lui fait remarquer que Louis XIV a dit cela, et il réplique : Reste à savoir qui l'a dit le premier. Or M. Deschalumeaux vivait il n'y a pas encore long-temps ; il est même possible qu'il ne soit pas mort.

Lorsqu'on vit passer ce vers dans une tragédie de Lamotte :

> Vous parlez en soldat ; je dois agir en roi,

on lui objecta que ce vers était de Pierre Corneille. Il répondit : — Ce vers est mon bien. Si Corneille l'a pris, je le lui reprends.

On lit partout qu'un fanfaron se vantant devant

Turenne de n'avoir jamais eu peur, l'illustre général lui dit : — Vous n'avez donc jamais mouché la chandelle avec vos doigts?

Or cette parole avait été dite dans les mêmes termes, un siècle auparavant, par Charles-Quint.

On parlait devant le même Charles-Quint d'un très-riche épicier de Gand, et comme les jugements téméraires sont ceux qui se font le plus vite, on insinuait que les fraudes et les tromperies étaient la source d'une fortune si ronde dans un commerce si humble en apparence. Ceci se passait à travers un bal : il était minuit. Le sage empereur, qui jugeait mieux les hommes, voulant éclairer les médisants, les emmena avec lui à la porte de l'épicier et frappa vivement. Le bourgeois de Gand sortit de son lit, mit la tête à la fenêtre et demanda ce qu'on lui voulait : — De la lumière pour rentrer chez moi, répondit Charles. Servez-moi une chandelle d'un denier. — A l'instant, répondit le bourgeois. Il descendit en hâte et remit gracieusement sa chandelle d'un denier. — Vous voyez, dit alors l'Empereur, à quoi cet honnête homme doit ses richesses : à l'activité et au travail.

Dans les anas dont on réveille le souvenir de Henri IV, on lui prête ce trait, parfaitement copié.

Nous citerions dans ce genre bon nombre d'anecdotes.

Dans un autre ordre de faits, on dispute également la priorité ou la possession. Les Lorrains réclament Jeanne d'Arc, qui était Champenoise. Liége et Amiens se disputent Pierre l'Ermite. Le Brabant et le Boulonnais se disputent Godefroid de Bouillon, comme les vieilles cités de la Grèce se disputaient Homère. Ces sentiments tiennent à une vanité, excusable peut-être; c'est du patriotisme. Mais le patriotisme est quelquefois peu loyal.

On a vu à la suite de batailles indécises les deux peuples ennemis chanter le *Te Deum* et s'attribuer à la fois la victoire. On a vu bien des actions glorieuses faites par un seul homme, mais dont plusieurs ensemble se donnaient l'honneur. Ces observations nous sont inspirées par un trait qui a beaucoup d'analogues, et que voici :

On lit dans la Chronique de Godefroid de Bouillon cette description de la prise de Jérusalem. C'était le trente-neuvième jour du siége.

« Plusieurs des tours qui avaient coûté aux assiégeants tant de peine et de travaux étaient brûlées et abattues. La tour de Godefroid, à moitié démantelée, menaçait ruine. Le théâtre des plus grands faits d'armes fut cette tour, qu'on avait solidement étayée. Godefroid s'y tenait debout, dirigeant tous les mouvements et lançant des javelots qui répandaient la mort. Derrière lui était élevée une croix d'or, dont l'aspect semblait redoubler la rage des Sarasins. Ils lui lançaient des pots de feu et des pierres énormes, qui ne purent la renverser.

» Le Tasse n'a pas introduit sans autorité des scènes de magie dans ses écrits épiques de la *Jérusalem délivrée*. On lit dans Raymond d'Agiles, l'un des historiens de la croisade, que les infidèles employaient fréquemment ces sinistres ressources contre les chrétiens. Au moment grave où nous sommes, ils amenèrent sur les remparts deux magiciennes qui avaient promis de détruire par leurs enchantements la croix d'or de Godefroid, qu'elles regardaient comme un talisman, et d'obliger ainsi les Francs à la retraite. Ces promesses ne leur furent pas heureuses; car, au moment où elles faisaient leurs charmes, une pierre lancée par une des catapultes de la tour de Godefroid écrasa les deux sorcières et les livra, dit l'historien, à ces mêmes démons qu'elles invoquaient. »

L'avantage néanmoins semblait se maintenir du côté des Sarasins, lorsqu'on vit apparaître au sommet des oliviers un chevalier revêtu d'armes éclatantes. Il agite son bouclier blanc sur lequel étincellent trois étoiles; il montre Jérusalem de la pointe de sa flamboyante épée. Tous les soldats de la croix s'écrient que c'est saint Georges. Godefroid aussitôt, sentant que sa tour, qui avait pris feu à la base, allait s'écrouler, laisse tomber son énorme pont-levis sur la muraille et se précipite dans la ville, entre deux frères de Tournay, Ludolphe et Guillaume, qui le soutiennent. Eustache de Boulogne et tous les croisés suivent ces trois héros; et la ville est prise le vendredi 15 juillet 1099, à trois heures...

Les historiens belges donnent donc à Ludolphe et à Guillaume, à ces deux frères seuls, l'honneur d'être entrés les premiers à Jérusalem; et Orderic Vital, historien anglais contemporain de la prise de Jérusalem, en son histoire, qui est traduite dans la collection Guizot, dit sciemment et formellement que celui qui entra le premier à Jérusalem, le 15 juillet 1099, était Raimbold Creton, sire d'Estourmel, gentilhomme du Cambrésis.

Que devons-nous conclure de ces deux récits et de quelques autres qui ne s'accordent pas avec eux? — Que le gentilhomme du Cambrésis, les deux frères de Tournay et plusieurs autres sont entrés les premiers à Jérusalem, chacun de son côté peut-être. Il y a des moments providentiels où la victoire se décide, où chacun est victorieux, où ceux qui sont poussés au premier rang s'attribuent la plus grande part de la gloire, uniquement parce qu'ils se sont trouvés dans son courant.

Frédéric II, à la suite d'une bataille, déclara le plus brave un petit fifre qui, sans se porter en avant et sans jouer des bras, n'avait cessé durant toute l'affaire de souffler dans son fifre les airs les plus émouvants, au milieu de la mitraille et des balles.

Au reste, le plus vaillant des guerriers n'est pas toujours celui qui entre le premier dans une place enlevée, mais plutôt celui qui se retire le dernier d'un poste périlleux. Et sans nuire, comme c'était l'idée des enfants de 89, à l'éclat de nos fastes militaires contemporains, nous devons reconnaître que notre histoire ancienne, ou antérieure aux commotions de la fin du dernier siècle, est riche outre mesure de traits éclatants qui prouvent que la brillante valeur des Français n'est ni un progrès ni une innovation, mais un héritage; et puisque nous venons de transporter le lecteur au temps de ces croisades héroïques, splendeurs qui ont placé la France au premier rang dans toute l'Asie, citons un trait entre mille et dix mille de ces campagnes de géants; c'est là de la vaillance. Nous l'empruntons à M. P. Roger, dans son curieux tableau de la noblesse de France aux croisades.

« La fin glorieuse de Jacquelin de Maillé, maréchal du Temple, a été décrite par Geoffroi Vinisand. La cavalerie de Saladin avait surpris Nazareth. Dès qu'on en eut la nouvelle, cent trente chevaliers du Temple, ou de l'ordre de l'Hôpital, suivis seulement de trois cents hommes de pied, accoururent pour sauver la ville. L'ennemi comptait sept mille cavaliers. Le grand maître du Temple et deux chevaliers rentrèrent seuls à Jérusalem. Tous les autres avaient péri dans une lutte si inégale. On dit qu'ayant épuisé leurs flèches, ces chevaliers arrachaient de leurs corps celles dont ils étaient percés et les renvoyaient aux Sarasins. Resté seul debout au milieu des morts, Jacquelin de Maillé combattait encore. Son cheval finit par s'abattre. Couvert de blessures, la lance à la main, Jacquelin refusait de se rendre. Il tomba enfin percé de mille coups. On raconte qu'étonnés de tant de valeur, frappés d'admiration et de respect, les Sarasins entourèrent le corps de Jacquelin de Maillé, les uns s'emparant de ses armes, les autres se partageant avec vénération les débris de ses vêtements et de son armure. »

D'un tel héroïsme, quand la mort le couronne, nul ne dispute la priorité.

II. — LES IDÉES NOUVELLES.

> Invente, et tu vivras.
> LEMIERRE.

> Il me faut du nouveau, n'en fût-il plus au monde.
> LA FONTAINE.

> Rien de nouveau sous le soleil.
> SALOMON.

Pascal a soutenu que de son temps déjà il n'y avait plus d'idées mères; et Perrot d'Ablancourt traduisait, convaincu qu'il ne restait plus rien à créer. Je suis persuadé que, s'il se présentait un savant comme Pic de la Mirandole, qui pût discuter *de omni re scibili,* ce qui aujourd'hui ne serait pas facile, il nous démontrerait qu'il n'y a pas réellement d'idées nouvelles, et que les formes qui nous séduisent par leur tournure inaccoutumée ne sont que des apparitions déguisées de choses qui ont brillé autrefois.

Je crois qu'on pourrait appliquer ce que j'avance à l'art, aux belles-lettres, à l'industrie, aux prétendues inventions, pour lesquelles on prend des brevets — parce qu'on a retrouvé.

Il y a quelques années, l'inventeur des binocles, espèce de lorgnette double, aujourd'hui très-commune, fit un procès à un homme qu'il appelait son contrefacteur. Celui-ci vint au tribunal, avec une grande catoptrique in-folio, publiée par un savant jésuite et imprimée sous Louis XIV; les binocles y étaient décrits et gravés. Il se trouva donc que le prétendu inventeur, qui avait réclamé privilége, n'avait imaginé que le nom.

Vous avez vu, il y a peu de temps, un Anglais, nommé, je pense, M. Rolt, dévider des fils d'araignée qu'il faisait travailler. Vous avez lu à ce sujet de graves calculs; et lorsqu'il demeure constant que deux araignées ne peuvent se rencontrer sans se battre à mort, on a établi que, si on pouvait faire travailler ensemble vingt-deux mille araignées, on produirait une livre de soie, bien plus fine que celle des *bombix*. On cria à la découverte; on vit là toute une industrie nouvelle. Ce n'était pourtant, comme on dit, que du *réchauffé*. Car au dernier siècle, M. Bon, de Montpellier, présenta à l'Académie des sciences de Paris une paire de bas en fils d'araignée. Vous pouvez même lire le rapport de Réaumur, qui pensa que cet essai ne serait jamais utile et n'avait absolument qu'un intérêt de curiosité vaine.

En fait d'histoire, le beau trait de madame Lavalette (1815) n'est qu'une copie de madame Grotius; et il y a trente ans que vous avez pu lire ceci dans les journaux :

« Le nommé Clark, condamné à la peine de mort pour meurtre avéré, aux assises d'Albany (États-Unis), était détenu dans la prison du comté, en attendant l'exécution. — Le matin du jour fatal, la femme de Clark obtint la permission d'entrer dans son cachot pour lui faire ses adieux. — Une demi-heure après, on vit cette épouse infortunée sortir avec un mouchoir devant la figure, pour étancher ses larmes.

Les geôliers, respectant ses douleurs, ne l'examinèrent pas de trop près lorsqu'elle franchit le guichet. Quelques instants après, le concierge entra dans la cellule de Clark pour le préparer au supplice. Quelle fut sa stupéfaction de trouver à la place du condamné, sa femme qui avait changé d'habits avec lui et facilité ainsi son évasion ! La femme d'un meurtrier des États-Unis a donc imité le généreux dévouement dont l'exemple a été donné il y a plus d'un siècle par lady Nihisdale, il y en a deux par madame Grotius, et de nos jours, à Paris, par madame de Lavalette. »

Et si l'on vous dit que Fernand Cortez, que Guillaume le Conquérant s'imaginèrent de brûler leurs vaisseaux pour obliger leurs soldats à ne pas reculer, répondez qu'ils n'imaginèrent pas; car lorsque le césar Constance-Chlore, ou le Pâle, envoya Asclépiodotus faire la guerre à Carausius, vaillant chef franc qui s'était fait proclamer auguste et dominait l'Angleterre, dont il se posait empereur, Asclépiodotus, sachant que notre brave compatriote avait déjà vaincu les Romains et les avait mis quatre fois en déroute, s'avisa de brûler ses vaisseaux pour ôter à son armée tout espoir de fuite.

Si l'on vous dit que Louis XI inventa les postes, vous pouvez assurer que le successeur de Jules César les avait établies dans nos contrées, avec ces petits chariots que Virgile appelle, au troisième livre des Géorgiques, *esseda belgica*.

Si M. Français, de Nantes, se vante encore d'avoir créé les droits réunis, nous lui répliquerons qu'il n'a fait que fixer ce nom aux contributions indirectes, qu'on a longtemps appelées gabelles, et que Jules César imposa aux Gaulois, tout à fait conformes à ce que nous voyons aujourd'hui.

Vous n'avez pas oublié que le roi Guillaume Ier interdit aux Belges la langue française. Il n'eut pas non plus là une idée neuve; car l'empereur Auguste avait défendu aux Gaulois du Belgium, *sous peine de mort,* d'employer dans les écrits publics et dans les conversations particulières l'ancienne langue de leurs pères, à laquelle il substitua violemment la langue latine. Cette exigence fit périr des monuments; mais elle amena, comme de nos jours, des révolutions (1).

Je répéterai donc qu'on ne peut guère citer une idée moderne qui ne se retrouve dans les temps écoulés. Cela est si vrai, que ces lignes que je trace ont assurément déjà été dites. La langue française a produit deux belles inscriptions : *A Louis XIV après sa mort. — Aux grands hommes la patrie reconnaissante.* La première s'est rencontrée sur un monument d'Herculanum : *Aux consuls Claudius et Papirius après leur mort,* POST MORTEM ; et si nous cherchions

---

(1) J. Meyer nous a conservé une singulière anecdote touchant les persécutions dont le flamand a été l'objet. En 1382, les Français entrèrent en Flandre pour porter secours à Louis de Maele. A peine eut-on passé la Lys, qu'il fut interdit, *sous peine de la vie,* aux Flamands qui suivaient le prince, de parler leur langue, et à cette occasion Meyer fait une observation où se trahit son aversion pour la France : « Les Fran- » çais ne connaissent que leur langue, dont ils racontent des merveilles, » bien qu'elle ne soit qu'une écume de la langue latine, et ils haïssent la » nôtre, quoique bien plus parfaite, parce qu'ils auraient de la peine à » l'apprendre... » (M. de Reiffenberg, Préface des Mémoires de Jacques Duclercq.)

bien, nous trouverions certainement la seconde.

M. de Chateaubriand, dans ses *Souvenirs d'Italie*, raconte qu'il alla visiter le tombeau du grand Scipion, avec l'espoir de retrouver la fameuse inscription : *Ingrate patrie, tu n'auras pas mes os.* Il n'en reconnut aucun vestige ; et « il me paraît, ajoute-t-il, que Scipion, malgré les justes raisons de plainte qu'il avait contre Rome, aimait cependant trop sa patrie pour avoir voulu qu'on gravât cette inscription sur son tombeau ».

Quand M. le baron Séguier, un peu plus tard premier président à Paris, fit enterrer son père, mort à Tournay en 1792, dans l'émigration, il mit sur son tombeau, dans une église dédiée, je crois, à saint Jacques, cette inscription, qu'on lit encore aujourd'hui : *Non habebis ossa ejus, ingrata patria.*

Nicolas Gazet, prédicateur artésien, a dit au seizième siècle, dans un de ses sermons imprimés : « Qui est plus chrétien que le Christ, moins chrétien que le Christ, autrement chrétien que le Christ, n'est pas chrétien. » Ne reconnaissez-vous pas la fameuse phrase du général Foy : « Quiconque veut plus que la charte, moins que la charte, autrement que la charte, celui-là n'aime pas la charte. »

Et pourtant je parierais que le général Foy n'avait pas lu les sermons de Nicolas Gazet. Aussi ne dis-je pas que celui qui reproduit une idée connue l'ait pillée ; mais seulement que nous ne pouvons plus imaginer, si ce n'est peut-être une combinaison ; et encore...

Voltaire, en désignant un religieux qui était son

secrétaire et qui s'appelait Adam, ne manquait jamais de dire : — Je vous présente le père Adam, qui n'est pas le premier homme du monde.

Or, dans le *Mélange critique de littérature, recueilli des conversations de feu M. Ancillon,* 2 volumes, Bâle, 1698, page 38 du tome Ier, on lit l'anecdote des disputes fréquentes de Marie Dumoulin, sur la religion, avec un bon père jésuite qui s'appelait également le père Adam, et qui vivait un siècle avant l'autre, et on voit que cette dame disait souvent au père Adam qu'il n'était pas le premier homme du monde.

C'est M. de Villenfagne qui restitue à Marie Dumoulin un mot que Voltaire s'était attribué (1).

L'industriel qui a été condamné à un an de prison, en 1834, pour avoir imaginé d'écrire tous les jours des lettres supposées, qu'il portait lui-même, et dont il se faisait payer le port, n'est qu'une copie d'un Parisien qui, en 1715, se ramassait avec cette ressource quatre à cinq francs tous les soirs.

Vous savez qu'à Paris, en 1793, on payait les arti-

---

(1) Villenfagne, *Mélanges de littérature et d'histoire.*

Henri Lancelot, de Malines, augustin, fit lire sa controverse en l'intitulant le QUARE *hérétique répondu et réfuté par le* QUIA *catholique.*

Voilà les *Pourquoi et les parce que,* titre d'un petit volume qui avait du succès il y a quelques années.

Le P. Riba de Neira fit aussi *el Porque* (le Pourquoi), qui est une réponse à ceux qui étaient en peine de savoir pourquoi les jésuites ne chantent point dans le chœur, pourquoi ils ne sont obligés qu'à une pénitence volontaire, pourquoi quelques-uns ayant demeuré trente ans chez eux n'ont pas encore fait profession, pourquoi la société peut les chasser après qu'ils y ont été fort longtemps. Livre curieux imprimé, en 1605, à Alcala de Henarez.

sans qui, pour leur instruction, assistaient aux séances des clubs. En 1579, les calvinistes étant maîtres à Bruxelles, tous ceux qui assistaient aux prêches recevaient pareillement de six à dix sous. Aussi les auditeurs étaient-ils si nombreux que les églises qu'ils profanaient ne pouvaient les contenir.

Il paraîtrait que les anciens, qui certainement connaissaient la fantasmagorie, le magnétisme, la phrénologie et l'homœopathie, connaissaient aussi la vapeur.

Voici un fait au hasard.

Les premières orgues introduites en Europe y parurent vers 755.

Ce fut Constantin Copronyme qui fit ce présent à Pépin le Bref. On les plaça dans l'église de Saint-Corneille à Compiègne. Les historiens vous disent que c'était à l'aide de la vapeur qu'on en tirait le son, mais que le secret de ce moteur s'est perdu.

Si des faits et des choses industrielles nous revenons à l'art et à la littérature, nous ne ferons que redire ce que déjà nous avons exposé; mais nous pourrons donner de nouveaux exemples. On a cité souvent pour sa forme bizarre ce sixain de Beaumarchais :

> Connaissez-vous rien de plus sot
> Que Merlin, Bazire et Chabot?
> Non, certes, il n'est rien de pire
> Que Chabot, Merlin et Bazire,
> Et nul ne vit onc plus coquin
> Que Chabot, Bazire et Merlin.

Voici l'ancien pendant de cette petite pièce,

publié après la mort funeste de François II et reproduit dans le *Mars français*, page 439 :

> Par l'œil, par l'oreille et l'épaule,
> Trois rois sont morts naguère en Gaule ;
> Par l'épaule, l'oreille et l'œil
> Trois rois sont entrés au cercueil ;
> Par l'épaule, l'œil et l'oreille
> Dieu a montré grande merveille.

C'est un Lyonnais, ayant nom Pitra, qui avait arrangé le livret d'*Andromaque* pour l'Opéra, en 1780 ; il fut chansonné comme les autres. Et voici encore cette même forme, avant Beaumarchais :

> On proclame à Vaugirard
> Pitra, Morel et Suard ;
> Le *Mercure* élève au ciel
> Pitra, Suard et Morel ;
> Mais on berne à l'Opéra
> Suard, Morel et Pitra.

Enfin on lisait, en juillet 1842, dans le *Mémorial agenais* :

> L'État est fort mal attelé
> Avec Thiers, Guizot ou Molé ;
> L'État marche tout de travers,
> Avec Molé, Guizot ou Thiers ;
> Vers l'abîme il court au galop,
> Avec Molé, Thiers ou Guizot.

Mais on peut avoir encore le plaisir de remonter plus haut. Trois sizains de même forme ont été faits sur les trois chefs du protestantisme au seizième siècle, Luther, Calvin, Henri VIII :

> Vous dont le sens est encor sain,
> Fuyez Luther, Henri, Calvin.

> Vous dont le cœur n'est point flétri,
> Fuyez Calvin, Luther, Henri.
> Vous à qui le salut est cher,
> Fuyez Henri, Calvin, Luther.
>
> Cruel, ivrogne, libertin,
> Voilà les grands traits de Calvin;
> Pourceau, digne du pilori,
> Voilà le portrait de Henri;
> Bouche de fiel et cœur de fer,
> Voilà l'image de Luther.
>
> Avoir glacé l'amour divin,
> C'est là l'ouvrage de Calvin;
> Percer le sein qui l'a nourri,
> C'est tout le plaisir de Henri;
> Fermer le ciel, ouvrir l'enfer,
> C'est la conclusion de Luther.

Pour les enjambements de vers, dont on semble faire honneur aux écrivains romantiques qui flamboient aujourd'hui, comme ceux-ci de M. Alfred de Musset :

> Abbé, je veux du sang. J'en suis plus altéré
> Qu'une corneille....
> Je ne te ferai rien, viens m'achever. Un verre
> D'eau — pour l'amour de Dieu !...
> Oh ! je te montrerai si c'est après deux ans
> Qu'elle porte un amour à fond, comme une lame
> Torse — qu'on n'ôte plus du cœur, sans briser l'âme,
> Si c'est alors qu'on peut la laisser comme un vieux
> Soulier — qui n'est plus bon à rien....

Nous leur opposerons quelque chose de plus avancé encore, que vous trouverez dans une tragédie de Garnier :

> — Accordâtes-vous donc ce qu'il vous demanda?
> — Je l'accordai, mon fils, à ta recommanda-
> Tion. Sois donc en paix. —

Désaugiers commence aussi hardiment une de ses chansons les plus piquantes. C'est l'histoire d'un fiacre, racontée par lui-même, sur l'air : *Mon père était pot* :

> Je vais vous faire ici ma gé-
> Néalogie entière.
> De quatorze ans je suis âgé,
> Et mon très-cher grand-père
> Fut un peuplier,
> Mon père un noyer,
> Mon grand-cousin un frêne,
> Mon frère était pin,
> Moi je suis sapin
> Et fus fait par Duchesne (1).

Une autre romance déjà vieille débute ainsi sur l'air : *Que ne suis-je la fougère...*

> Que ne suis-je l'heureux camphre
> Dans ton palais prisonnier !
> Oh ! je tressaillerais quand fre-
> Donnerait ton doux gosier !

Louis Desmazures, le poëte de Tournay, dans sa poésie qui semble avoir préludé aux enjambements romantiques, a cherché du moins la précision.
Le voici :

> Et les armes je chante, et l'homme qui de toute
> La côte d'Ilion tint la première route ;
> Par destin vagabond en Italie, aux bords
> Du pays lavinois, il eut d'étranges sorts.

N'oublions pas que ces vers furent faits au temps de Charles-Quint; et que, malgré les entortillements du style, la version de Louis Desmazures fut jusqu'à

(1) Carrossier renommé à Paris. 1812.

Segrais celle qui respectait le plus le texte latin, ce texte si fréquemment devenu pour l'abbé Delille un sujet de longueurs.

Quant aux mépris de la césure, dont nous avons tous les jours tant d'exemples, François de Neufchâteau a devancé, en 1793, ceux de notre âge. Voici deux de ses vers :

> L'erreur s'enfuit, le fa-natisme est abattu.
> La liberté s'affer-mit par vos propres coups.

Le même poëte a fait aussi des vers de quatorze syllabes :

> Qu'aux accents de ta voix tombent les sceptres et les mitres.

Une ode a paru, en 1818, en vers de seize. Ainsi, le Lillois qui, dans le *Courrier de la Dendre*, du 14 février 1834 ou 1835, a produit ce distique :

> Chez vous, dit-on, où le bon sens est en majorité,
> On veut donc restaurer la féodalité !

ne doit pas en être plus fier; d'autant plus qu'on lui opposera encore ceci, d'un de nos prédécesseurs en bonne poésie :

> La nature envers moi, moins mère que marâtre,
> M'a fait don d'un caractère extraordinairement opiniâtre.

Et pour en finir avec les vers, le petit couplet de Désaugiers :

> Je voudrais une femme qui
> Veillât aux soins de mon ménage,
> Gouvernât ma maison sans y
> Causer le plus léger dommage,

ne rappelle-t-il pas une foule de plaisanteries du même genre comme ces deux vers d'un vieux récit dramatique :

> Nous ne passâmes point par la fenêtre. Car
> La porte était ouverte, et nous passâmes par?

Je nierai même que la rime ait été inventée au dixième ou au douzième siècle, comme on l'a écrit. De bonnes autorités soutiennent qu'elle a été apportée au huitième, par les Sarasins que battit notre ami Charles-Martel. Mais Vopiscus cite une chanson latine, que chantaient les soldats romains en 241; cette chanson est rimée, la voici :

> *Mille Francos et mille Sarmatas*
> *Semel et semel occidimus.*
> *Mille mille mille mille mille Persas*
> *Quærimus.*

Aussi, j'aime mieux croire que la rime fut inventée par Samothès, petit-fils de Noé; et mieux encore, qu'Adam chantait des rimes dans le paradis terrestre.

Il faudrait dire enfin quelque chose de l'emploi des métaphores et des autres figures de rhétorique, dont on abuse aujourd'hui pour faire ce style qu'on appelle pittoresque; on l'appelait au dernier siècle style guindé et style boursouflé, selon les nuances.

Par exemple, M. Victor Hugo dit qu'un homme comme Mirabeau n'est pas la serrure avec laquelle on peut fermer la porte des révolutions; qu'il n'est que le gond sur lequel elle tourne. Il dit qu'il mâchait et tordait les objections de ses adversaires; qu'il les déchirait avec les ongles de son syllogisme. On rassemblerait aisément mille hardiesses de ce genre. Chateaubriand, qui s'en est corrigé, avait dit en son *Itinéraire* qu'il avait dans le cœur le compas de la sensibilité pour mesurer les souffrances.

Voudriez-vous comparer ces expressions avec ce petit fragment de sermon, dont pourtant on s'est un peu moqué au temps de Boileau : « O déplorable Sion, que tu es aujourd'hui mal gardée! Tu n'es défendue que par une milice qui ne sait manier ni le sabre de la justice, ni l'épée de la vertu, ni le mousqueton de la foi, ni l'arquebuse de l'espérance, ni la carabine de la charité, ni le marteau de la tribulation, ni les ciseaux de la pénitence, ni le balai de la confession. »

Vous avouerez que ces balais et ces carabines valent bien le compas de la sensibilité et les ongles du syllogisme.

III.

L'ALLIANCE DE LA RELIGION ET DE LA LIBERTÉ.

> Partout où est l'esprit de Dieu, là est vraiment la liberté.
> SAINT PAUL, XIe aux Corinthiens, ch. 3.

On a vu les amis passionnés de l'abbé de Lamennais, avant sa chute effrayante, faire sonner bien haut un honneur qu'ils lui prêtaient, celui d'avoir allié *le premier* la liberté avec la religion. Or, cette alliance, sans laquelle le Christianisme ne serait pas divin, est tout entière dans l'Évangile. La liberté, l'égalité, la fraternité, si stupidement parodiées en France en 1793, sont si constamment établies dans le Nouveau Testament, que nous ne prendrons pas la peine d'en citer les passages. Il est vrai que Jésus-Christ, Notre-Seigneur, ordonnait aussi l'obéissance aux lois et le respect du souverain, qui en est la personnification vivante, et c'est en quoi M. de Lamennais marcha dissident avec l'Évangile.

« C'est parce que je suis chrétien que je suis libre », dit Tertullien dans son Apologie contre les gentils, chapitre 35, et tous les Pères de l'Église, longtemps avant M. de Lamennais, ont proclamé aussi l'alliance de la liberté avec une religion dont les maximes ont rompu les fers de l'esclavage, et dont le Dieu

Juge tous les humains avec d'égales lois (1).

Mais pour ne pas remonter à des temps et à des ouvrages dont l'examen supposerait une longue étude, nous nous bornerons à vous citer un précédent plus rapproché de nous. Lorsque Napoléon fit sa première campagne d'Italie, et qu'il organisa la république cisalpine, M. l'abbé de Lamennais, qui naissait à peine, n'avait pas encore allié la religion avec la liberté; alors, le cardinal Chiaramonti, évêque d'Imola, que depuis nous avons vu souverain pontife sous le nom de Pie VII, et qui a laissé une mémoire si vénérée, adressa au peuple de son diocèse, dans

(1) Racine, dans *Esther.*

ladite république cisalpine, le jour de Noël de l'an du salut 1797, une homélie que nous possédons imprimée, et dont nous allons vous traduire fidèlement quelques passages :

« Celui-là n'est pas disciple de Jésus-Christ, celui-là n'a pas appris ses devoirs à l'école du divin Maître, qui, enflé du vain orgueil, avide d'une gloire périssable, cherche à renverser l'égalité pour dominer les autres.

» O homme! quand puiseras-tu dans les leçons du Rédempteur les moyens de conserver ta dignité, d'être libre et de rejeter tes chaînes?

» La liberté, dans le sens de la religion catholique, comme dans le sens de la saine philosophie, exclut l'idée de la dissolution ; elle n'est pas cette licence effrénée qui confond le bien et le mal, l'honnête et le déshonnête. Loin de vous une grossière interprétation de la liberté qui, en heurtant tous les préceptes, avilirait l'humanité, la raison, et dénaturerait les bienfaits du Créateur! La liberté, ce don si cher qui vient de Dieu, est une faculté d'agir ou de n'agir pas, subordonnée pourtant aux lois divines et humaines. Elle n'est qu'imparfaite dans ce monde; mais nous la retrouverons complète et pure dans cette patrie éternelle où sont inconnus les noms de servitude, d'avilissement et de péché.

» La forme du gouvernement populaire adopté chez nous ne répugne pas à l'Évangile. Elle exige, au contraire, ces sublimes vertus qui ne s'acquièrent qu'en suivant Jésus-Christ. Si vous les pratiquez religieusement, elles seront le gage de votre bonheur et de votre gloire. Repoussez l'esprit de parti, les passions, l'intérêt privé, l'ambition et tous les désirs immondes, qui, indignes du chrétien, vous conduiraient à votre perte. La vertu seule doit être la base d'une société d'hommes libres.

» Je ne vous parlerai ni de Sparte ni d'Athènes, ni de Lycurgne et de Solon. Nos souvenirs se reportent plus convenablement sur la vieille république romaine. Considérez, mes frères, les illustres citoyens dont elle s'honora, et les actions qui les firent admirer. Vous rappellerai-je Mutius Scévola, Curtius, les deux Scipions, Torquatus, Camille et tant d'autres! Leurs éloges, tracés par tous les écrivains, sont encore l'instruction de la postérité. Les Pères de l'Église ont eux-mêmes préconisé leurs vertus; et saint Augustin, ce sublime philosophe, en a retracé avec complaisance le magnifique tableau. L'éclat et la renommée de ces grands hommes furent, à ce que nous enseigne le saint docteur que nous venons de nommer, la récompense qu'un Dieu juste voulut bien accorder à leurs travaux, à leurs vertus.

» Les vertus morales, qui consistent dans l'amour de l'ordre, nous rendront bons citoyens, aussi attentifs à respecter les droits d'autrui qu'à remplir nos propres devoirs. Par là se consolidera l'égalité, qui, dans sa juste acception, montre la loi planant sans distinction sur tous les membres du corps social, pour diriger, protéger et punir. L'égalité civile, dérivée du droit naturel, consolidée par les mœurs, fait harmoniser les corps politiques, quand chacun coopère au bien de tous suivant l'étendue de ses facultés, quand à son tour il a sa portion de droit à la protection sociale, et que tous les avantages sont communs.

» Mes bien-aimés, reconnaissez dans le progrès actuel l'efficacité des maximes évangéliques. Elles inspirent l'amour de la vertu; elles enseignent l'égalité civile, la saine liberté, la tendresse mutuelle, qui assure par les liens de la plus douce union l'existence et la force de la société. Une vertu commune suffirait peut-être à garantir la prospérité des autres formes de gouvernement; le nôtre, plus largement constitué, exige aussi davantage. Efforcez-vous d'atteindre à toute la hauteur de la vertu, et vous serez de vrais citoyens. Accomplissez fidèlement les préceptes évangéliques, et vous serez la joie de la patrie. »

L'auteur des *Paroles d'un croyant* n'est donc pas le premier qui ait formellement allié la liberté à la religion. Avant le pape Pie VII, les jésuites, qu'on a payés de tant d'ingratitude, avaient sans relâche soutenu cette doctrine, qui est celle des Pères de l'Église, qui est celle des apôtres, qui est *celle de Jésus-Christ*.

IV. — LE COCHER DE CHARLES-QUINT.

> A quoi tient une grâce!
> OXENSTIERN.

Parmi six pauvres condamnés qui, le 1er mai 1540, étaient étroitement resserrés dans leur prison à Gand, où ils faisaient une mine dolente, il y avait un très-riche batelier, nommé Julien Teursten, qui avait été chef d'une bande de *cressers* (mécontents). Cet homme avait une sœur, âgée alors de vingt-deux ans, douce, vertueuse, aimable et riche, toutes qualités qui ne se nuisent point. La belle et pieuse Rénilde avait inspiré, quatre ans auparavant, une affection profonde à un jeune drapier sans fortune, qui pourtant était parvenu à se faire apprécier d'elle. Martin Veber (c'était le jeune drapier) l'avait demandée à son frère, de qui elle dépendait. Mais comme il n'avait rien que du talent, de la probité, de la conduite, Teursten la lui avait refusée si formellement, que le pauvre garçon au désespoir avait quitté le pays.

Il s'était dirigé vers l'Espagne, cherchant inutilement à se distraire de ses chagrins. Par une suite de circonstances compliquées, il était devenu cocher de l'empereur Charles-Quint. Il était en ce moment de retour à Gand avec son maître; et, toujours épris de Rénilde, son cœur avait battu avec violence en apprenant qu'elle n'était pas mariée. Il était allé la voir et l'avait retrouvée l'aimant toujours, mais décidée à ne lui donner sa main que du consentement de son frère, qui était condamné à mourir, et résolue à prendre le voile si son frère montait sur l'échafaud.

Martin Veber sentit sa tête prête à se déranger en entendant ces conditions austères. Il courut à la prison où gémissait Julien Teursten. Il lui conta tout ce qu'il avait souffert; il lui exposa ce que venait de lui dire Rénilde. — Julien l'écouta avec calme; puis il se contenta de répondre :

— Sauvez-moi donc, et vous serez mon frère...

Pour vous mettre au courant des faits que je vous amène si brusquement, il faut remonter à leur source.

Un des plus grands torts de Charles-Quint, aux yeux des Gantois, c'est d'avoir oublié un jour qu'il était né parmi eux, et que, jusqu'à seize ans, sa jeunesse s'était joyeusement écoulée dans leur bonne ville. Il devait les connaître. Tout empereur qu'il était, il devait savoir que ses fiers compatriotes faisaient plus de cas en lui de son titre de *bourgeois de Gand* (1) que de son aigle impériale. Il ne pouvait pas oublier non plus qu'on ne gouvernait alors ces gens-là ni par la terreur ni par la violence.

Lorsqu'en 1537, après ses premières guerres d'Afrique, il demanda à la Flandre un subside de douze cent mille florins d'or pour ses débats avec François Ier, les Gantois, qui devaient contribuer dans cette somme pour quatre cent mille florins, rappelèrent à la reine Marie, douairière de Hongrie, sœur de l'Empereur et gouvernante en son nom, qu'à un certain voyage de Charles en Espagne ils avaient avancé de grandes sommes, qu'on s'était engagé à leur rendre avant de leur demander de nouveaux subsides. Or, leurs avances n'étant pas du tout rentrées, ils exposèrent respectueusement, mais avec précision, qu'il leur était impossible alors de donner encore de l'argent. Seulement, pour prouver leur bonne volonté à l'égard de l'Empereur, ils offrirent à la gouvernante un certain nombre d'hommes armés.

La reine de Hongrie, pénétrée du vieux principe

(1) C'est le titre qu'il prit dans son traité avec François Ier, qui, de son côté, signait : François, seigneur de Vanves.

qu'il faut prendre du peuple tout ce qu'on en peut tirer, accepta d'abord les soldats; puis bientôt elle n'en exigea pas moins, de sa seule puissance, l'argent qu'elle avait demandé.

Comme moyen propre à mettre les Gantois à la raison, elle se saisit d'otages et de garanties, en faisant emprisonner inopinément tous les négociants de la ville indocile qui se trouvaient à Bruxelles, à Anvers, à Malines et ailleurs. Ce fut à Gand une rumeur universelle lorsqu'on apprit cet attentat. Que devenaient les priviléges de la cité libre? On envoya le pensionnaire Liévin Blomme à Bruxelles; il fit de vaines représentations. On parla d'expédier une députation à l'Empereur; on eut la mollesse de ne pas suivre cette bonne pensée; on aima mieux se rapporter au grand conseil de Malines, qui jugea que les Gantois avaient tort et les condamna à payer.

Souvent ainsi on s'en réfère dans les querelles à un tribunal; on s'en remet à la sentence qu'il portera; mais au fond on ne se soumet à la décision future qu'à la condition formelle, quoique tacite, qu'on aura gain de cause, et on rejette l'arrêt s'il ne remplit pas l'espoir qu'on avait nourri. C'est ce qui arriva. Les Gantois se révoltèrent. Une faction qui avait hérité du vieil esprit turbulent des *chaperons blancs,* si fameux au temps de Philippe d'Artevelde, se forma dans la ville sous le nom de *cressers* ou mécontents (criards). Plusieurs corps de métiers se liguèrent; le peuple prit les armes, s'empara des portes de la ville et garnit les remparts de canons. Les magistrats suspects furent emprisonnés; quelques-uns même furent mis à mort; et le peuple intimida tellement ceux qui administraient la cité, que c'était, à vrai dire, les *cressers* qui gouvernaient.

On ne calmait pas alors les troubles populaires, comme aujourd'hui, en peu de jours. Il y avait longtemps déjà que la puissance de Charles-Quint était méconnue dans la ville où il était né, lorsque François Ier, toujours son rival, fit proposer sous main aux Gantois de les soutenir s'ils voulaient se donner à lui. Du moins on a écrit ce fait. A quoi ceux de Gand, ajoute-t-on, répliquèrent qu'ils ne s'étaient pas rebellés seulement pour changer de joug.

Vers la fin de 1539, Charles-Quint, n'ayant pas voulu confier à un autre le soin de calmer la révolte élevée dans sa ville natale, résolut de s'y rendre lui-même. Il demanda à François Ier la permission de traverser ses États pour aller châtier ses sujets flamands. Le roi de France, mécontent des Gantois, consentit à laisser passer par ses terres les troupes impériales, et bientôt on apprit à Gand que l'Empereur s'avançait avec une armée. Les principaux chefs des *cressers* s'enfuirent; le peuple se calma; les magistrats reprirent l'administration des affaires; on envoya à Charles-Quint douze députés pour lui demander pardon.

Il répondit que cette fois il ne venait pas comme bourgeois de Gand, mais comme souverain offensé et obligé de punir.... Il entra dans la ville, le 16 février 1540, accompagné de son frère Ferdinand, roi des Romains, de sa sœur Marie et d'un nombreux cortége de seigneurs espagnols, allemands et flamands.

Dès qu'il eut mis le pied dans l'enceinte de Gand, il fit fermer toutes les portes, plaça partout des piquets de troupes et fit assembler les conseillers et les chevaliers de la Toison d'or.

Il s'était persuadé qu'il fallait un exemple. Tous ses généraux lui répétaient qu'il devait châtier. Il fit venir le duc d'Albe et lui demanda son avis sur la conduite qu'il pouvait tenir à l'égard des Gantois. Le duc, dont les Pays-Bas allaient plus tard éprouver la sévérité, répondit qu'une ville rebelle devait être ruinée. Charles-Quint tressaillit. Il prit le duc d'Albe par le bras ; il l'entraîna vivement de l'hôtel de ville, où se tenait le conseil ; il le fit monter tout au haut de la tour du beffroi de Gand. Là, il lui montra cette ville immense et lui dit avec amertume : — Combien croyez-vous qu'il faudrait de peaux d'Espagne (1) pour faire un *gant* de cette grandeur ?

Malgré ce jeu de mots, qui en rappelait un autre (je mettrais Paris dans mon Gand), le duc d'Albe fut si frappé du ton qui éclatait dans la voix de Charles, qu'il vit bien qu'il avait déplu. Il garda le silence, et l'Empereur n'oublia pas la dure maxime du Duc; car, tant qu'il régna, il n'employa jamais cet homme de guerre dans les Pays-Bas.

Néanmoins les Gantois furent jugés en présence de l'Empereur. On exagéra leur faute; on déclara leur ville coupable du crime de lèse-majesté; on la condamna à faire amende honorable et pécuniaire.

« En conséquence, dit un historien de Gand (Auguste Voisin), les magistrats, en robe noire, tête et

(1) Le mot espagnol a le double sens de peau et de village.

pieds nus, suivis de trente bourgeois, des doyens des tisserands avec cinquante membres de ce métier, de six membres des autres corporations, de cinquante *cressers* (et ceux-ci, comme les plus coupables, comme les auteurs principaux des troubles, en chemise et la corde au cou), furent forcés de venir demander pardon à genoux à l'Empereur et à la régente.

» On a écrit à satiété, poursuit le même narrateur, que depuis cette époque les magistrats de Gand avaient été condamnés à porter la corde au cou dans les cérémonies publiques, et que cet usage avait subsisté jusqu'en 1794. C'est une grave erreur. De temps immémorial, les magistrats de Gand ont porté, au-dessus de leurs robes, des espèces d'aiguillettes ou cordons de soie avec des houppes. — On vient de voir d'ailleurs que le châtiment humiliant de la corde au cou ne fut réservé qu'aux seuls *cressers*.

» Par la même sentence, Charles-Quint confisqua tous les priviléges, les rentes, les biens, les canons, les armes de la commune, des métiers et des tisserands et même la fameuse cloche du beffroi, appelée Roland, qui avait joué un rôle bruyant pendant l'insurrection.

» La sentence ordonnait aussi la démolition de quelques fortifications et portes de la ville; elle condamna les Gantois à payer, outre les quatre cent mille florins d'or pour les subsides demandés, cent cinquante mille écus d'or, exigibles en une fois, plus une somme annuelle de six mille florins pour l'entretien d'une citadelle dont l'Empereur ordonnait la construction, afin de comprimer plus facilement l'esprit de liberté du peuple.

» Plusieurs des plus compromis d'entre les *cressers*, n'osant courir les chances d'un jugement, s'étaient déjà expatriés (comme on l'a dit) avant l'arrivée de l'Empereur. Neuf de ces factieux furent arrêtés, interrogés et condamnés à mort. Leur décapitation eut lieu sur le marché au poisson (place de Sainte-Pharaïlde), le 17 mars 1540.

» Six autres devaient perdre la tête sur la même place, à quelque pas du pont du Jugement, le 5 mai suivant. La vengeance de Charles se bornait à ces deux exécutions. »

Revenons à Martin Veber.

En voyant ce brave garçon cocher de Charles-Quint, il ne faut pas vous figurer que ce poste fût alors aussi modeste qu'aujourd'hui; il était d'abord infiniment moins commun. Les coches ou carrosses commençaient à peine à être en usage. A Paris, qui possède aujourd'hui plus de cinquante mille voitures suspendues, il n'y avait alors que trois carrosses, dont le premier appartenait à la reine, femme de François Ier, le deuxième à Diane de Poitiers, le troisième au gros René de Laval, qui ne pouvait marcher.

Mais il y en avait davantage à Gand, ville depuis longtemps riche et splendide. On en comptait jusqu'à neuf.

Charles-Quint, bien qu'il n'eût que quarante ans, fatigué avant l'âge où pèse la vieillesse, était quelquefois mal portant, et alors il se servait d'un carrosse à portières de cuir qui se rabattaient, mais sans glaces encore. Beaucoup de gens savaient conduire une charrette. Mais guider à cette époque un attelage de plusieurs chevaux dans les rues, c'était chose fort difficile. Gand même, en ce temps-là, n'avait pas limité encore dans un certain alignement la liberté de bâtir; les rues étaient inégales; des maisons avançaient leurs angles sur le pavé; des portes de cave faisaient à chaque instant sur la voie publique une large solution de continuité. Des toits et des clefs d'arcades pendaient avec d'énormes enseignes au-dessus du sol, des bancs de bois ou de pierre, des tourelles, mille accidents variés faisaient des rues de la grande ville une série de passages périlleux. C'était donc une fonction qui exigeait de l'habileté que celle de cocher de l'Empereur.

Quoiqu'il s'occupât du triste soin de punir, et qu'il fût persévérant dans ses résolutions austères, Charles-Quint avait retrouvé à Gand sa santé et sa vigueur. Connaissant dans toutes ses sinuosités tortueuses la ville où il était né, il ne s'y promenait qu'à cheval, et l'office de Martin Veber était depuis deux mois et demi une sinécure.

Le pauvre garçon, n'ayant pu décider l'honnête et silencieuse Rénilde à revenir sur les paroles désolantes qu'elle lui avait données, ne savait trop, comme on dit, à quel saint se vouer. — A la vérité, Julien Teursten lui avait promis la main de sa sœur s'il le sauvait. C'était le 1er mai; il avait quatre jours devant lui; mais à qui pouvait-il s'adresser? L'Empereur, dans un très-grand nombre de coupables, avait réduit à quinze le nombre des exécutions, et les condamnés avaient contre eux de si grandes charges, que personne n'eût osé solliciter leur grâce. D'ailleurs, Charles, à force de vivre avec des Espagnols et de se voir empereur, était un peu devenu fier.

Martin, voyant que le duc d'Albe approchait de très-près Charles-Quint, alla vers lui pour le prier d'intercéder en faveur de Julien Teursten. Mais en levant les yeux sur la figure terrible du Duc, il sentit sa langue se glacer dans sa bouche, et il n'osa dire un mot.

Le lendemain il alla se placer sur le passage de Ferdinand, qui le fit écarter par ses Hongrois, lorsqu'il voulut s'approcher pour lui remettre un placet.

Le troisième jour, l'honnête garçon s'adressa, en s'efforçant de prendre un peu de hardiesse, à Marie de Hongrie. Il n'eut pas plutôt dit quatre paroles, qu'elle le menaça de le faire châtier s'il prenait intérêt aux rebelles.

Martin s'en retourna, le cœur navré, à la cour du Prince, où il demeurait. Il ne lui restait plus que le lendemain pour perdre tout espoir; car il savait que Rénilde tiendrait sa parole.

Le 4 mai au matin, veille de l'exécution, il alla revoir Julien dans sa prison. Le condamné était sombre et triste.

— Eh bien, Martin, dit-il après l'avoir un instant regardé en silence, tu n'as pas réussi? J'en suis fâché.

— Hélas! dit le jeune homme, je n'ai même plus d'espoir.

— C'est demain, dit-on, répliqua Julien. Le confesseur va venir. Demain, à l'heure de midi, il faudra donc que je meure !

Le prisonnier parut horriblement affecté de cette pensée. Il s'arrachait les cheveux et se montrait sans courage.

— Ah! si tu m'avais pu sauver, reprit-il en essuyant une larme brûlante, avec quelle joie je t'eusse donné ma sœur et la moitié de ma fortune! Tu me vois prêt à pleurer. Je dois te sembler lâche. Mais si tu savais ce que c'est que la présence de la mort, qui s'avance d'un pas à chaque minute !

— Oh! s'il y avait un moyen de vous tirer d'ici, dit Martin en se tordant les mains, j'y donnerais ma vie.

Il se fit un silence assez long.

— Il en est un peut-être, s'écria Julien en se levant brusquement. Tu es le cocher de l'Empereur. Sa rencontre est une grâce obligée. Quand le cortége d'un roi heurte le convoi d'un condamné, la mort s'arrête, tu le sais. Demain à midi il faut amener l'Empereur à la place de Sainte-Pharaïlde... Tu ne dis rien ? Ne m'approuves-tu point ? Et reculerais-tu déjà ?

Mais Martin Veber était là, les yeux ouverts et fixes, plongé dans une pensée profonde.

— Je l'aurais pu faire, dit-il. Hélas! depuis que l'Empereur est à Gand, il se porte bien; il ne va qu'à cheval; il semble craindre jusqu'aux embarras des rues...

— C'est à toi d'aviser un moyen. Sort-il demain ?

— Il va à dix heures à l'hôtel de ville. Puis il revient dîner à midi à la Cour des Princes.

— Voilà mon affaire! Il faut que demain tu le ramènes par le pont du Jugement. S'il se porte trop bien... rends-le malade...

Martin tressaillit à ce mot. Il allait parler encore, lorsqu'on introduisit les confesseurs chargés de lire aux condamnés leur sentence. Le cocher de l'Empereur sortit; il se creusa longuement la tête pour y trouver une ressource. Il crut enfin l'avoir saisie.

On commençait depuis quatre ans à faire usage de la rhubarbe, cette fameuse plante purgative que Charles-Quint avait rapportée de Tunis, et dont il avait le premier enrichi l'Europe. Martin connaissait les propriétés de cette plante; mais il connaissait assez peu son degré de vertu. Il n'hésita pourtant pas. Étant lié avec le cuisinier de l'Empereur, il lui fut facile de s'approcher des fourneaux, sans être remarqué. Il glissa une dose de rhubarbe dans un plat destiné au souper de Charles. L'Empereur en mangea beaucoup, et il en ressentit si vivement l'effet, que le lendemain il fit annoncer qu'il ne sortirait point.

Ainsi le pauvre Martin voyait s'évanouir sa dernière et frêle espérance.

Il ne perdit pourtant pas encore tout courage. Il alla trouver le bon religieux qui avait confessé Julien :

— Mon père, lui dit-il, vous pouvez sauver Teursten, si vous lui conseillez de gagner un jour.

Il confia ensuite son projet au religieux, sous le sceau du secret. L'homme de Dieu se hâta de courir à la prison, et de prévenir Julien Teursten. Le condamné, au moment où la fatale charrette allait l'entraîner à la mort, déclara qu'il avait d'importantes révélations à faire : et ce jour-là l'échafaud n'eut que cinq victimes. Mais il resta béant pour le lendemain; car les aveux insignifiants de Julien firent comprendre bien vite qu'il n'avait employé qu'un prétexte; et on annonça que le lendemin 6 mai, à midi, le dernier des *cressers* serait lancé dans l'éternité.

Rénilde joignait ses vœux à ceux de l'homme qu'elle aimait. Ses inquiétudes étaient égales au trouble de Martin Veber, qui passa la journée dans une anxiété inexprimable.

Le lendemain, ce fut avec un très-vif transport de joie et d'espérance qu'il apprit que l'Empereur, encore indisposé, irait à l'hôtel de ville en voiture. Il fit apprêter ses chevaux, disposer son carrosse; il essaya son long fouet; il allait et venait, agité, palpitant, inquiet, brûlant d'impatience, vivant une journée par seconde. Il dressait ses plans et faisait, sur un incident encore vague, tout son avenir.

A dix heures il bondit sur son siége. L'Empereur, assez pâle, monta dans le carrosse, et Martin le conduisit à l'hôtel de ville.

C'était le moment décisif, le moment suprême; tout était perdu si les discussions municipales se terminaient avant midi, comme si elles allaient au delà; car à midi précis Julien Teursten venait expirer à la place de Sainte-Pharaïlde.

Martin était se dévorant dans la cour de l'hôtel de ville.

L'instant le plus important arriva; à midi moins

quelques minutes, il entendit sonner la cloche des morts, qui annonçait l'arrivée du condamné au lieu de l'exécution. Au même moment, l'Empereur descendit et se plaça dans son carrosse.

Pour éviter de passer devant le coupable, on donna formellement l'ordre au cocher de partir par la rue de l'Hôtel-de-ville, par la rue du Paradis, par la petite rue au Foin, par le pont aux Herbes, la rue des Selliers, la rue des Tricheurs et l'avenue de la cour des Princes.

Martin fit le signe de la croix, se recommanda à tous les saints qui pouvaient le protéger et enfila fièrement d'abord les rues qui lui étaient prescrites.

Mais après qu'il eut fait la petite rue au Foin, il se risqua d'un geste désespéré, tourna ses chevaux brusquement, et, frappant d'un coup de fouet les coursiers généreux, il les emporta à droite sur le marché aux Tripes, tourna de nouveau dans un autre sens et franchit d'un bond le pont de la Grande-Boucherie, malgré les cris des gardes et des officiers qui composaient le cortége de l'Empereur et qui firent de vains efforts pour arrêter les chevaux.

En entrant sur la place de Sainte-Pharaïlde, l'Empereur, surpris du chemin qu'on lui faisait suivre, mit la tête à la portière. Le peuple avait investi la voiture. Les chevaux, retenus par une main puissante, s'étaient arrêtés. Le moine qui présentait au patient les dernières consolations de la mort l'avait relevé; le bourreau avait abandonné sa corde homicide; Julien, conduit par son confesseur, était venu en un instant, porté par le flot populaire, face à face avec celui dont le regard avait le droit de faire grâce. Le cri : *Il est sauvé!* retentit. Julien fut reconduit chez lui en triomphe.

Huit jours après, Martin Veber était l'heureux époux de Rénilde. Il continua son office auprès de Charles-Quint, qui pensait qu'il y a toujours de la ressource dans les hommes d'affection.

— Mais je ne vois pas trop, dira un lecteur, en quoi la légende que nous venons de lire se rapporte aux origines.

— Comment! n'y avez-vous pas rencontré l'origine de la médicamentation par la rhubarbe?

V. — LES AVENTURES DE CLAUDE POCHINET.

MÉMOIRES D'UN PENDU.

> Il n'est pas de serpent, ni de monstre odieux
> Qui, par l'art inventé, ne puisse plaire aux yeux.
> BOILEAU.

> La position n'était pas commode.
> BEAUMARCHAIS.

On a publié à Paris, il y a une trentaine d'années, un roman intitulé *Mémoires d'un pendu*. Ce livre, après avoir fait certain bruit à cause du scandale littéraire de son titre, est tombé bien vite dans l'oubli profond, impitoyable gouffre qui engloutit chaque année les bruyantes hallucinations de l'année précédente. Mais nous en parlons pour remarquer ici que l'idée extravagante de ce livre n'était pas même neuve. Nous avons trouvé dans deux almanachs, publiés, sous la rubrique de Genève, en 1784 et 1785, avec ce titre hétéroclite : *Almanach nouveau de l'an passé*, une longue histoire, présentée comme véritable, dont nous allons donner le résumé et qui est intitulée *Mémoires d'un pendu, ou Testament de Claude Pochinet*. Ces aventures, du reste, visent au piquant, tandis que le roman moderne se complaît surtout dans les idées creuses et le style boursouflé.

Que ce peu de mots suffise pour un préambule, et livrons la place au récit de Claude Pochinet.

Il y a des gens qui se persuadent qu'il est permis d'avoir été pendu, et que ce n'est rien quand on n'y est pas resté. Je vous réponds que c'est toujours une condition très-dure. Je vous conseille de ne pas vous faire pendre; et si on vous décroche trop tôt, je vous plains. Vous qui peut-être, dans l'occasion, aimeriez à être décroché, vous me direz que je raisonne singulièrement. Mais je raisonne d'après ma propre expérience, *Experto crede Roberto*. C'est avouer que j'ai été pendu, quoique je ne m'appelle pas Robert. Vous allez savoir comment, et ce qui en fut la suite.

Quant aux esprits capricieux qui trouveront singulier que je fasse entrer mon histoire dans mon testament, je leur demanderai où ils veulent que je la place? Est-ce à un pendu de faire un livre?

Il est vrai qu'on m'a pendu il y a vingt ans, et que je n'en ai pas été bien malade; mais la qualité de pendu qu'on m'a donnée malgré moi n'en est pas moins une mauvaise recommandation auprès des gens scrupuleux.

J'étais donc honnête épicier à Lausanne, lieu de

ma naissance. Je faisais mes affaires, et je m'arrondissais un peu plus tous les jours dans ma petite fortune. J'avais l'usage, comme tous mes confrères, de mettre de la graisse de mouton dans le beurre salé, de la farine dans le sucre en poudre, des feuilles de sauge dans le thé, du poiré dans le cognac, de l'eau dans le tabac, de la poussière de bois dans le poivre et des haricots grillés dans le café. Ces petits auxiliaires n'attiraient pas la moindre observation, parce que, du plus au moins, la consommation en était générale. J'avais un garçon excellent pour cette besogne, et qui savait si bien régler ses doses que tout le monde était content de mes articles. Fier d'aller si bien, il voulut faire mieux. Il imagina, avec du jalap, de la farine, du jus de pruneaux blancs, et je ne sais quelle autre drogue, moins innocente peut-être, une sauce pour allonger le miel. Sa composition produisit un effet qu'il n'avait assurément pas prévu. Une douzaine de pratiques qui firent usage de ce miel attrapèrent des dyssenteries dont quelques-unes moururent.

Je soupçonnai la chose le premier; je me hâtai d'enlever le pot de miel, de le remplacer dans la boutique par une jarre de miel naturel, et de porter provisoirement l'aliment suspect dans la chambre de ma femme; car j'étais marié. Je lui donnai pour raison qu'on ne pouvait plus vendre le miel, parce qu'il avait un goût qui déplaisait; et rien ne s'éveillant, je me tins tranquille.

Ma femme était fort économe. Pour utiliser ce miel, elle imagina de s'en régaler à son souper. Heureusement qu'elle n'avait pas d'enfants, elle les eût fêtés comme elle. Pendant la nuit, elle fut prise d'un malaise tel, que je dus aller chercher un médecin. Il reconnut sur-le-champ des symptômes d'empoisonnement. Il demanda à ma femme ce qu'elle avait pris, elle répondit naturellement qu'elle avait soupé d'un pot de miel, que j'avais ôté de la boutique parce que le public n'en voulait plus. Le médecin parut frappé de la circonstance, il ordonna quelques prescriptions et se retira, disant qu'il reviendrait dans une heure. J'éveillai mon garçon pour une course qu'il fallait faire à l'apothicairerie. Dès qu'il sut ce qui se passait, il devint pâle et tremblant; il sortit toutefois pour la commission que je lui avais donnée. Mais il ne revint pas, et ce fut l'apothicaire lui-même qui apporta le médicament. Cet incident augmenta mon trouble.

Au bout d'une heure, le médecin reparut. Il amenait une garde-malade. Il me dit que la patiente devait être fort tranquille et me conseilla d'aller dans la boutique. J'y trouvai deux échevins de la ville qui venaient avec deux sergents m'arrêter comme empoisonneur. Que vous dirai-je? On m'accusait d'avoir empoisonné, outre ma femme, quatre personnes de la ville, entre autres la sœur du juge, qui était un vieux zwinglien très-farouche. On visita ma boutique; on tira de plusieurs articles altérés de mauvaises présomptions contre moi; la disparition de mon garçon, qui ne revint pas, fut une autre preuve. Bref, on me condamna à être pendu; et je fus pendu lestement.

Par un privilége qui n'est pas unique, j'avais un défaut de conformation dont je ne m'étais jamais vanté et que vous appellerez heureux ou malheureux, selon vos dispositions. Mon gosier était ossifié. La corde ne m'ôta donc pas la respiration; et le soir, quand on me livra à un jeune chirurgien qui m'avait acheté, au lieu d'un homme mort il ne trouva sur sa table qu'un homme engourdi. Il était seul; il me donna des soins; et dans la nuit du lendemain il me conduisit hors de la ville, me souhaitant meilleure chance.

Vous voyez que mon récit marche vite. Mais les souvenirs que je rappelle ne sont pas de nature à m'arrêter complaisamment sur eux.

J'étais alors très-reconnaissant et plein de joie de me sentir libre et d'être vivant. Avec douze florins que m'avait donnés le jeune docteur, je n'étais pas riche. Mais j'avais trente-six ans. Je gagnai le Rhin; j'obtins passage sur des bateaux de charbon, à charge de rendre quelques petits services, et je descendis en Hollande, où tout ce qui est Allemand se voit bien reçu. Je me présentai chez un épicier d'Amsterdam, qui m'accueillit; et bientôt mon zèle et mon activité me gagnèrent ses bonnes grâces.

Lui-même sophistiquait aussi ses marchandises; mais il le faisait prudemment et ne confiait pas à un étranger, comme j'avais fait, une besogne si délicate. Cependant, au bout d'un an, il m'avait pris en si grande amitié, qu'il voulut m'initier au mystère de ses altérations. J'avais pour un tel usage tant de motifs d'horreur, que je repoussai honnêtement, mais avec une répugnance évidente, l'idée de me mêler à toute fraude. Chose étonnante! la probité, qu'on néglige trop dans le monde, fut pour moi, comme elle est toujours, un élément de succès; et je vous assure, par parenthèse, que c'est un élément qui du moins n'est pas usé. Mon maître me voyant honnête homme, me dit :

— Bien, Herman (c'est le nom que je m'étais donné); maintenant que je vous apprécie, nous ne nous quitterons plus. Il me confia sa caisse; et après une seconde année il me fit épouser sa fille.

C'était une personne tranquille, âgée de vingt-huit ans, et douée des qualités qui distinguent les Hollandaises. On la nommait Trudje. J'étais heureux, lorsque vers la fin de la troisième année mon patron, devenu mon beau-père et de qui j'étais l'associé, prépara une fête pour le retour du capitaine Thomas Cromme, son fils, lequel revenait de Batavia. Je ne le connaissais pas encore. Ma femme ne se tenait pas de joie, car elle aimait vivement son frère. Je fus bien surpris, quand on me présenta le capitaine Cromme comme un homme que je voyais pour la première fois, de retrouver une figure de connaissance. Je me gardai de manifester ce qui se passait en moi. Mais le marin fut plus franc.

— Tiens, c'est vous, Pochinet? me dit-il.

Car il avait fait deux fois des affaires avec moi à Lausanne et m'avait même vendu d'assez mauvais thé.

Je feignis l'étonnement. Son père lui dit que je m'appelais Herman, et qu'il voyait en moi son beau-frère. Thomas Cromme parut se rendre. Mais ma voix lui était restée dans la tête; et mon accent suisse aidant ses convictions, il ne consentit que de mauvaise grâce à admettre que je ne fusse pas Pochinet.

Ce singulier incident troubla ma tranquillité. Le capitaine resta un mois à Amsterdam, me regardant toujours d'un air inexprimable, en disant à sa sœur, qui me le répétait, que je ressemblais comme deux gouttes d'eau à un épicier de Lausanne, et qu'il était surprenant qu'il y eût en Allemagne deux épiciers si exactement taillés sur le même modèle. Je m'étais dit de Strasbourg et fils de parents suisses, à cause de ma manière de prononcer. Il me faisait des questions qui me mettaient à la torture. Enfin, je fus soulagé quand j'appris qu'il repartait.

Mais il paraît que ses soupçons avaient gagné sa famille, car on me dit qu'il retournait aux Indes, tandis qu'il allait à Lausanne. Les informations qu'à mon insu il avait prises sur moi à Strasbourg l'avaient convaincu que je mentais; et il voulait en avoir le cœur net. Arrivé à Lausanne, il apprit que le nommé Claude Pochinet, peu de semaines avant mon arrivée en Hollande, avait été pendu. Un fait si précis eût suffi à tout autre. Mais le capitaine Cromme avait l'obstination d'un vrai Hollandais.

Il se trouva que ma femme — ma première femme — qu'on m'avait dit morte quand j'étais en prison, avait échappé au contraire, qu'elle était vivante et retirée du commerce; ce qui me constituait en crime de bigamie. Il l'alla voir et sut d'elle, à force de questions, que j'avais le gosier ossifié. Ce trait fut pour lui un éclair. Il découvrit le chirurgien qui m'avait sauvé; il en obtint les aveux les plus complets; et retournant chez celle qu'on appelait la veuve Pochinet, il lui offrit brusquement de lui rendre son mari.

La pauvre femme, qui savait bien que je n'avais pas voulu l'empoisonner, faillit tomber à la renverse. Le capitaine, de son côté, sentit alors tous les inconvénients où il se jetait. Il pensa à sa sœur, à son père, à sa maison; il songeait aussi qu'il rendait à ma première femme un mauvais service, car il fallait lui apprendre que j'étais remarié. Il recula à moitié devant cette confidence et se borna à dire :

— Madame Pochinet, je retourne à Amsterdam; si vous voulez m'accompagner, je ne m'en démens pas, je vous ferai voir votre mari.

Sa proposition fut acceptée; et moi, qui ne pensais à rien de tel, je vis un jour devant moi le capitaine Thomas Cromme, qui me dit :

— Venez un instant, il y a quelqu'un qui désire vous parler.

Ce furent ses propres termes.

— Mais, dis-je étonné, je vous croyais à Batavia.

Il ne répondit rien et me conduisit à quatre pas de la maison, dans l'hôtel des Armes de Nassau. Il me fit entrer dans une chambre, où je vis une femme qui me sauta au cou. C'était madame Pochinet.

Je fus si saisi que je ne pus m'empêcher de crier :

— Comment! Rose, vous êtes vivante!

Je ne m'aperçus pas alors du mouvement du capitaine, qui se hâtait de sortir. Il y eut, entre ma première femme et moi un quart d'heure d'explications, dans lesquelles je n'avais pas encore osé glisser que, me croyant veuf, je m'étais remarié, quand le capitaine rentra. Il était suivi de quatre hommes de police, à qui il dit en me désignant :

— Le voici !

Puis m'apostrophant il me dit :

— Tu aurais tué, pillé, volé; tu aurais mis Batavia à feu et à sang, que je te le pardonnerais. Mais avoir été pendu ! cela ne s'avale pas ! Et ma pauvre sœur qui a épousé un pendu ! Et moi qui ai bu et mangé avec un pendu ! Et mon père qui a pour gendre un pendu ! Et notre maison qui est tenue par un pendu !

Il criait si fort, et les témoins de cette scène répétaient d'un air si effaré : — Un pendu ! que je ne pus placer un mot pour défendre mon innocence.

— Emmenez-le, dit le capitaine. Les quatre hommes se jetèrent sur moi, et sans pitié pour Rose, qui perdait connaissance, ils m'entraînèrent en prison.

Je fus jugé encore plus vite qu'à Lausanne, et condamné derechef à être rependu pour crime de bigamie. Je ne comptais pas me sauver cette fois. Cromme savait ce qui m'avait préservé à la première sentence. Je faisais tristement mes adieux à la vie dans mon cachot, lorsqu'une nuit (celle qui devait précéder mon exécution) j'entends ouvrir ma porte; un homme paraît devant moi; c'était mon beau-frère.

— Viens, dit-il, j'ai arrangé ton affaire : on répandra le bruit que tu es mort en prison; mais je ne veux pas qu'on dise que l'associé de mon père a été pendu. Ma sœur en est morte de saisissement.

— Quoi! ma femme! morte.

— Hier.

— Et l'autre?

— Madame Pochinet? la pauvre Suissesse! je lui ai rendu un mauvais service. En courant pour toi chez les juges, elle a gagné un froid. Elle est morte aussi ce matin.

— Ainsi, m'écriai-je, je n'ai plus de femme!

— Ce qui n'empêche pas que sans moi on te pendrait demain matin comme bigame.

Et voyant que je pleurais il reprit : — Voilà mille florins, va où tu voudras; si tu te tires d'affaire, tant mieux; si tu tombes dans la misère, écris-moi. Je ne veux pas que l'associé de mon père soit tout à fait mendiant. Allons, du courage! bois ce verre de genièvre. Dans un autre état de choses, nous trinquerions ensemble, car je t'ai fait du chagrin, mais le capitaine Thomas Cromme ne peut pas boire avec un pendu.

J'avalai machinalement le verre de genièvre. Après quoi, il me fit sortir, me conduisit à la barque qui partait au point du jour pour Anvers, me recommanda au capitaine et me dit adieu.

Je ne fis que pleurer tout le long du voyage, ne parvenant pas bien à asseoir mes idées. Ce ne fut qu'à Anvers que je me retrouvai moins mal. Peu à peu, je pris le dessus; et voulant m'éloigner davantage de la Hollande, je gagnai Liége, où, avec mes mille florins, j'ouvris une petite boutique d'épiceries. J'y mis tant d'honnêteté et tant d'assiduité, que mes affaires prospérèrent encore dans cette grande cité. Mais, quoique je me fusse procuré les actes authentiques du décès de mes deux femmes, je n'ai pas osé me remarier, de peur de courir la chance d'être pendu une troisième fois.

C'est ce qui fait que, n'ayant ni femme, ni enfants, ni parents proches, je laisse mes biens aux hospices de Liége, de Lausanne et d'Amsterdam, en parts égales, à charge par ces trois villes de fournir à perpétuité un verre de vin vieux à tout pauvre homme qu'on mènera pendre.

Fait à Liége, le 27 novembre 1784 (1).

(1) On a pu lire ce qui suit dans quelques journaux des premières années de la Restauration :

« Il n'y a pas longtemps qu'à Bari, au royaume de Naples, on fut témoin d'un crime accompagné de circonstances qui n'avaient peut-être jamais eu lieu. Un homme condamné à être pendu fut conduit au gibet et subit sa sentence. Après l'exécution le bourreau le dépouilla ; on l'ensevelit, et on le mit dans une bière pour le conduire au cimetière ; mais, comme il était en route pour se rendre à son dernier gîte, on crut s'apercevoir qu'il faisait quelque mouvement ; en l'examinant de plus près, on aperçut que la dernière étincelle de sa vie n'était pas encore éteinte. On lui procura les secours de la chirurgie, et ayant été rappelé à l'existence, on le rapporta à la prison. Quand il y fut arrivé, on le dépouilla de ses vêtements funéraires, et comme le bourreau s'était mis en possession des autres et refusait de les rendre, ce fut le sujet d'une dispute furieuse entre le coquin nu et le bourreau, qui prétendait qu'ils lui appartenaient comme son salaire pour avoir pendu le réclamant. Celui-ci, au contraire, les réclamait comme sa propriété, alléguant qu'il n'avait pas été bien et dûment pendu. Furieux de ne pas réussir dans une demande qui lui paraissait si juste, il saisit un couteau qui se trouva sous sa main et le plongea dans le ventre du bourreau. La blessure, quoique très-dangereuse, ne tua pas l'homme sur-le-champ. Il est probable qu'il sera pendu de nouveau, et qu'on prendra mieux ses précautions. Dans tous les cas, il sera sûrement le premier et le dernier qui puisse se vanter d'avoir tué son bourreau, et cela encore après avoir été pendu.

VI. — LE CHEVALIER DU CYGNE.

Idole des grands cœurs, noble chevalerie!
CHAUSSARD, *Poétique secondaire.*

On voit dans Tacite les usages ou du moins les principes de la chevalerie en vigueur chez les Germains; et Boucicaut, dans le préambule de ses *Amazones révoltées*, prétend que les compagnons de Thésée étaient déjà des chevaliers errants. Mais nous nous contenterons de l'autorité de Tacite pour admettre la possibilité (car nous ne soumettons qu'une présomption) de l'établissement de l'ordre du Cygne un peu avant l'ère chrétienne.

On lit dans de vieilles chroniques que Salvius Brabo, qui, disent-elles, donna son nom au Brabant, et que Jules César investit du gouvernement des Gaules belgiques, voulant établir la concorde parmi les chefs ou seigneurs de ses vastes domaines, les lia par les serments et les vœux de la chevalerie, et leur accorda pour décoration un cygne, symbole de candeur, attaché au cou par une chaîne d'or.

Des monuments du quatorzième siècle représentent le chevalier du cygne dans son armure de fer, avec la petite toque noire, le long manteau gris foncé, le plumet rouge sur l'oreille, et le cygne suspendu au cou. Et dans le cas où ce ne serait pas à Salvius Brabo qu'il fallût attribuer l'honneur d'avoir institué cet ordre, d'autres investigateurs l'accordent à Charlemagne. Mais ici nous manquons également de documents certains. Madame de Genlis ne s'est fiée qu'à de vagues traditions, en plaçant l'action de son roman des *Chevaliers du Cygne* à la cour du fils immortel de Pépin le Bref. Il paraît constant toutefois que la chevalerie existait formellement organisée sous ce grand prince. Il fit venir d'Aquitaine le prince Louis, son fils, pour l'armer chevalier avec l'épée, les éperons et tout l'équipage d'un homme de guerre, cérémonie dont on retrouve des exemples dans l'histoire de nos premiers chefs.

Voici néanmoins la légende la plus généralement admise du chevalier du Cygne.

En l'an de Notre-Seigneur 711, Thierry, duc de Clèves, ayant pris part aux guerres de Pépin de Herstal, fut converti par un saint personnage à la mansuétude chrétienne. Venant à repentir, il laissa ses États à sa fille unique Béatrice, qui n'avait que seize ans; il se retira par pénitence en une solitude inconnue.

La jeune duchesse de Clèves eût fait tout au monde pour détourner son père de sa pieuse résolution. Mais elle n'en fut instruite que par le testament qu'il lui laissa lors de sa fuite. Elle y apprit la détermination du vieillard; elle y trouva une sorte de lettre qui engageait tous ses vassaux à la protéger.

Après plusieurs jours donnés aux larmes, Béatrice se mit donc à songer au gouvernement de ses États. Elle fit part à ses vassaux de l'allocution que leur adressait son père; elle les manda, et leur fit enjoindre par un sergent d'armes de venir selon la loi lui prêter foi et hommage. Mais les seigneurs, qui avaient redouté Thierry, craignant peu une jeune fille, se refusèrent pour la plupart au devoir féodal; et les princes voisins résolurent de profiter de ces troubles pour dépouiller Béatrice de son duché.

Secondés par quelques-uns des seigneurs rebelles, ils vinrent en armes. Elle appela ses fidèles et se retira au bord du Rhin, dans un petit château très-fortifié, où ses ennemis, ayant ravagé la campagne, se décidèrent à l'assiéger. Elle s'arma pour encourager les siens; mais plusieurs fois pourtant elle parut sur les remparts crénelés, n'ayant sur ses beaux cheveux, au lieu de casque, qu'une simple banderole de gaze blanche qui en liait le sommet et flottait au vent. Parmi les guerriers qui s'étaient levés contre elle, plusieurs ne purent la voir sans en devenir épris, car elle était belle et douce; ils lui offrirent leur main, et bientôt la discorde se mit dans le camp. Aucun d'eux toutefois ne parla au cœur de Béatrice. Comme autrefois Pénélope, la jeune duchesse de Clèves ne vit toujours que des objets odieux dans ses adorateurs.

Elle leur demanda du temps pour se prononcer.

Mais après quelques lenteurs, ils exigèrent une résolution qu'elle n'eut pas la force de prendre; et ces rivaux irrités recommencèrent le siége; ils le pressèrent avec tant de fureur, qu'au bout d'un mois d'efforts les murailles abîmées offraient une brèche effrayante. Béatrice s'attendait à voir le lendemain sa retraite au pouvoir de l'ennemi; ses fidèles défenseurs avaient succombé presque tous ; elle était décidée à mourir plutôt que de donner sa main à aucun de ses persécuteurs, quand le Ciel parut venir à son aide.

Le vieux duc Thierry s'était retiré, sous le pieux habit d'ermite, dans un lieu peu accessible de la forêt des Ardennes. Là il priait Dieu, au bord d'un petit étang ; il avait auprès de lui un jeune seigneur du Luxembourg, nommé Erlinn, qui l'ayant rencontré dans la forêt venait le voir tous les jours. Pendant qu'ils étaient en contemplation, ils virent un jeune cygne poursuivi par des oiseaux de proie ; le bel oiseau leur échappa longtemps ; mais enfin, épuisé, il se réfugia sous les pieds d'Erlinn en poussant des cris de détresse. Ce fut pour Thierry un trait de lumière ; il saisit la main d'Erlinn :

— Jeune homme, dit-il, le moment est venu où vous devez savoir qui je suis. Mon nom est Thierry ; quand je vivais au monde, j'étais duc de Clèves. Je n'ai laissé qu'une fille ; ses voisins et ses vassaux sont armés contre elle ; jeune homme, il faut que vous soyez son appui. Allez prendre vos armes.

Erlinn se leva à l'ordre du vieillard ; et bientôt il revint armé. Le duc Thierry lui mit dans les mains deux lettres pour Béatrice, l'une qu'il devait présenter en paraissant devant elle, l'autre dont il ne devait faire usage que s'il la sauvait. Il lui donna l'accolade, l'arma chevalier et le bénit. Après quoi le jeune homme, ayant rassemblé à la hâte quelques braves compagnons, partit avec eux dans une barque et descendit le Rhin.

Béatrice était donc tristement assise sur la plus haute tour de sa retraite désolée, se préparant à l'heure suprême; elle contemplait d'un œil mélancolique le fleuve majestueux qui coulait à ses pieds. Tout à coup, dans le silence d'une belle nuit d'été, que la lune éclairait de ses plus purs rayons, elle aperçoit une longue barque qui s'avance à pleines voiles; bientôt elle peut distinguer les guerriers qu'elle amène; le mât se balance surmonté d'un cygne éclatant de blancheur; un vaste écusson aux mêmes armes est suspendu un peu plus bas. Au-dessous est un chevalier de bonne mine, dont les yeux semblent fixés sur Béatrice. Un héraut pousse ce cri d'une voix puissante :

« Un envoyé du duc Thierry ! »

A ce mot, qui n'éveille le camp ennemi que pour y semer la terreur, la jeune fille descend éperdue. Elle fait ouvrir les portes; elle s'assied sur son trône ducal pour recevoir dignement l'ami de son père. Jamais chevalier d'aussi noble maintien n'avait paru devant elle. Il dit son nom; il remet la lettre de l'ermite; elle ne contenait que ces mots :

« Que celui que je vous envoie, ma fille, soit votre libérateur. »

Béatrice baisa la lettre, en la couvrant de larmes de tendresse et de joie, heureuse de savoir que son père vécût encore, attristée de n'être plus sous son puissant appui.

Elle remplit, avec autant de grâce que de noblesse, envers Erlinn et ses compagnons, les devoirs de l'hospitalité.

Après un repas substantiel, où elle-même servit ses hôtes, ils dormaient depuis quelques heures, quand le cri d'alarme annonça que l'ennemi venait à l'assaut. Erlinn, que les insurgés appelèrent le chevalier du Cygne, à cause de son bouclier et de son casque, qui portaient cet emblème, parut bientôt à la tête de ses amis. Il repoussa les assiégeants ; et faisant une audacieuse sortie, il dévasta leur camp, brûla leurs palissades et leurs tentes, et les mit en pleine déroute. Après quoi, il fit publier ce ban dans toute la contrée : « Que tout chevalier qui prétendrait à la main ou aux États de la duchesse de Clèves pouvait se présenter en lice. »

Pendant quarante jours, Erlinn combattit sans relâche les princes coalisés et les seigneurs rebelles ; et toujours le chevalier du Cygne fut vainqueur.

Alors tous les ennemis de Béatrice demandèrent la paix ; le duché de Clèves se trouva délivré. Alors aussi Erlinn remit la seconde lettre de Thierry. Elle était conçue en ces termes :

« Que celui qui a sauvé vos États, ma fille, en soit toujours le défenseur. Si c'est Erlinn, il est digne de votre main ! »

La jeune fille s'émut à cette lecture, quoiqu'elle n'eût lu que des yeux. Elle fit un effort sur elle-même ; et présentant la lettre au chevalier, elle se contenta de lui déclarer qu'elle obéissait à son père. L'heureux Erlinn devint duc de Clèves ; il donna le cygne pour emblème aux chevaliers qui l'avaient secondé ; et depuis lui, les armoiries de Clèves ont toujours été un cygne.

VII.

LES HARENGS DE GUILLAUME BEUKELS.

Seul l'homme utile est pour moi le grand homme.
L'ABBÉ AUBERT.

La raison et le bon sens sont si rares parmi les hommes en général, qu'on voit chez tous les peuples les qualités brillantes mises bien au-dessus des qualités solides. Un conquérant est sûr d'avoir des monuments, un guerrier aura des statues, une danseuse va en carrosse, un joueur de violon possède un château; mais l'homme utile est à peine aperçu. Le prince qui consume toute une vie laborieuse à conserver la paix dans ses heureux États passe oublié. Cependant il lui a fallu un courage de tous les instants, une persistance sans relâche, tandis que l'homme illustre qui n'a remporté qu'une victoire n'a eu besoin peut-être que d'une heure d'excitation ou d'un jour de bonheur. Mais les hommes sont ainsi faits. Ils ont pris pour honorer leurs bannières le léopard, le lion, l'ours, toutes les bêtes de carnage; ils ont dédaigné les emblèmes de paix, de vertu, de fidélité.

Il y a pourtant un pays qui a montré plus d'une fois qu'il fait cas des qualités sérieuses, qui a honoré dans ses fastes la mémoire de Théodebert, l'un de ses princes, petit-fils de Clovis, à qui il a donné le titre, unique dans l'histoire, de *prince utile,* et qui a élevé un tombeau à Guillaume Beukels, le pêcheur; ce pays, c'est la Flandre.

Si l'on étudie l'histoire du commerce et de la navigation chez les peuples modernes, on remarque que c'est seulement à l'aurore du neuvième siècle, lorsque Charlemagne, prévoyant les invasions des pirates du Nord, eut couvert les embouchures de nos fleuves de nombreux navires, que les pêcheurs de la Bretagne, de la Flandre, de la Zélande, de la Hollande et de la Frise, s'unissant aux légères embarcations qui partaient des côtes de l'Écosse, allèrent avec un peu de suite à la pêche du hareng.

Les excursions des Normands suspendirent bientôt les abondants produits d'une industrie si féconde. Mais quand les barbares du Nord, après avoir dévasté pendant soixante ans les vieilles Gaules, se furent établis dans cette partie de la France qui, depuis, s'est appelée de leur nom Normandie, et que le roi Charles le Simple dut leur céder pour conserver le reste de ses domaines — les mers redevenant tranquilles et sûres — les hardis pêcheurs flamands, sans plus avoir besoin des Écossais, reprirent leurs courses lointaines.

Les immenses quantités de harengs qu'ils rapportaient chaque année contribuèrent puissamment à ramener la richesse dans le pays. On vendait, comme un aliment exquis, ce poisson délicat, dans toutes les contrées des Pays-Bas, dans la Picardie et jusque dans l'Ile-de-France; mais, comme on ne savait pas le conserver, c'était une primeur qui n'avait que sa saison.

On voit néanmoins qu'en 1220 le hareng était déjà, pour la Flandre, la Hollande et la Zélande, un commerce très-vaste. On sait jusqu'à quel point incroyable ce poisson se multiplie ; et il est probable que les pêches les plus actives en détruiraient difficilement la race. Ce n'est pas comme la baleine, dont l'espèce se perdra bientôt.

En l'année 1397, la pêche du hareng donna avec une profusion telle, qu'on ne savait qu'en faire. Les pêcheurs de Biervliet remontaient péniblement — tant leur charge était grande — le bras de l'Escaut qui baignait les murs de leur petite ville.

— Oh! si l'on pouvait conserver ce poisson, disaient-ils, et l'expédier en Allemagne, dans le midi de la France, en Angleterre, cette pêche miraculeuse serait notre fortune à tous.

Il y avait, cette année-là, à Biervliet, un jeune pêcheur plein de courage. Enfant du pays, il avait vu tous les ans l'abondance durer une saison rapide, puis disparaître. Il jugeait, par le facile débit du hareng, quel parti on en tirerait si on pouvait le transporter dans les pays éloignés. Il médita, fit des essais, et, après de nombreuses expériences, il se trouva possesseur d'un procédé que nous n'admirons plus aujourd'hui, car ce qui est simple nous paraît facile.

Cependant il a fallu du génie pour imaginer la brouette ; et les Russes, au temps de Pierre le Grand, ne connaissaient pas encore l'usage de la scie. Lorsque Christophe Colomb défia ses convives de faire tenir un œuf debout — après que tous y eurent échoué, il le brisa par la pointe, et l'œuf se tint.

— C'était facile ainsi, dirent les convives. — Pourquoi donc ne l'avez-vous pas fait? — répondit Colomb.

Guillaume Beukels, de Biervliet, le jeune pêcheur dont nous venons de parler, n'étant pas sûr encore de la durée que pouvait avoir son procédé conservateur, voulut l'éprouver à ses risques avant de le communiquer.

Pendant que ses amis se hâtaient de vendre les harengs de leur grande pêche de 1397, il emmagasina les siens, qui étaient en énormes quantités. Il déclara qu'il faisait un essai pour le bien général; qu'il ne vendrait que trois mois après la pêche, et que s'il réussissait dans son expérience, tous les pêcheurs ses concitoyens connaîtraient, pour la saison prochaine, une découverte qui devait à jamais les enrichir.

Cette entreprise hardie excita un vif intérêt sur toutes les côtes. Ceux qui connaissaient Guillaume Beukels espéraient beaucoup dans son habileté. Quelques-uns riaient de lui et se le représentaient réduit bientôt à rendre à la mer son poisson gâté. D'autres le plaignaient de perdre ainsi, de gaieté de cœur, quelques centaines de tonnes de harengs, dont il eût pu faire, malgré le bon marché, une somme assez ronde. Rien ne l'émut.

Il y avait trois mois que l'on ne mangeait plus de harengs, lorsque Guillaume Beukels ouvrit ses magasins. Tout se trouva dans le meilleur état. Il fit porter dans tous les ménages de Biervliet un des harengs conservés par sa méthode. Ce singulier prospectus excita partout des transports d'admiration et de joie. Les harengs étaient parfaits. Tous les pêcheurs vinrent féliciter Beukels et lui serrer les mains.

— Si vous tenez parole, lui dirent-ils, nous serons tous riches, et nous vous devrons nos richesses.

— La veille du prochain départ pour la pêche, répondit-il, je m'engage de nouveau à vous communiquer à tous ma découverte; mais je ne puis rien dire encore ; il me faut l'année pour être assuré que je ne m'abuse point.

Ce ne fut dès lors, dans toutes les bouches, qu'un concert unanime de louanges sur le compte du jeune pêcheur. Les bonnes gens, ses camarades, sentaient tous qu'il eût pu tirer, pour sa fortune, un immense parti personnel de son heureuse invention. Il eût pu, tous les ans, acheter à vil prix la pêche de ses compagnons, et lui-même exploiter en grand ce vaste commerce. Il aima mieux être généreux. Il n'en fit pas moins, dès cette première année, des gains considérables; on ne parlait que des harengs de Guillaume Beukels. Comme ce n'était plus la saison de ce poisson, tout le monde voulait en manger, et il en augmentait le prix à mesure que ses magasins diminuaient.

En attendant le jour où Guillaume devait livrer son secret, plusieurs pêcheurs impatients avaient fait mille essais pour imiter leur camarade; aucun n'avait réussi; ce qui fait voir que l'art de saler et d'encaquer le hareng n'était pas encore une invention si facile; et ceux qui trouveraient ce titre de gloire peu admirable sont priés de songer que, pour maintenir le goût du poisson, pour le saler à point, pour l'encaquer et le ranger dans des barils de manière à se conserver une année et à voyager sans altération, il fallait peut-être plus de science qu'on ne croit.

La veille du jour où devait s'ouvrir, pour l'année 1398, la pêche du hareng, Guillaume Beukels, ayant rassemblé tous les pêcheurs, leur dit :

— Avant toute chose, mes amis, je dois vous déclarer que, selon l'expérience que j'en ai faite, et d'après tous mes essais, le hareng pris avant le 25 juin ne se conserve pas.

Je dois ajouter, dit-il encore dans sa naïve croyance, qu'il faut respecter le roi des harengs, si l'on veut que les pêches soient heureuses.

Après ce peu de paroles, il développa généreusement et sans réserve toute sa découverte et tous ses procédés. De joyeux cris de reconnaissance bénirent son nom.

Dès cette année-là, la pêche du hareng devint plus active que jamais. On mangea du hareng toute l'année; on en expédia de tous côtés, jusqu'à Lyon, jusqu'à Dresde, jusqu'à Strasbourg. Toutes les côtes de la Flandre et de la Hollande virent leur opulence décuplée.

Pour faire juger de l'importance du service rendu par le pêcheur de Biervliet, nous rapporterons un curieux passage de Philippe de Maizières, qui écrivait à la fin du quatorzième siècle, et qui raconte (dans le *Songe du vieux pèlerin*, livre Ier, chapitre XIX) qu'en allant en Prusse par mer, il fut témoin de la pêche du hareng.

« C'est la commune renommée, dit-il, qu'ils sont quarante mille bateaux qui ne font autre chose, pendant deux mois, que pêcher le hareng. En chaque bateau il y a au moins six personnes; et en outre cinq cents bâtiments, gros et moyens, ne font que recueillir et saler le hareng que les petits bateaux prennent. Voilà donc environ trois cent mille personnes occupées à cette industrie.... »

Ce que vit Philippe de Maizières avait lieu quelque temps avant Beukels. On se bornait alors à saler le hareng, ce qui pouvait le conserver une semaine ou deux. Voici la manière de saler, d'encaquer et de saurer ce poisson, imaginée par Guillaume Beukels et pratiquée jusqu'aujourd'hui (1) :

Aussitôt que le hareng est hors de la mer, le caqueur lui coupe la gorge, en tire les entrailles, laisse les laites et les œufs, qu'il lave en eau douce, et lui donne la sauce, en le mettant dans une cuve pleine d'une forte saumure d'eau douce et de sel marin, où il demeure douze à quinze heures. Au sortir de la sauce, on le varaude, ou, pour parler en termes plus généralement compris, on l'écaille. Suffisamment varaudé, on le caque, bien couvert au fond et dessus d'une couche de sel. C'est là ce qu'on appelle

---

(1) M. Schourion, de Bruges, qui avait projeté un ouvrage étendu sur les fables historiques convenues, prétendait que l'art d'encaquer les harengs avait été connu en Flandre longtemps avant Guillaume Beukels; il citait à l'appui de cette assertion une pièce tirée de comptes de la ville de Bruges de 1331, où il est question de six tonnes de harengs *encaqués*, etc. Ce n'est pas ici le lieu d'entamer une discussion grammaticale sur un mot. Mais on ne détruit pas un monument public avec un morceau de papier ou de parchemin sans autorité.

le hareng blanc, le hareng salé, et quelquefois, dans le commerce, le hareng peck.

Pour le hareng qui doit être saur et fumé, on le laisse le double de temps dans la sauce; on le brochette, c'est-à-dire qu'on l'enfile par la tête à de menues broches de bois; on le pend dans des espèces de cheminées faites exprès, qu'on nomme roussables; on fait dessous un petit feu de menu bois, qu'on ménage de manière qu'il donne beaucoup de fumée et peu de flamme. Le hareng reste dans le roussable jusqu'à ce qu'il soit suffisamment saur et fumé, ce qui se fait ordinairement en vingt-quatre heures. On en peut saurer jusqu'à dix mille à la fois (1).

Guillaume Beukels, riche et considéré, mourut chargé d'années, à l'époque la plus splendide de la maison de Bourgogne, en 1449, sans avoir quitté jamais la profession qu'il avait enrichie. Les pêcheurs, ses amis, n'oublièrent pas qu'ils lui devaient leur aisance. Ils élevèrent à Biervliet un monument sur sa tombe.

Un autre fait remarquable, c'est que depuis le jour où Guillaume Beukels enseigna aux pêcheurs l'art qui leur fut si utile, on établit, sur son avis, un usage

(1) Tous les termes relatifs à l'art d'encaquer le hareng viennent du flamand : *caquer* est tiré de la première opération, qui consiste à couper la gorge du hareng et à en extraire les entrailles; *peck* (qui a été dans la saumure, *pekeel*) est devenu synonyme de vieux; *saur* a été fait de *zoor*, qui veut dire sec; varauder vient de l'ancien mot *waard*, qui a aussi voulu dire cuirasse, enveloppe, qui a produit le mot français garde, et qui est encore employé pour exprimer une ceinture de digues, etc.

qui a toujours été respecté et qui s'observe encore de nos jours. Chaque année, au commencement de juin, ceux qui partent pour la pêche du hareng, depuis le capitaine de navire jusqu'au dernier mousse, doivent aller jurer, devant le bourgmestre de la ville où ils appareillent, de ne pas jeter de filet à la mer avant le 25 juin, à une heure après minuit.

Le serment prêté, chaque chef d'équipage reçoit un certificat qui atteste que l'ordonnance a été remplie; et un coup de canon annonce à la flotte des bateaux pêcheurs l'heure où ils peuvent laisser tomber leurs filets. Jusque-là personne n'a fait que rechercher le banc des harengs, colonne immense qui vient, comme on sait, de la mer Glaciale.

Il est d'usage aussi de rejeter à la mer le poisson qui précède ordinairement la colonne, et que les marins appellent *fario* ou roi des harengs. Les pêcheurs s'y conforment scrupuleusement.

L'embarcation qui a pris le premier hareng est saluée par toute la flotte. En Hollande, ce premier hareng était autrefois présenté solennellement au bourgmestre d'Amsterdam, et récompensé d'une médaille d'or. De nos jours on l'offre au roi; une somme d'argent en est le prix.

En l'année 1536, l'empereur Charles-Quint, visitant les travaux fortifiés des côtes de la Flandre zélandaise, était allé du Sas de Gand à Ysendick. Il était accompagné de la reine douairière de Hongrie, sa sœur, et d'une partie de sa cour. Selon son usage, il demanda ce qu'il y avait à voir là?

— Rien à Ysendick, Sire, répondit le pilote qui

conduisait la chaloupe dans laquelle Charles faisait sa tournée; mais si Votre Majesté veut visiter, à une bonne lieue d'ici, le petit fort de Biervliet, elle y verra une grande chose, le monument de Guillaume Beukels.

En prononçant ce nom, l'enfant de la mer ôta son chapeau goudronné; une naïve expression de respect avait animé son visage.

— Qui est-ce Beukels? dit Charles-Quint.

Le pilote rougit; il semblait peiné de la question. Il ne concevait pas qu'on ignorât un nom si vénéré. Pauvre pilote! que dirait-il aujourd'hui, s'il voyait que dans ces immenses et volumineuses biographies chargées de tant de noms inutiles, Guillaume Beukels, au moment où nous écrivons, n'a pas encore trouvé de place (1).

— Sire, répondit le pilote avec une certaine solennité, Guillaume Beukels est l'homme qui inventa l'art de saler et d'encaquer le hareng.

— Et de le parfumer, ajouta un pêcheur, car c'est à lui aussi que nous devons de manger du hareng saur.

— Il a fait la richesse de la Flandre et de la Hollande, répondit gravement Charles-Quint. Honneur aux hommes utiles! Le fort de Biervliet est peu de chose; mais nous irons saluer la tombe de Guillaume Beukels.

Ces paroles firent bien vite oublier la malheu-

---

(1) Il en a pourtant une petite dans la *Biographie portative universelle* qu'on a publiée en 1844 (in-12 de 2000 pages), et qui serait un livre très-utile s'il était un peu plus chrétien.

reuse question. Un cri de joie et de reconnaissance retentit parmi tous les bons marins. L'Empereur s'embarqua avec sa suite; toutes les barques qui se trouvaient là lui firent cortége; et lorsqu'on vit Charles-Quint, la reine sa sœur, et leur cour brillante s'incliner devant la tombe du vieux pêcheur, ce fut dans tout Biervliet une de ces fêtes que les générations n'oublient pas.

Oui, honneur aux hommes utiles! mais honneur aussi aux peuples qui ont la sagesse de leur élever des monuments, et au souverain qui se détourne pour aller saluer leur cendre!

VIII. — LE PREMIER DIAMANT TAILLÉ.

Une goutte de rosée, au soleil du matin, est aussi belle et coûte moins cher.

LESSING.

Les anciens ont prospéré à leur manière sans connaître le diamant; et Pline en parle comme d'une chose en son temps appréciée depuis peu. On dut en faire autrefois d'autant moins de cas que, jusqu'au quinzième siècle, la dureté fut la seule qualité principale du diamant; on n'était jamais parvenu à le tailler; la lime et la meule s'y perdaient, comme la critique sur les œuvres du génie.

Cependant il y avait dans cette pierre toute brute des feux si vifs, que les dames et les princes, natures qui aiment les hochets, s'en passionnèrent peu à peu.

Le roi de Portugal avait un des plus gros diamants connus, un diamant presque aussi gros qu'un œuf, qu'il mettait fièrement à son chapeau, tout brut et difforme qu'il était, les jours de grande fête.

C'est au Bengale et dans les royaumes de Visapour et de Golconde qu'on découvrit les premières mines de diamants; il y en a aussi dans la Mongolie, et les Portugais en ont trouvé dans le Brésil. Quoique l'Orient voulût en conserver le monopole, les mineurs, lorsqu'ils trouvaient de beaux diamants, les avalaient pour les mieux cacher; puis ils passaient en Europe où ils faisaient fortune au péril de leur vie.

Quand la Flandre, sous la maison de Bourgogne, était le bazar de l'univers et le centre du commerce, on voyait à Gand et à Bruges beaucoup de diamants. Philippe le Bon, qui tenait sa cour dans cette dernière ville, en faisait estime, et Charles, son fils, comte de Charolais, en qui on devinait déjà Charles le Téméraire, bien qu'il fût peu damoiseau, aimait pourtant les diamants, ces joyaux que la vanité étala toujours avec complaisance, et que les savants du jour relèguent dans la classe des charbons.

Charles honorait surtout de sa prédilection un gros diamant dont le nom est devenu célèbre, et qui est une des raretés de ce genre; mais il était sans forme, et les feux qu'il contenait brillaient à peine, sans que personne pût les forcer à jaillir, puisqu'on ne taillait pas encore le diamant. L'impatient prince fit faire mille essais, lesquels restaient infructueux, lorsqu'un jeune homme de Bruges, qui se nommait

Louis de Berquen (1), découvrit cet art difficile qui a rendu le diamant si magnifique. On place cette importante découverte vers la fin de l'année 1470.

Ayant éprouvé que deux diamants s'entamaient si on les frottait fortement l'un contre l'autre, Louis de Berquen prit deux diamants, les monta de manière à les maintenir, les égrisa avec succès et ramassa soigneusement la poudre qui en tomba. Ensuite, à l'aide de petites roues de fer qu'il imagina, il parvint, au moyen de cette poudre, à polir parfaitement les diamants et à les tailler de la manière qu'il jugeait la plus convenable.

Enchanté de son succès, Louis de Berquen se hâta d'en faire part à Charles, qui alors était à Bruges. Charles fut ravi. Mais rien n'égala jamais sa joie quand Louis de Berquen lui eut taillé son gros diamant, qui, éblouissant de lumières, jetait des feux la nuit et lui pouvait servir, disait-il, de lampe de sommeil. Aussi il donna à l'heureux joaillier une récompense de trois mille ducats (2).

(1) Ses descendants étaient joailliers à Paris sous Henri IV.
(2) D'autres traditions attribuent à un autre sentiment la découverte de l'art de tailler le diamant. Louis de Berquen, disent ces traditions, était pauvre. Il devint épris de la fille d'un riche bijoutier; mais cet homme avare ne voulait donner sa fille en mariage qu'à un homme qui eût de l'or. Louis, n'ayant à attendre ni héritages de parents, ni faveurs de la cour, chercha à faire fortune. Il avait entendu plusieurs fois le père de celle qu'il voulait épouser répéter que celui-là serait opulent qui pourrait tailler le diamant; car on ne savait encore que le dégager du gravier, et il fallait lui laisser sa forme native. La lime, le feu, la meule, rien n'entamait le diamant. A force de recherches et de méditations, il songea que le fer était façonné par l'acier, qui n'est que du fer purifié, et que peut-être le diamant céderait au diamant. Il fit l'essai que le succès couronna. Peu de jours après, il se présenta devant le joail-

Cette curieuse invention, dont Berquen garda longtemps le secret, décupla bientôt sa fortune, et Charles, toujours amoureux de son joyau, ne se sépara plus du premier diamant taillé, dont les aventures n'étaient qu'à leur début.

Car le Téméraire ayant été tué à Nancy en janvier 1477, un soldat, sur le champ de bataille, trouva le diamant à côté du cadavre du Prince. Il le ramassa à cause de son éclat, mais sans en connaître la valeur, puisqu'il le céda pour un écu à un bon curé, sans doute aussi ignorant que lui. Un marchand l'acheta trois ducats et le vendit au duc de Florence. Des mains de ce prince il passa au roi de Portugal don Antonio, lequel, réfugié en France, fut obligé de s'en défaire. Un des fidèles serviteurs de Henri IV, Nicolas de Harlay, sieur de Sancy, le paya soixante-dix mille francs. C'est depuis cette époque que le premier diamant taillé s'est toujours appelé le Sancy. Or le roi Henri IV, obligé de conquérir son royaume et se trouvant en grande détresse, envoya un jour son ami Sancy chez les Suisses pour leur demander secours. Sancy reconnut bientôt que l'argent seul pouvait faciliter sa négociation. Il chargea donc son valet de chambre, dont il avait éprouvé le dévouement, d'aller chercher à Paris son gros diamant qu'il y avait laissé, lui recommandant bien de prendre garde qu'il ne fût volé au retour par quelques-uns des brigands qui, en grand nombre, infestaient les routes.

---

lier riche avec deux diamants taillés à facettes. Il obtint la main qu'il recherchait et fit une grande fortune avec son secret, qu'il ne divulgua qu'après s'être enrichi.

— Ils m'arracheront plutôt la vie que le diamant, répondit le fidèle serviteur. Et il partit.

Ce que le sieur de Sancy avait craint arriva. Son valet de chambre fut arrêté par des voleurs, qui le pillèrent et le massacrèrent.

Sancy, ne le voyant pas revenir, ne put résister longtemps à ses inquiétudes. Il alla lui-même à la recherche de son domestique; et, après les plus grandes perquisitions, ayant découvert enfin qu'un homme, tel qu'il le désignait, avait été assassiné dans la forêt de Dôle et que des paysans l'avaient enterré, il se transporta sur les lieux, fit exhumer le cadavre, reconnut son serviteur dévoué, le fit ouvrir et trouva le diamant, que le pauvre homme avait avalé pour le conserver à son maître.

Après avoir rendu convenablement les honneurs funèbres à son fidèle valet de chambre, Sancy alla à Metz; là il mit en gage son gros diamant chez des juifs de cette ville. Avec l'argent qu'on lui prêta, il ramena des troupes à Henri IV.

On ne voit pas si le sieur de Sancy put retirer son précieux nantissement. Henri IV, ingrat, le disgracia parce qu'il s'opposait à son mariage avec Gabrielle d'Estrées, par une généreuse franchise qu'on a faussement attribuée à Sully, dont le vrai caractère est si peu connu. Dans tous les cas, ce beau diamant fut acheté six cent mille francs par Louis XIV, qui, à son sacre, le portait à sa couronne.

Le Sancy appartint à la maison de France jusqu'à la restauration qui ramena Louis XVIII. Il disparut alors, et l'on a ignoré pendant quelque temps quel en était le possesseur. Il s'est trouvé appartenir en 1830 au prince de la Paix.

Le Sancy est estimé un million. Mais depuis le haut perfectionnement du stras, on n'en pouvait pas obtenir cinq cent mille francs, lorsqu'il a été acheté ce prix par le grand veneur de l'empereur de Russie; sa contrefaçon en stras coûte vingt francs et brille autant que l'édition originale. Mais tout repose dans l'idée conventionnelle qu'on se fait de la valeur des choses.

Il serait assez long d'énumérer les diamants que l'invention de Berquen a rendus célèbres.

Le plus beau de tous est le Régent, ainsi nommé parce qu'il fut acheté par le duc d'Orléans, alors régent de France sous la minorité de Louis XV. Il vaut plus de cinq millions; — il est gros comme un œuf de perdrix (1).

(1) Une note sur ce diamant ne sera pas inutile. Le diamant le *Régent*, qui pendant la révolution fut mis en gage et retiré sous le gouvernement consulaire, est le plus beau diamant que l'on connaisse. Voici son histoire, extraite des *Mémoires du duc de Saint-Simon* : « Un employé aux mines de diamants dans le Mogol en prit un d'une grosseur prodigieuse, qu'il vint à bout de cacher en se l'introduisant dans le fondement. Il arriva en Europe avec le vol précieux qu'il avait fait. Il le fit voir à plusieurs princes de différentes cours, qui tous l'admirèrent, mais qui le trouvèrent en même temps au-dessus de leurs facultés pécuniaires. Le régent de France fut lui-même effrayé du prix, lorsque Law, à qui le propriétaire l'avait présenté, le présenta à son tour à Son Altesse Royale. Law, étayé par le duc de Saint-Simon, insista auprès du Régent. Le Régent opposait la fâcheuse situation des finances; mais ce qui encourageait le directeur général (Law), c'était l'impossibilité où se trouvait le propriétaire du diamant de le vendre à sa valeur. C'est ce qu'il lui représenta pour le déterminer à en baisser le prix, et ce qu'il représenta au duc régent pour le déterminer à faire une offre. On se rapprocha. On offrit deux millions et les rognures qui sortiraient de la

Un autre diamant fut acheté quatre millions par cette femme amphibie qu'on appelle la grande Catherine, impératrice de Russie. Ce diamant faisait un des deux yeux de la fameuse statue de Scheringam, dans le temple de Brama. Un grenadier français, amoureux des beaux yeux de la statue, s'introduisit dans l'enceinte sacrée et réussit à voler cet œil, qui passa par plusieurs mains avant d'arriver à la czarine.

Le Grand Mogol possède un diamant qui est estimé par les voyageurs douze millions, et qui pourtant est moins beau encore, à ce qu'il paraît, que celui du rajah de Matun. Un gouverneur de Batavia offrit en vain de ce diamant cent cinquante mille dollars et deux bricks armés et chargés de munitions.

Les deux diamants du roi de Perse, l'un taillé en rose et nommé la *Lumière du monde*, l'autre taillé en brillant et appelé l'*Océan de lumière*, sont aussi d'une rare grosseur.

Mais la plus belle collection de diamants était celle du roi de Portugal; on l'estimait quatre-vingts millions. Et ce qui appuie ce dire qu'il est bon d'avoir des diamants, c'est que dom Pedro a reconquis à sa fille le trône de Lisbonne, uniquement avec l'aide de son courage, de sa persévérance et de ses diamants.

Le diamant, si recherché à cause de son éclat admirable, a été pour les chimistes un objet d'étude. On l'avait cru longtemps inaltérable; les expériences

---

taille. Les conditions furent enfin acceptées; et ce diamant, qui après sa taille pesait encore plus de cinq cents grains, fut acquis à la France. C'est de là qu'il fut appelé le *Régent*.

faites en 1695 devant le grand-duc de Toscane prouvèrent d'abord qu'il peut perdre de son poids. L'empereur François Ier, au dernier siècle, fit mettre pour six mille florins de diamants et de rubis dans des creusets, qu'on exposa pendant vingt-quatre heures à un feu très-ardent. Les rubis furent retrouvés intacts; les diamants avaient totalement disparu.

Fourcroy et Guyton de Morveau nous ont fait connaître la nature du diamant : on sait aujourd'hui qu'il est du carbone pur, et qu'il a, comme le charbon, la propriété de convertir le fer en acier. Patin le considère comme la matière même de la lumière devenue concrète, de même qu'il regarde le charbon comme le feu fixé.

Si l'on voulait faire ici la monographie sommaire du diamant, il faudrait ajouter que celui qui le premier trouva l'art de graver sur le diamant fut Claude Briagues. Le stras est une imitation du diamant, qui porte le nom de l'Allemand par qui elle fut inventée.

IX. — LES NOMS PROPRES.

Je sais un paysan qui s'appelait Gros-Pierre,
Qui, n'ayant pour tout bien qu'un seul quartier de terre,
Y fit tout à l'entour faire un fossé bourbeux
Et de monsieur de l'Isle en prit le nom pompeux.

BOILEAU.

M. de Jouy n'est pas le seul qui ait remarqué ce fait, que les noms propres ont quelquefois de l'influence sur les destinées de ceux qui les portent. Nous en donnerons tout à l'heure plus d'un exemple. Aussi beaucoup d'hommes de goût, en mettant le pied dans les voies de la célébrité, ont cru devoir déposer leur nom vrai, s'il était trivial, commun ou ridicule, pour se montrer au public sous des noms harmonieux ou sonores. Vous citerez, en effet, peu de noms déplaisants qui soient restés.

Leclerc, Lebouvier, Jolyot, Chassebœuf, Carton, Fusée, Poquelin, Arouet, Carlet, Burette, Lerond sont aujourd'hui des noms qu'on ne prononce guère. Ils ont été pourtant les vrais noms d'autant d'hommes célèbres. Mais Leclerc s'est appelé M. de Buffon; Lebouvier a pris le nom de Fontenelle; Jolyot celui de Crébillon; Chassebœuf a mieux aimé signer Volney; Carton est devenu Dancourt; Fusée est Voisenon; Poquelin est Molière; Arouet, Voltaire; Carlet, Marivaux; Burette, Dubelloy; Lerond, d'Alembert, etc.

Thomas Corneille, dont Boileau s'est moqué, avait pris le nom de M. de l'Isle sur le titre de son grand dictionnaire géographique. Boileau lui-même signait Despréaux. Mais, par exception, à ces deux hommes, en dépit d'eux, le public a laissé leurs vrais noms. M. de Jouy est né Étienne; il s'est donné, comme d'autres écrivains, le nom de son lieu de naissance. C'est un privilége souvent consacré par l'usage.

Un poëte bruxellois, qui a fait jouer ses drames à Paris, s'est appelé de nos jours Gustave Vaez, du nom de sa mère, qui lui a semblé plus littéraire que son nom paternel Van Nieuwenhuysen (1).

Le P. Comère, jésuite, a déguisé son nom, parce

(1) En français, de Maison neuve.

que le mot Comère joint à celui de Père lui paraissait d'un effet grotesque. En changeant seulement une lettre le P. Comire s'est illustré.

Madame de Gomez, qui a laissé tant de romans, conserva le nom de son premier mari, pour ne pas prendre celui du second, qui s'appelait Bonhomme. Dorat, le poëte chéri de Charles IX, se nommait Dinemandi, en langue limousine *Dîne-Matin;* il substitua à ce nom celui de Dorat, nom de la petite ville qu'il habitait. Sa fille épousa, malgré lui, un homme de lettres qui est resté dans l'oubli, parce qu'il portait le nom de Goulu, et qu'il n'eut pas l'esprit de le changer.

Il aurait pu suivre les savants de son temps qui traduisaient leurs noms en latin et en grec. L'Allemand Schwartz-Erde (terre noire) traduisit son nom en grec et s'appela Melanchthon. Un Français, qui s'appelait Bout-d'homme, latinisa le sien et en fit Virulus. N'oublions pas Trapasso, le célèbre poëte, qui changea ce nom lugubre en celui de Métastase.

> D'un seul nom quelquefois le son dur et bizarre
> Rend un poëme entier ou burlesque ou barbare.

Nous citons Boileau; et nous maintenons qu'un nom ridicule influe véritablement aussi sur celui qui en est affublé. Peut-on s'appeler Grouin, Museau, Leporc, Sallo, et avoir des grâces? Peut-on se nommer Jocrisse, Gribouille, Pierrot, Labête, et avoir de l'esprit? Il y a pourtant à Paris un M. Leloup qui n'est pas féroce.

Du temps de Cromwell, le long parlement, qu'on

nommait par raillerie Croupion, élut pour son président un homme qui avait le malheur de s'appeler Maigre-Échine ; et ce nom disgracieux combla la dose des risées qui tuèrent ce parlement (1).

Chez nous, en 1798, le directoire exécutif envoya en Suisse un commissaire ; c'était le citoyen Rapinat. Pour surcroît, on lui donna deux adjoints aux noms aussi peu rassurants : le citoyen Grugeon et le citoyen Forfait. Aussi, quoique le citoyen Rapinat ait justifié sa conduite dans un brochure sérieuse, on n'en fit pas moins sur lui ce petit quatrain :

> Un bon Suisse que l'on ruine
> Voudrait que l'on déterminât
> Si Rapinat vient de rapine,
> Ou rapine de Rapinat.

C'était certainement Rapinat qui venait de rapine, à une époque plus ou moins reculée ; car les noms propres formés d'un sobriquet sont, comme l'a bien remarqué M. Ernest Fouinet, un blason parlant qui rappelle aux familles les qualités de leur chef ; et, à ce compte, M. Fouinet descend d'une souche qui ne ressemblait pas à celle des maisons où l'on s'appelle Mouton, Bichon ou Bonnefoi.

(1) Un homme sous Louis XV, prenant un billet de loterie, s'écria : — Si je gagne, le Roi aura Durevers ! On dit cela au Roi, qui commanda qu'on arrêtât cet homme ; et après l'avoir fait amener devant lui, Sa Majesté lui demanda quel était le revers dont il le menaçait. — C'est, Sire, répondit cet homme, que si je gagne, j'ai destiné cet argent à acheter une charge auprès de Votre Majesté ; et comme je m'appelle Durevers, si je gagne, Votre Majesté aura Durevers à son service. Cette équivoque ne fut point au goût du Roi ; on remercia M. Durevers, et on le pria de se retirer et d'aller porter ailleurs sa pistole et ses mauvaises plaisanteries. (Lettres de Mad. Dunoyer.)

Si nous faisions sur cette matière un traité savant, nous pourrions dire aussi qu'on n'a commencé qu'au onzième siècle à prendre des noms de terre; que jusque-là les hommes se désignaient, comme chez les Romains, par des sobriquets indiquant leurs qualités, leur profession, leur origine, ou quelque particularité de leur conformation ou de leur vie; de là ces noms : Legrand, Lenain, Lelong, Leroux, Leblond, Lebeau, Lenoir, Levert, Lebrun, Legros, Lelarge, Camus, Petit, Moreau, Lambin, Rouget, Vaillant, Bossu, Fortin, Tetu, Goulu, Boiteux. Brasseur, Marchand, Pelletier, Serrurier, Couvreur, Masson, Couturier, Berger, sont des noms dus à des professions, comme Sarasin, Lallemand, Normand, Frison, Langlais, Bourguignon, Picard, Flamand viennent des origines nationales ou locales.

Il y eut aussi des hommes qui ne gardèrent d'autres noms que leurs noms de baptême, devenus insensiblement noms de familles. Tels sont les Germain, les Matthieu, les Vincent, les Guillaume (1). Quelquefois on leur adjoignit le sobriquet, et on fit les Petit-Jean, les Gros-Jean, les Gros-Pierre, les Grand-Jacques. Dans tout cela, nous ne plaignons que les noms qui prêtent au sarcasme ou à la charge.

Il y avait un homme qui s'appelait Quoi. Il n'est

(1) Les Guillot viennent de Guillaume, les Colin et les Nicole de saint Nicolas, les Séguier de saint Sicarius, les Pasquier de saint Pascasius, les Jacquier de saint Jacques. Le nom de Montmorency est dû à l'une des tiges de cette grande famille qui s'appelait Morent du nom de son patron saint Morent, honoré à Douai sous les noms de Morent ou Mauront; il habitait une colline à quelques lieues de Paris; cette colline s'appela bientôt le mont Morent, en latin *Mons Morentii*. L'illustre nom est venu de là.

pas défendu de s'appeler Quoi ; c'est même indiquer que l'on descend d'un grammairien ou d'un curieux, ce qui est toujours un peu flatteur. Il fut, je ne sais pour quelle cause, appelé en justice. Le président lui demanda son nom.

— Quoi, répondit-il.

— Votre nom ? répéta le magistrat.

— Eh bien, Quoi.

— Vous ne répondez pas; vous êtes un insolent.

— Pardon ! je vous dis mon nom : Quoi ! Justin Quoi.

Ce n'est qu'en lisant l'assignation que le président comprit qu'on pouvait se nommer Quoi.

Un brave boutiquier de la rue Croix-des-Petits-Champs, à Paris, se nommait Quelle, il y a quelques années; et vous avez pu voir son nom sur sa porte.

Vous avez dû voir aussi dans les chroniques de nos tribunaux deux ou trois exemples de méprises produites par les noms propres. Un prévenu, qui s'appelait Silence, répondit en formulant son nom au juge, qui le lui demandait et qui le prit pour un manant. En voici un autre :

Le président, s'adressant à un gros Auvergnat :

— Comment vous appelez-vous ?

Le gros Auvernat : — Pourquoi.

Le président : — Pourquoi ? parce que j'ai besoin de savoir votre nom; et c'est votre nom que je vous demande.

Le gros Auvergnat : — Je vous dis : Pourquoi.

Le président : — Je vais vous faire mettre à la porte; croyez-vous que nous soyons ici pour amuser l'assistance ?

Le gros Auvergnat : — Je ne demande pas mieux que d'être mis à la porte. Je ne suis pas ici non plus pour mon plaisir. Lisez plutôt...

Le président lut : Assignation à Jérôme Pourquoi, porteur d'eau, etc. — Ah! pardon, c'est plus sérieux (1).

On a vu aussi les noms des douze mois portés par des hommes. Sans doute que la tige de ces noms était née dans le mois dont on les affubla, comme la célèbre madame Hamelin, qui avait pour prénom Thermidore, parce qu'elle avait vu le jour dans ce mois de la république française, une et indivisible. On a cité, à Paris, M. Janvier, huissier; M. Février, notaire; M. Mars, procureur du roi; M. Avril, fabricant de surtouts de tables; le savant abbé Mai, à Rome, avait des parents en France; M. Hippolyte Juin fabrique à Paris d'élégants portefeuilles; les habitués des théâtres ont dû applaudir, il y a trente ans, l'acteur Juillet. On trouvera facilement les autres mois dans les almanachs des cinq cent mille adresses.

Les noms singuliers ont quelquefois produit, en se réunissant, des phrases imprévues. M. A. Jauffret, dans sa *Boutade d'un Parisien*, raconte qu'il s'est trouvé à un dîner de gastronomes où les noms de quatre convives qui étaient devant lui formaient un sens. C'étaient MM. Mangeon, Lebon, Petit, Jambon.

(1) Le docteur Brawell, ayant rencontré un de ses amis la veille d'une exécution qui devait se faire à Tyburn, lui demandait s'il savait comment s'appelait le criminel. — Oui, reprit l'autre, c'est un certain pronom. — Comment, un pronom? — Oui, mais soyez tranquille, ce n'est ni vous ni moi. (Le condamné s'appelait Pronom.)

On se rappelle cette bizarrerie qui, en 1801, avait placé dans une loge de l'Opéra les quatre généraux : Lasnes, Lemeunier, Kilméne et Bonaparte. Ainsi appelés, ces quatre noms font une phrase qui a du sens.

Je ne saurais trop dire dans quelle ville française, sous Louis XVIII, un conseil municipal tint une délibération qui fit destituer le maire. Cette pièce était signée des noms suivants, disposés d'une manière prophétique : Thomas, Lenflé, Ferat, Laqueue, Aumaire, Delaville ; et ce fut en effet le gros Thomas qui prit la place du destitué.

D'autres fois ce sont les parrains qui s'amusent à jouer avec les prénoms. On se souvient peut-être encore de M. Guernon de Ranville, que son père avait signalé au baptême par cette série de prénoms : Annibal Côme Martial Perpétue Magloire. Il avait donné à son second fils les mêmes prénoms dans un autre ordre : Martial Côme Annibal Perpétue Magloire.

A d'autres on donne les prénoms d'Amand Constant, de Rose Blanche, de Prudent Tranquille, de Victoire Modeste, prénoms qui marchent souvent accompagnés de contre-sens : Rose est cuivrée, Blanche est noire, Félicité n'est pas heureuse, Prudent n'est qu'un tapageur.

Un lampiste de Bordeaux se montrait ravi d'avoir trouvé deux saints qui faisaient un glorieux prénom à son héritier. Il s'appela au baptême : Charlemagne Second. Son nom de famille était Legrand.

Ce Charlemagne Second eut sept fils qu'il baptisa

non moins fièrement. Il eut le plaisir de les conserver et, plus tard, de les voir signer : le premier, qui était militaire, Alexandre Legrand; le second, qui était coiffeur, Clovis Legrand; le troisième, qui faisait des chansons, Henri Legrand; le quatrième, qui était messager, Louis Legrand; le cinquième, chirurgien, Pierre Legrand; le sixième, clerc d'huissier, Frédéric Legrand; le septième, qui faisait des bas, Léon Legrand.

On fait encore des calembours en joignant à certains noms des prénoms qui amènent un jeu. A un enfant du nom de Tell, on donna le prénom de Maur. A un autre, qui s'appelait Cassin, on donna le prénom de Marc. A un qui s'appelait Galy, on assigna pour patron saint Mathias, ce qui ne produisait le jeu de mots que sur les passe-ports et les pièces officielles, où le prénom se met, on ne sait pourquoi, à la suite du nom : Galy (Mathias).

Un chapelier de Dijon, qui s'appelait Fortuné, mécontent de son nom, qui faisait contraste avec l'état pénible de ses affaires, donna pour patron saint Lin à un fils qui lui vint alors, afin qu'on le plaignît un peu lorsqu'il signerait Lin Fortuné. Un fils de M. Pérat, de Strasbourg, ayant mis son fils sous le patronage d'un saint évêque de Coutances, le fils signait Lo Pérat.

Il y a d'autres calembours, jeux de mots et jeux d'esprit sur les noms propres. Ne méprisons pas entièrement ces frivolités. On disait à un homme célèbre : — Les calembours sont l'esprit de ceux qui n'en ont guère. Il répondit : — Ceux-là, qui n'en ont guère, en ont toujours plus que ceux qui n'en ont pas.

Le cardinal Janson disait à Boileau : — Pourquoi vous appelez-vous Boileau ? c'est un nom triste. J'aimerais mieux m'appeler Boivin. — Et vous, monseigneur, pourquoi vous appelez-vous Janson ? c'est un nom peu relevé ; je m'appelerais plus volontiers Jeanfarine (1).

Le président de Némon, sous Louis XIV, était un personnage fort ennuyeux. Un jour qu'il rendait visite à madame de Sévigné, elle dit, quand on le lui annonça, ce vers connu :

N'aimons jamais ou *n'aimons* guère.

On demandait à l'abbé de Vertot quelle était, parmi les conspirations célèbres, celle qui l'intéressait le plus ; il répondit : — Celle de Cinq-Mars, parce qu'on y trouve de Thou.

Assurément, si madame de Sévigné et l'abbé de Vertot faisaient des calembours, d'autres en peuvent faire. On lança celui-ci, au dernier siècle, sur le prince d'*Hénin :*

Depuis que, parmi les humains,
Tu fais un rôle des plus minces,
Tu n'es plus le prince des *Nains,*
Mais seulement le nain des princes.

Un étranger, se trouvant à dîner avec M. de la Michodière, président de la cour royale de Paris,

---

(1) Ce Boileau n'était pas Boileau Despréaux, comme le plupart le pensent. C'était un Boileau originaire de Beauvais, où Mgr de Janson était évêque.

homme distingué qui a laissé son nom à l'une des rues de la capitale, le maître de la maison passa un plat de champignons en disant : — Offrez cela à Lamichodière. L'étranger, qui ne connaissait pas ce monsieur, n'osa pas le traiter comme ami et dit poliment à son voisin : — Passez ce plat à M. Chaudière.

Notons à présent les personnages qui s'embellissent en ajoutant à leur nom le nom de leur femme, comme il se pratique en Champagne, en Touraine et ailleurs. Un M. Leprince épousa une demoiselle de Beaumont, et il signa : Leprince de Beaumont.

Un M. Leroi épousa une fille du comte d'Espagne, et il signa Leroi d'Espagne, ce qui causa des quiproquos.

Un M. Collin épousa la fille d'un pâtissier nommé Maillard, pour avoir l'agrément de signer : Collin-Maillard.

Un épicier de Paris, appelé Moi, de qui les pratiques disaient en allant chez lui : « Je vais chez Moi », épousa une demoiselle Leroy, pour signer comme Ferdinand VII : Moi Leroy.

Un M. L'homme épousa une demoiselle Desbois, et il se sentait fringant en signant L'homme Desbois.

Il était petit-fils de M. Séverin L'homme, professeur d'humanités à Châlons-sur-Marne. C'est lui qui reçut une riposte peu gracieuse, mais assez connue. Il reprochait à un de ses élèves son peu de mémoire et le défiait de citer deux vers de Boileau. L'enfant répliqua aussitôt par ce début d'une épître célèbre :

De Paris au Japon, du Pérou jusqu'à Rome,
Le plus sot animal, à mon avis, c'est l'homme.

Laissez passer pour le quart d'heure une autre anecdote sur l'influence des noms.

Au mois de septembre de l'année 1820, la diligence de Lille descendit dans une auberge d'Amiens quatre voyageurs qui demandèrent à souper. On les servit dans une chambre particulière, et bientôt on les entendit parler avec feu de matières politiques. L'aubergiste était ce qu'on appelait alors un trembleur; il écouta à la porte et s'effraya. L'un des quatre hommes qui soupaient blâmait vertement certaines mesures du ministère; un autre criait contre les nobles; un troisième, élevé à l'école du *Constitutionnel,* s'élevait contre le clergé, qu'il ne connaissait pas le moins du monde; le dernier faisait de médiocres calembours.

— C'est fini, dit l'aubergiste en revenant auprès de sa femme, nous avons ici des factieux. Si l'on sait qu'ils ont soupé chez moi en comité secret, on va dire que ma maison est un foyer de sédition. Je ne suis pas un révolutionnaire, je ne veux pas de cela. Tiens, écoute-les.

En ce moment les quatre voyageurs parlaient du rétablissement de la dîme, mesure à laquelle ils savaient que nul ne songeait, mais fantôme que les libéraux élevaient alors. Le faiseur de calembours, devenu sérieux, reprochait à ses amis l'emploi de ce moyen d'imposture.

— Vous savez parfaitement, leur disait-il, que personne ne demande le rétablissement de la dîme. A quoi bon mentir?

— Mensonge utile, mensonge permis, répondit un autre.

— Tout est bon, disait un troisième, si nous remuons les masses.

— Entends-tu? dit l'aubergiste.

— Eh! mon Dieu, ce sont des fous, répondit l'hôtesse. Laisse ces gens dire leurs bêtises et fais ton métier.

— Non, je dois prendre mes sûretés.

Là-dessus l'aubergiste entra dans la chambre des quatre turbulents; il demanda leurs passe-ports. Son épouvante fut grande lorsqu'il lut les noms de MM. Danton, Brissot, Hébert et Bazire. La vue de quatre démons ne lui eût pas causé plus d'effroi; il s'imagina que les quatre révolutionnaires, dont il venait de lire les noms, n'étaient pas morts, comme on l'avait dit, et qu'il les voyait devant ses yeux, revenant de Belgique. Leur jeunesse ne l'arrêta pas; il sortit décomposé.

— C'est pis que quatre factieux, dit-il; nous hébergeons quatre jacobins; on les croyait enterrés depuis vingt-six ans, et les voilà qui soupent ici.

Il porta les quatre passe-ports chez le commissaire, qui, les ayant examinés, les lui rendit et lui dit : — Calmez-vous, mon cher, tout est en règle. Ce M. Danton est un paisible propriétaire du département de l'Aube, qui ne s'est pas donné le nom qu'il porte et qui peut être parent du conventionnel comme vous êtes parent d'un fou; ce M. Brissot est un libraire qui a le tort de faire de l'opposition, mais qui préfère encore les bons dîners à la politique; ce M. Hébert est un avoué de Paris qui aime mieux les procès que les révolutions; et ce M. Bazire est le pacifique parent d'un député royaliste. Ce ne sont pas ceux qui crient dans les lieux publics qui sont dangereux, surtout quand ils débitent les extravagances que vous dites avoir entendues.

Toutefois l'aubergiste ne devint tranquille qu'après le départ de ses hôtes.

Voilà bien des choses sur les noms propres, et nous sommes loin d'avoir épuisé la matière. M. Eugène Salverte a fait sur ce sujet deux gros volumes, que sans doute vous n'avez pas lus. Nous pourrions donc nous allonger, disserter sur les noms anciens, gothiques, romains et autres, faire de la linguistique et vous ennuyer, comme tant d'autres, en pure perte. Achevons d'effleurer le côté singulier de la question.

Il y avait, au dernier siècle, une famille où l'on s'appelait Cochon. Un de ses membres, à qui on avait donné le prénom de Leu, ne put, quoiqu'il eût du mérite, ni se marier, ni obtenir une fonction, ni être admis dans les listes d'invitations du beau monde, à cause de son nom malencontreux. Un autre se fit médecin, et malgré ce nom il eut de la vogue (1). Un descendant de cette famille eut plus de chance encore.

On sait que Napoléon Ier, dans ses instants de gaîté,

(1) Trois médecins renommés au dernier siècle, le docteur Vachier, le docteur Vilain et le docteur Cochon, dont il est question ici, étaient en consultation pour un malade, à qui ils enjoignirent divers remèdes. Lorsque le patient reçut l'ordonnance, il ne put rien déchiffrer, sinon les signatures qui se suivaient dans l'ordre où nous les avons annoncées. Ces trois noms lui offrirent un sens qu'il suivit, et il se guérit.

aimait à se jouer des mots. On lui présenta, comme un administrateur habile, le M. Cochon dont nous annonçons la chance. Ce nom de Cochon réjouit l'empereur, et il le nomma préfet de Bayonne, pays renommé pour ses jambons.

Le grand organisateur eut d'autres hilarités qui ne nuisirent jamais à son service. Le maréchal Victor avait débuté dans la carrière des armes comme simple soldat; et alors ses camarades, selon l'usage, lui avaient donné un sobriquet. Ce sobriquet était Beausoleil. Dans une distribution de dignités, Napoléon l'appela et lui dit : — Beausoleil, je te fais duc de Bellune.

Disons un mot encore des noms qui se trouvent avoir de l'analogie avec la profession de ceux qui les portent. L'un des plus heureux est celui de M. Gâtechair, que nous avons vu maître d'escrime à Paris. M. Chicanneau, à Neuville, avocat auteur d'un dictionnaire philosophique. M. Cercueil, médecin à Troyes, n'était pas moins bien favorisé. M. Boudin, charcutier à Cambray, M. Painblanc, boulanger à Senlis, M. Prudent Poltron, que l'on a jugé, il y a dix ans, comme déserteur, sont de ce genre.

On présenta à Napoléon Ier un M. Vollant pour un emploi dans les recettes. — Volant, dit l'empereur, voilà un nom qui ne vous recommande pas. — Sire, répliqua le postulant, mon nom a deux L. — Deux ailes! dit encore l'Empereur, c'est tout ce qu'il faut pour mieux voler. Cependant le postulant fut admis après ce jeu de mots, car il était honnête malgré son nom.

X. — UN PRÉSENT IMPÉRIAL.

> — Le roi m'a fait l'honneur de me parler.
> — Qu'est-ce qu'il t'a dit?
> — Il m'a dit : Ote-toi de là, imbécile!
> *Lulli et Quinault.*

Dans le premier tiers du seizième siècle, la seconde rue de Flandre à Bruxelles avait pour principal habitant un nourrisseur de bestiaux qu'on appelait, à cause de son nom et de son accident, Corrard le Borgne. Le Borgne n'en était pas moins joyeux, avec ses cinquante ans : aimant la musique, jouant des épaules et des mains dès qu'il entendait un rebec, battant la mesure de la tête dès qu'il attrapait, de loin ou de près, un air quelconque, suivant les tambours qui roulaient ou les trompettes qui sonnaient une marche. Il acceptait toutes les joies, ouvrait l'œil à tous les spectacles, l'oreille à toutes les nouvelles, courait les kermesses, jouait à la boule au cabaret; et pourtant il avait fait une grande fortune.

Il élevait de nombreux moutons dans les plaines d'Anderlecht, vendait des génisses à toutes les foires, promenait des bœufs gras et fournissait maintes grandes maisons de beurre, de lait et de crème. C'est qu'avec sa gaieté il était honnête; qu'il jouissait partout d'une confiance méritée, et qu'il n'était pas plus fier dans son opulence qu'on ne l'avait vu autrefois, quand il n'avait que trois vaches et une cabane au hameau de la Tête-de-Mouton. Il avait conservé les mœurs et les habitudes simples de ces temps-là.

Au milieu de sa richesse et de sa bonne humeur, cet homme n'avait qu'un chagrin. Il avait convenablement marié ses deux filles; il était grand-père de huit enfants; ses deux gendres le secondaient dans ses affaires; sa femme se portait aussi bien que lui. Mais il n'avait pu parler à Charles-Quint, depuis qu'il était empereur; il y avait de cela plus de vingt ans, et il en gémissait souvent avec son voisin Laurent Van der Meulen.

— Quand il n'était que prince des Pays-Bas, disait-il, quand on ne l'appelait que Charles, et qu'il ne nous avait pas quittés encore, c'était le bon temps. Comme il était familier! et comme il est devenu haut!

— Ce n'est pas hauteur, répondait Laurent. Mais il est empereur.

— C'est pourtant le même homme, qui riait avec nous, lorsqu'il avait quinze ans.

— Avec cette différence qu'il en a quarante, qu'il n'avait que nous à gouverner, ce qui va tout seul, et qu'il a maintenant les Espagnols, les Napolitains, l'Empire, le nouveau monde, la moitié de la terre, quoi!

— Je conçois qu'il a de l'ouvrage; c'est comme si moi, au lieu d'avoir cent têtes de grosses bêtes, j'en avais cent mille; ce serait dur. Mais enfin, pendant qu'il est chez nous, comme à présent, il devrait se reprendre aussi à sa jeunesse.

— Il n'est pas gai. Tu as vu comme les Gantois

se sont révoltés; qu'il a dû leur parler des grosses dents. Et puis le voilà obligé de retourner en Barbarie.

— Pauvre Charles! moi à sa place, je me serais contenté de notre pays. Était-il jovial en ce temps-là, le digne jeune prince, quand dans ses courses il venait près de nous à Anderlecht! Nous a-t-il brouté des tartines! Et comme il aimait mon beurre! Et du lait, m'en avalait-il! Et de la crème! m'en a-t-il léché, des plats de crème! Je suis juste; il s'est souvenu de nous en revenant d'Aix-la-Chapelle, où on l'a fait Empereur : et c'est à cause de moi qu'il a donné alors au beurre d'Anderlecht le privilége de porter la couronne impériale.

— C'est un brave enfant du pays; il n'a oublié personne. Il a enrichi le villageois qui l'a reconduit avec sa lanterne, et tu te rappelles qu'un jour du temps que tu regrettes, il soupa incognito avec les savetiers; eh bien, il leur a donné la botte couronnée pour écusson, ce que les cordonniers n'ont pas (1).

— Mais il n'a rien fait pour les bonnes gens de la Campine.

— Tu veux parler de ceux d'Oolen près de Turnhout? Que voulais-tu qu'il leur fît? Ces gens sont des naïfs. Dans ses parties de chasse, le jeune prince entrait souvent au cabaret et demandait sa pinte de bière. La servante qui l'apportait ne manquait jamais de la tenir par l'anse et de la présenter par le ventre, Charles était ainsi forcé de la prendre à deux mains.

(1) On peut lire cette petite aventure dans les *Légendes du Calendrier*.

« Ne pourrait-on pas, dit-il, avoir des pots qui eussent une anse de chaque côté ? » On les fit faire. Mais la servante avisée, trouvant cela plus commode, apportait la pinte devant elle, la tenant de ses deux mains par les deux anses, et la présentant de façon que le jeune prince n'y gagnait rien. Ce fut alors qu'il demanda qu'on ajoutât une anse au milieu, espérant qu'au moins on lui laisserait celle-là ; et les Campinois d'Oolen ont gagné de Charles-Quint les pots à trois anses, qui leur feront une petite renommée.

— N'importe ! je ne vivrai pas tant que je n'aurai pas parlé encore une fois à Charles.

— Cela se peut. Mais ce n'est plus comme jadis. On n'aborde pas un empereur comme le premier venu. Il y a des cérémonies.

— Qu'est-ce que cela fait ? Je m'y conformerai aux cérémonies. J'entends dire que tout le monde lui porte des présents ; je lui porterai un plat de crème, et je suis sûr qu'il tombera dessus comme il y a vingt ans.

— Oh ! un plat de crème ! dit Laurent ; il n'en aurait pas une cuillerée. N'a-t-il pas sa cour ! On les a vus, tous ces seigneurs qui l'entourent ; ils en voudront leur part, de ta crème.

— Eh bien, j'en porterai cinquante plats, avec des tartines.

— Et des pommes ; est-ce qu'il n'aime plus les pommes ? Si tu le veux, mon pauvre Corrard, je vais m'informer de la chose ; je connais un gentilhomme qui m'obtiendra audience, mais à condition que j'en serai.

— Certainement que tu en seras, il me faudra du monde pour porter mes plats de crème; et au retour je fais fête à tous mes amis.

La chose ainsi convenue, Laurent Van der Meulen s'occupa de tenir sa promesse. Il revint, deux jours après, annoncer à Corrard le Borgne que l'Empereur se souvenait de lui, et que Sa Majesté le recevrait avec plaisir.

— Nous devons seulement avoir soin, ajouta-t-il, de nous conformer au cérémonial. Devant un empereur, on s'incline jusqu'à terre. Tu ne te doutes pas de ce que c'est qu'un empereur. Tu verras comme c'est majestueux. Mais nous ne pouvons être que quatre; ainsi il ne s'agit pas d'avoir cinquante plats de crème, ayons-en quatre grands...

— Les plus grands que je pourrai trouver.

— Et quatre assiettes de fines tartines, comme tu dis qu'il les aime.

— Je n'aurai pour lors avec moi que toi, Laurent, et mes deux gendres.

— Je me suis fait instruire des usages. Tel que tu me vois, je suis tout dressé. Le capitaine Van der Klock, qui commande un navire dans les flottes de Sa Majesté, et qui va partir avec elle, m'a stylé en courtisan. Je vous marquerai le pas.

— C'est bon.

— Vous ferez tout ce que je vous dirai, et vous agirez comme moi. Fais tes apprêts, car on nous donne audience demain.

Corrard le Borgne se procura les plus grands bassins de cuivre rouge qu'il put trouver; il fit recueillir la crème que produisit le lait de toutes ses vaches traites de la veille; et flanqué de ses deux gendres, dirigé par Laurent, il arriva dans son plus bel habit à la cour de Bruxelles.

Ces quatre hommes, ayant leur barbe peignée et parfumée, les couleurs vives à leur toilette, la joie dans les yeux, se trouvaient rangés en file dans la salle d'attente, tenant chacun d'une main un vaste bassin de crème, qui semblait ressortir dans l'or, et de l'autre une belle assiette d'étain luisant chargée de tartines appétissantes. Ils s'imaginaient, dans leurs goûts simples, qu'ils apportaient à l'Empereur une grande fête. Ils avaient renoncé à offrir des pommes, régal trop pesant et trop commun.

Un chambellan vint les avertir que Sa Majesté attendait maître Corrard. En même temps, les deux battants de la salle d'audience s'ouvrirent. L'Empereur, qui voulait se réjouir un peu, parut au fond, assis sur un trône élevé, en costume impérial, la couronne en tête et le sceptre à la main. Des dignitaires en grande tenue s'étalaient à droite et à gauche; une phalange de pages dorés se développait devant eux.

Les quatre présentés furent éblouis. Corrard le Borgne n'avait l'œil pourtant que sur Charles-Quint; il le reconnaissait.

— C'est toujours son nez et son regard, pensait-il; mais sa barbe a poussé autant que la mienne, et son front porte plus de soucis qu'autrefois.

Pendant qu'il faisait ces réflexions, Laurent, prenant le pas, lui dit : — Ayez soin, vous autres, de faire ainsi que moi, de saluer honnêtement et de vous incliner comme c'est prescrit.

— Va toujours, répondit Corrard, sans retirer son œil de sa contemplation.

Laurent Van der Meulen marchait en grave mesure, les regards fixés aussi vers le souverain, tenant devant lui sur sa main gauche le vaste plat de crème, étendant avec dignité la main droite qui portait les tartines. Arrivé à la porte, il s'inclina pour saluer, en même temps qu'il allongeait le pied pour continuer sa marche. Mais n'ayant pas remarqué qu'il y avait un degré à descendre, il fit comme s'il eût suivi un sol plat, trébucha, s'étala par terre, la figure dans le plat de crème, et lança ses tartines à travers la salle du trône, sur les riches tapis de Smyrne.

Corrard le Borgne, s'imaginant qu'il était de l'étiquette de s'allonger ventre à terre, comme son cornac, qu'il voulait imiter, se disposait à saluer ainsi que lui; il fut aidé par le degré qu'il ne vit pas non plus et tomba à côté de Laurent, avec les mêmes circonstances.

Les deux gendres crurent bien faire de s'étendre par derrière, de mettre leur barbe dans leur plat de crème et de lancer leurs tartines dans la salle. Tout cela se fit dans la même seconde.

L'Empereur, en voyant ses bons amis relever leurs figures ornées d'un masque de crème, partit d'un éclat de rire homérique, comme on dit qu'il en faisait dans son jeune âge, et, ne pouvant se contenir, descendit de son trône à la hâte pour aller exhaler son hilarité dans un cabinet voisin.

Les pages, s'expliquant mal cette brusque sortie, crurent Charles-Quint fâché, ramassèrent les tartines et les jetèrent au nez de Corrard et de sa suite. Le pauvre borgne, interloqué de ne plus voir l'Empereur, reculait en disant : — Voilà de bien singuliers usages! et nous avons eu bon nez de ne pas offrir de pommes; si on nous les eût renvoyées à la tête comme les tartines, nous serions assommés.

Le gentilhomme qui avait introduit les quatre visiteurs reparut alors, suivi de valets portant des aiguières; les quatre figures baignées de crème se lavèrent, et aussitôt le nourrisseur et ses amis furent conduits dans le cabinet où Charles-Quint riait encore.

— Par saint Michel! mes compères, dit-il, le déjeuner que vous m'apportiez s'est converti en joyeux entremets. Pour vous refaire, je vais vous en offrir un autre.

On servit à l'instant des pâtisseries sèches, des jambons d'Espagne, des vins d'Italie et des friandises de Cologne. Les quatre compagnons se mirent à table.

— Et vous, Charles, dit le borgne avec un mélange de familiarité et de respect, vous n'avez pas de couvert. Est-ce que vous ne mangez pas avec nous?

— Je n'ai pas faim, répondit l'Empereur.

— Hélas! reprit tout bas le nourrisseur avec un soupir; ce n'est plus le bon temps.

Cette remarque, que Charles entendit, ramena subitement dans tous ses traits une expression sérieuse et triste. Il fit un mouvement comme pour dire que le bon temps reviendrait; mais il se tut, sachant bien que le bon temps ne revient pas.

Il se leva pour partir.

— Restez à table, mes compères, dit-il; pour moi, je vous laisse; les affaires m'appellent. Et vous, mon brave Corrard, vous m'enverrez demain un autre plat de bonne crème, un seul, préparé par vous. Je ferai en sorte qu'il m'arrive sans accident. Je retourne sous peu de jours en Barbarie, et, ajouta-t-il en souriant, je vous enverrai à mon tour quelque fruit de cette contrée.

Les hôtes de l'Empereur, demeurés seuls, étaient émus, et Corrard le Borgne avait la larme à l'œil.

— Pauvre Charles! dit-il, c'est toujours le même cœur; et certainement, il nous aime encore.

Ah! s'il n'avait que nous! Quand je songe que c'est à lui pourtant que mon beau-père défunt a dû sa fortune...

— Comment cela? demanda Laurent en vidant son verre; car il trouvait les vins d'Italie à son goût.

— Mais je te l'ai conté, reprit Corrard. Il gagnait sa vie à faire de petits balais, qu'il venait vendre à Bruxelles. Avec cela, il nourrissait à grand'peine sa femme et sa fille, que j'ai épousée depuis. Un jour le prince le rencontre.

— Eh bien, mon bonhomme, lui dit-il dans sa manière de parler à tout le monde, faites-vous fortune avec vos balais?

— Non, monsieur, répondit l'autre, sans se douter qu'il voyait là le jeune prince.

— Qu'est-ce qu'il vous faudrait donc pour être riche?

— Ah! monsieur, si j'avais cent ducats... Je connais une petite ferme qu'on veut vendre, à Anderlecht, et dont on demande cent ducats... On doit être là-dedans heureux comme un duc. Mais cent ducats et moi ne passeront jamais par la même porte.

— Qui sait? reprend joyeusement Charles. Combien vendez-vous vos balais?

— Un sou, monsieur; en voulez-vous un?

— Certainement, et voilà un sou. Mais il est de fait qu'avec cela les cent ducats ne viendront pas vite. Permettez que je vous donne un moyen de les avoir demain.

— Oh! monsieur, que Dieu vous bénisse!

— Eh bien, venez demain à la porte du palais.

— A la porte du palais? si on m'y souffre.

— On vous y souffrira. Vous arriverez à cinq heures de relevée.

— A cinq heures.

— Avec cent balais — ni plus ni moins.

— C'est facile, et j'y serai.

— Vous vendrez chaque balai un ducat, et vous aurez votre somme.

En achevant ce mot, qui se disait à la Steen-Porte (1), le prince fila et descendit rapidement la rue de l'Escalier.

Mon beau-père abasourdi resta immobile un moment, croyant bien fermement qu'on le raillait,

(1) Porte de pierre, quartier de Bruxelles.

lorsque pour son bonheur une béguine qui passait lui dit :

— C'est ainsi que vous parlez au prince! sans ôter seulement votre bonnet!

— Quoi! c'était le prince!

— Eh oui! c'était le prince.

Le marchand de balais n'ajouta pas un mot, retourna à sa hutte, prépara ses cent balais, qu'il para de son mieux; et, sans avoir rien dit à personne, il se trouva comme cinq heures sonnaient à la porte du palais. La femme du concierge sortit.

— Combien vos petits balais? demanda-t-elle.

— Un ducat.

La même réponse fut faite à plusieurs demandes pareilles, et elle attira au bonhomme un déluge de sottises. On le croyait fou; il tint bon.

Pendant ce temps-là, il y avait à la cour un grand dîner.

En sortant de table, le jeune prince, tirant d'un buffet le balai qu'il avait acheté la veille :

— Je vois dehors, dit-il, le marchand qui vend ces balais. Tous ceux qui, dans une heure, se présenteront devant nous au jeu de paume avec un de ces balais, peuvent compter que je leur prépare une surprise très-agréable. De plus, ils feront seuls partie d'une grande chasse où nous irons demain.

Aussitôt ce fut un mouvement universel; chacun descendit, chacun courut au marchand de balais; et après des cris de surprise sur son prix exorbitant, comme on vit qu'il s'obstinait à vouloir un ducat, il vendit ses cent balais en un quart d'heure, emporta sa somme, bénissant le prince, et acheta la ferme, où j'ai fait ma noce.

— Et quelle a été, demanda Laurent, la surprise ménagée par le prince à ces bons gentilshommes?

— La surprise, c'est qu'il leur annonça qu'ils venaient de faire la fortune du marchand; et le lendemain la chasse fut très-belle.

Les quatre compères ne se retirèrent qu'après avoir flûté honnêtement toutes les bouteilles qu'on leur avait servies; la journée se passa en conversations animées à la louange de Charles-Quint.

Six mois plus tard, quelque temps avant que Charles revînt de son expédition d'Alger, comme on n'avait que des nouvelles très-vagues de cette campagne malheureuse, Corrard le Borgne reçut une lettre datée d'Anvers. Elle était du capitaine Van der Klock, qui l'engageait à venir sans retard recevoir un présent de l'Empereur.

— Un présent arrivé de Barbarie par mer! s'écria-t-il; Charles a pensé à moi au milieu des Turcs!

Dans sa joie, il donna un festin, voulant achever gaiement la journée; et il partit le lendemain matin pour Anvers, avec Laurent, son ami. Grâce à ses deux bons chevaux, sorti de Bruxelles à cinq heures du matin, il entra à Anvers à sept heures du soir. Aussitôt il se fit conduire à l'auberge où était descendu le capitaine.

— Je suis charmé de vous voir, dit celui-ci; car j'ai hâte de vous remettre le gracieux don que vous envoie Sa Majesté. Vous viendrez demain le recevoir à mon bord.

— Vous voyez que je me suis empressé. J'espère que vous me direz quel est ce présent impérial.

— C'est un gage très-manifeste de la bienveillance que vous porte Sa Majesté. Elle en donne rarement de tels. Elle a bien envoyé quelque chose de semblable aux ménageries de Gand et de Bruxelles; mais ce que je vous remettrai est plus sérieux. Ce sont les deux plus gros tigres, mâle et femelle, que l'on ait pris en Algérie. La femelle est énorme; on croirait qu'elle est pleine.

A ce mot de tigres, Corrard le Borgne avait pâli, et son cœur s'était glacé. Tout honorable que fût le cadeau, il en était effrayé. Où loger, pensait-il, un tigre et une tigresse? Sans parler du danger d'être dévoré et de la dépense; car les deux monstres devaient manger chacun un mouton par jour.

— Permettez-moi, dit-il enfin au capitaine, de me consulter pour savoir si je dois ou non recevoir ces tigres.

— Comment! s'écria le marin, vous consulter! il n'y a pas à vous consulter. Je me suis engagé à vous les remettre en bon état, ils sont dans un état parfait. Je vous les livre demain, et vous me déchargerez par un reçu en règle. Je ne connais que mes devoirs.

N'ayant pu rien tirer de mieux du capitaine Van der Klock, Corrard le Borgne s'en retourna à son auberge.

— L'Empereur est fou, disait-il. A-t-on vu un caprice pareil? m'envoyer une famille de tigres, à moi qui élève des moutons! Et il paraît que la tigresse est pleine. Je pensais qu'il m'aurait donné un cheval turc, ou une caisse de maroquin pour tapisser ma grande chambre, ou du vin du pays, ou une caque de harengs, ou un sabre de Damas. Mais des tigres! Mon bon Laurent, je suis désolé.

— C'est pourtant une grande marque de considération. On ne donne pas des tigres à tout le monde, comme dit le capitaine.

— Eh bien, si tu veux m'obliger, soulage-moi un peu; accepte pour toi le mâle. C'est le moins embarrassant.

— Allons! tu veux rire, dit Laurent, qui ne s'en souciait pas. On fait plus de cas d'un présent impérial. D'ailleurs la tigresse ne serait pas bien toute seule...

Le flageolet d'un montreur d'ours vint en ce moment calmer Corrard, sur qui la musique ne perdait jamais son empire. Il fredonna un petit air, et s'approchant de l'ours qu'on faisait danser :

— Mon garçon, dit-il au maître, j'ai pour vous une fameuse aubaine. Je vais vous vendre deux tigres.

— Merci. Je n'ai pas d'argent.

— En ce cas, si je vous les donne?

— Merci. J'ai assez de mon ours.

— Tu vois bien, Laurent, que personne ne veut de ces chiens de tigres.

Et Corrard le Borgne s'alla coucher fort tourmenté.

Le lendemain matin il retourna au logis du capitaine.

— Décidément, lui dit-il, je ne veux pas de vos

tigres. Je vais vous en donner décharge. Mais je vous prie de les jeter dans l'Escaut avec un bon pavé au cou.

— Pour qui me prenez-vous? riposta le capitaine. J'ai commission de l'Empereur; je veux vous livrer votre présent; et si vous le refusez, je vais vous faire sommer par sergent de le recevoir en vos mains.

Le pauvre nourrisseur frémissant envoya le capitaine au diable. Entraînant son ami Laurent, il remonta dans sa carriole sans rien dire et regagna Bruxelles, où il arriva à minuit.

— Que Van der Klock fasse présent à qui il voudra de ses tigres, dit-il. Lui et son maître sont deux enragés.

Mais le surlendemain il vit entrer dans sa cour une charrette très-élevée, couverte d'une grande toile. A côté du charretier marchait un sergent flanqué de quatre témoins.

— Ce sont vos tigres, dit le sergent; et je viens vous faire sommation de les recevoir.

— Je n'en veux pas, hurla le Borgne.

Il mit le sergent à la porte et se barricada. L'homme de justice dressa son procès-verbal; tout le quartier accouru l'entourait. On descendit les tigres dans la cour. Les clameurs de la foule piquèrent la curiosité du maître de la maison, qui mit le nez à la fenêtre. Le magnifique tigre et la superbe tigresse se laissaient approcher de tout le monde, qui les touchait et les admirait.

— S'ils sont apprivoisés à ce point, dit-il tout à coup remis, c'est différent.

Il s'enhardit, ouvrit sa porte, rappela le sergent pour lui dire que, se ravisant, il acceptait. Puis il s'approcha des deux bêtes féroces. — C'étaient deux tigres empaillés (1).

XI. — UNE REPRÉSENTATION DRAMATIQUE
en l'an 1587.

> Alarme! alarme! au feu! au secours! au secours!
> J.-E. Dumonin.

Ce n'est pas d'aujourd'hui que les écrivains dramatiques se donnent la licence de mettre en scène des personnages vivants. Si quelques contemporains ont été surpris de se voir figurer dans le *Napoléon* de M. Alexandre Dumas; si le conventionnel Barrère s'est retrouvé, avec un peu de déplaisir, dans le mélodrame de *Robespierre* qu'on jouait à l'Ambigu-Comique; si le général Lafayette a pu juger de l'effet qu'il produisit sur le parterre, et jouir du droit de se siffler ou de s'applaudir lui-même dans la *Prise de la Bastille*, l'un des mimodrames du cirque Franconi; si même, dans le drame à coups de canon qu'on a intitulé *la Citadelle d'Anvers*, on a vu en scène les propres mineurs qui avaient fait en réalité les travaux dont ils répétaient l'imitation devant les Parisiens, ne vous étonnez pas de ces hardiesses, n'y voyez pas une innovation. Ce n'est qu'un retour à l'enfance de l'art.

(1) On ne connaissait pas alors dans le pays ce procédé de conserver des animaux curieux.

Sous Louis XIV, siècle auguste des règles classiques, peut-être un peu gênantes, on voulait qu'une action dramatique fût ancienne ou éloignée, pour que des souvenirs récents ne vinssent pas détruire l'illusion. On eût ri en voyant, comme nous l'avons vu, Napoléon, à peine refroidi, se montrer sur le théâtre, avec des traits, un organe, une tournure qui n'ont jamais été les siens. A la vérité Racine, dans *Bajazet,* mit sur la scène une action contemporaine ; mais la distance des lieux et la différence des mœurs compensèrent le défaut d'ancienneté. On n'eût pas joué alors la *Prise d'Alger,* quand les vainqueurs n'avaient pas encore rapporté leurs drapeaux.

Nous le répétons, ce genre, qui nous étonne aujourd'hui, est un retour vers les premiers essais de l'art dramatique, et nous allons citer une pièce dans cet esprit d'actualité passionnée, représentée à Bruxelles en 1587. Qu'il nous soit permis de donner quelques détails sur cette bizarre solennité dramatique.

La maison de Nazareth à Bruxelles était un collége, fondé en 1460 pour l'enseignement des humanités, dans la Grande-Ile, près de l'église Sainte-Claire. En 1581, les réformés firent de cette maison une école gratuite, où l'on élevait les enfants dans la religion retouchée par Luther et Calvin. Puis, en 1585, le prince de Parme ayant repris Bruxelles, les protestants, quoique traités avec des ménagements qui leur permirent de régler leurs affaires, furent obligés de cesser leur culte, comme ils avaient interrompu (mais eux violemment) celui des catholiques; et l'année suivante, la maison de Nazareth rouvrit ses cours sur l'ancien pied.

Or, en 1587, année de disette et de misère, les écoliers de ce collége, voulant procurer au peuple de leur quartier un peu de plaisir parmi ses privations et ses peines, annoncèrent une grande fête, dont les jeux de la scène devaient faire à peu près tous les frais. Mais les jeux de la scène, comme on les comprenait alors, ou les délassements de l'esprit, n'étaient ni du scandale, ni des orgies, ni des piéges. La vaste salle du réfectoire fut convertie en théâtre : on disposa un orchestre, on construisit en planches un rang de loges.

On avait promis trois pièces, dont la deuxième, comme on le verra, se composait de personnages vivants et de situations contemporaines. Une courte analyse de ces drames donnera l'idée des goûts de nos pères, dans une représentation célèbre, non-seulement par les ouvrages qui la composèrent, mais encore par le dénoûment imprévu qui la termina tristement.

A la lueur de cent chandelles flamboyantes, que mouchaient tous les quarts d'heure les bedeaux de la maison de Nazareth, au bruit de la musique du grand serment de Saint-Georges, qui avait prêté ses ménétriers pour cette cérémonie, une foule immense, entassée et joyeuse, demandait impatiemment le commencement des jeux, quand le rideau s'ouvrit. Le régent de la maison de Nazareth vint annoncer qu'on allait jouer de prime abord une comédie française, composée depuis peu par maître Benoît Vozon, et intitulée *l'Enfer poétique sur les sept péchés capitaux et les sept vertus contraires.* « En icelle, poursuivit le régent, vous verrez, messieurs, comme nul mal ne demeure impuni et nul bien irrémunéré. »

Le théâtre représentait les bords du Styx. On sait que la Renaissance avait malheureusement ramené dans les arts et les idées des formes païennes. Immédiatement on vit paraître Mercure et Caron s'entretenant ensemble. Caron se plaignait de ce que depuis longtemps il ne passait plus personne. Mercure lui conseillait de profiter de la circonstance pour raccommoder sa nacelle, et il le quittait en lui promettant de lui amener bientôt des âmes. C'était là le premier acte. On n'exigeait pas encore trois tragédies et une farce dans un petit acte dramatique. Au deuxième, Mercure revenait avec les sept péchés capitaux représentés de la sorte :

Alexandre le Grand, pour exemple d'orgueil ; — Mahomet, faux prophète, pour exemple d'envie ; — Crésus, roi de Lydie, pour exemple d'avarice ; — Héliogabale, empereur, pour exemple de gourmandise ; — Sardanapale, roi des Assyriens, pour exemple de luxure ; — Néron, empereur, pour exemple de colère ; — Épicure, philosophe, pour exemple de paresse.

En voyant les personnages que lui amène Mercure, Caron demande qui ils sont. Il leur donne ensuite sur l'enfer des renseignements qui les épouvantent ; mais, malgré leurs façons, ils sont forcés d'entrer dans la barque et de paraître devant Rhadamante, Minos, Éacus, juges, accompagnés des trois Furies, dont il n'y a que Tisiphone qui parle. Ils sont condamnés à divers supplices proportionnés à la nature de leurs péchés ; après quoi Mercure amène à Caron les sept vertus contraires aux sept péchés capitaux, représentées par des choix toujours païens, dont le premier surtout n'est pas très-heureux :

Diogène le Cynique, pour exemple d'humilité ; — Codrus, roi d'Athènes, pour exemple de charité ; — Pertinax, empereur, pour exemple de libéralité ; — Pythagore, philosophe, pour exemple d'abstinence ; — Hippolyte, fils de Thésée, pour exemple de chasteté ; — Socrate, philosophe, pour exemple de patience ; — Solon, législateur, pour exemple de diligence.

Ces sept personnages, après avoir été entendus par les juges, reçoivent leur récompense et sont envoyés dans les Champs-Élysées. Voilà toute la pièce ; c'est ce que nos pères appelaient une moralité.

Celle-là fut représentée avec tant d'ensemble par les écoliers de la maison de Nazareth, que les applaudissements firent trembler la salle, et que les moucheurs de chandelles en redoublèrent de fierté.

Alors, comme aujourd'hui, la pièce importante se servait au milieu. Après un entr'acte d'un quart d'heure, on joua un drame nouveau, qui n'était pas encore imprimé ; c'était l'ouvrage de frère Philippe Bosquier, religieux recollet de Mons en Hainaut, où il était né, bon moine dont les biographes ne méprisent pas les sermons et les commentaires, réunis en trois volumes in-folio et imprimés à Cologne en 1621, mais dont on connaît moins le drame qui suit, dédié à S. Alt. Mgr Alexandre Farnèse, duc de Parme, et imprimé à Mons, en 1587, chez Charles Michel, sous ce titre :

Le Petit Rasoir des ornements mondains, tragédie nouvelle, en laquelle les misères de notre temps sont attribuées tant aux hérésies qu'aux ornements superflus du corps.

Les *entre-parleurs* de cette tragédie étaient :

Le Père, le Fils, le Saint-Esprit, la Vierge Marie, l'Ange ambassadeur de Dieu, sainte Élisabeth de Hongrie, protectrice des Pays-Bas, le prince de Parme, et plusieurs bons catholiques, le camp du prince de Parme, sans parole ;

Le prud'homme, sa femme, le grand commandeur, le premier colonel, le deuxième colonel, un capitaine et quelques soldats, tous hérétiques ;

Le bragard pompeux, la dame pompeuse, le frère mineur, prédicateur.

Au premier acte, Alexandre, duc de Parme, qui alors était vivant, vient faire l'exposition. Il est chargé par le roi d'Espagne de soutenir la foi dans les Pays-Bas ; il consulte le divin Rédempteur, qui lui ordonne de bien faire son devoir. Il assemble donc les enfants des Pays-Bas, demeurés pour la plupart bons chrétiens, lesquels lui donnent l'argent nécessaire aux frais de la guerre. Pendant ce temps-là, les mondains se livrent aux plaisirs ; la dame coquette chante des chansons d'amour, le bragard pompeux (qu'on appellerait aujourd'hui un fat ou un lion) la recherche empressé; l'hérésie se glisse entre eux et leur ôte tout scrupule.

Au deuxième acte, scènes plus singulières; le ciel, indigné des hérésies qui sont accueillies dans les Pays-Bas, envoie un ange pour les punir par la guerre. Sainte Élisabeth de Hongrie, qui veut du bien à ces contrées, intercède en faveur de plusieurs villes; mais ces villes sont trop coupables. Elle s'adresse à la sainte Vierge, qui obtient indulgence.

Pendant que les hérétiques tiennent conseil pour trouver les moyens de faire la guerre au roi catholique et de lui enlever des places, un frère mineur arrive; il s'élève de tout son pouvoir contre les curiosités et ornements mondains; mais, malgré son sermon éloquent, le bragard et la dame pompeuse, ou la coquette, ne se corrigent pas.

Au dernier acte, le ciel voyant les mondains obstinés dans leurs péchés les abandonne à la cruauté des hérétiques, qui pillent et ravagent tout.

Cette tragédie, représentée devant une société catholique, produisit un grand effet. Des bravos furent poussés de toutes parts; des couronnes de fleurs furent jetées aux artistes, qui étaient les élèves de la maison; l'auteur fut porté aux nues, et les loges se sentirent tellement ébranlées par le mouvement qui s'opéra, qu'elles en craquèrent.

On n'oublia pas pourtant de demander le bouquet, ou la dernière pièce. C'était une pièce d'allégorie morale, intitulée *la Peste de la peste,* par Jean Edouard Dumonin, jeune poëte, assassiné l'année précédente, en Franche-Comté, à l'âge de vingt-sept ans. Dans cette comédie incompréhensible, faite et imprimée à Paris, en 1584, à l'occasion d'une épidémie qui désolait le nord de l'Europe, il y avait des chœurs en vaudevilles, dont nous citerons deux couplets qui furent très-applaudis, le premier sur les tisserands, le second sur les écoliers :

> Ce qui plus frappe mon âme,
> C'est qu'en tissant courte trame
> Le compagnon de l'ouvroir
> Ne pense, sinon qu'il panse
> En grand volume sa panse
> Où souvent il fait pleuvoir...
>
> Ainsi se fait au collége;
> Polyphème y tient son siége,
> Cherchant toujours plats sur plats,
> Ajoutant viande sur viande;
> Le manger manger demande :
> Leurs ventres sont toujours plats...

Dans cette pièce, l'Empereur qui commande à la nature, voyant que les Celtes ont maltraité sa fille (la religion), envoie Autan et la Peste pour les punir. Ces deux émissaires châtient si cruellement, que l'Empereur charge Aquilon de les ramener. Aquilon furieux tue Autan et enchaîne la Peste, dont on fait le procès; on devait lui couper la tête à la fin de la comédie. Mais au moment où Aquilon ramenait la Peste, où des instruments subtilement imaginés jouaient à merveille le bruit de la tempête, en ce moment, un cri universel retentit dans la salle; la joie de la soirée était devenue sanglante; toutes les loges s'étaient écroulées; plusieurs personnes, beaucoup d'enfants furent blessés; on évacua la salle dans

Paris. Typographie Henri Plon.

LA DANSE ARMÉE.

un désordre inexprimable. Les chandelles bouleversées mirent le feu aux draperies ; et comme si le véritable Aquilon eût voulu se mêler à cette catastrophe, où le poëte lui avait donné un rôle important, à peine la salle fut-elle à peu près vide, qu'elle s'abîma elle-même tout en flammes, circonstance qui fit fermer le collége de Nazareth.

XII. — LA DANSE ARMÉE.

> La trame la mieux ourdie
> Peut nuire à son inventeur ;
> Et souvent la perfidie
> Retombe sur son auteur.
>
> LAFONTAINE.

I.

Au douzième siècle, Saint-Aubain de Namur n'était pas l'édifice un peu lourd d'à présent ; c'était une de ces églises gothiques que l'on a vues à regret, pendant le dernier siècle, s'en aller du sol pour faire place à une prétendue architecture grecque. Mais il y avait grande fête dans l'église, alors collégiale, pour le mariage du Comte. Ce comte était Henri, qui régna si longtemps, turbulent et batailleur, et que dans sa vieillesse on surnomma l'Aveugle, à cause de la cruelle infirmité qui lui survint. Il possédait par héritage le comté de Namur et le Luxembourg ; et il épousait Laurette d'Alsace, que quelques-uns appellent aussi Laurence, fille de Thierry d'Alsace, comte de Flandre, le même qui avait rapporté des croisades le sang très-saint de Notre-Seigneur, révéré à Bruges.

Laurette, la belle et pieuse Flamande, était jeune et vive, rieuse et avenante, accessible à tous; son seul aspect avait charmé les bourgeois de Namur. Des cris d'allégresse, des noëls, des vivats exprimés de mille façons, retentissaient dans les rues sur son passage. Elle venait à l'église, conduite par le Comte triomphant, escortée par tous les magistrats de la ville, par tous les corps de métiers, qui marchaient avec leurs enseignes au vent et leur musique en tête.

Parmi les nombreux jeunes gens tumultueusement rangés des deux côtés du perron qui conduisait à l'église, on remarquait un étranger qui revenait, dit-on, de la Palestine. Son costume annonçait un guerrier; il portait le gros pourpoint de buffle, les bottes à lames d'airain, le casque à visière; une pesante épée pendait à sa ceinture, et la croix verte des pèlerins armés brillait sur son cœur. Sa figure indiquait la vigueur et la force; mais les plis de son front et le feu de ses hardis regards trahissaient des passions vives. Ses narines agitées et sa tête haute confirmaient cet indice. A travers sa jeune barbe, on voyait aux deux coins de sa bouche une expression sardonique qui décelait quelque chose d'impitoyable.

Ce guerrier s'appelait Roger; il était de Péronne.

Il lorgnait effrontément toutes les jeunes filles qui arrivaient au portique, ne paraissant se fixer à aucune, et semblant ne rien trouver qui fût digne de son choix, lorsque les murmures flatteurs de la multitude attirèrent son attention sur un objet auquel peu de bons esprits refusaient leurs applaudissements.

C'était Sibylle Buley, surnommée la Rose de Namur, jeune et gracieuse bourgeoise, fille d'un marchand drapier qui demeurait aux Fossés fleuris. Elle avait dix-huit ans, et tous ses traits brillaient empreints d'honnêteté, d'éclat et de fraîcheur. Elle s'avançait avec sérénité, se réjouissant doucement de l'admiration qui était devenue pour elle une atmosphère habituelle.

Les regards de ses compatriotes ne l'avaient jamais intimidée. Mais en mettant le pied sur la première marche du large escalier de pierre qui montait au parvis, les yeux de la jeune fille se heurtèrent au regard ardent de Roger. La dureté sculptée dans ses traits l'intimida tellement, que, dans son émotion, elle tira sur sa tête le chaperon de sa mante à carreaux fauves, comme si elle eût voulu cacher son visage.

— Ou je lui plais, ou elle est coquette, dit Roger d'une voix assez haute, pendant qu'elle s'élançait dans l'église.

— Coquette, c'est possible, dit un sergent qui était là avec sa hallebarde (mais en employant sans doute une autre expression, car ce mot de coquette est moderne); il est certain que la Rose aime l'éloge; elle est un peu gâtée, ce qui n'a pas toujours de bonnes suites. Elle n'a jamais rencontré personne qui ne fût charmé de la voir. Peut-être aussi que la manière dont vous la regardiez lui a causé de l'embarras. Quant à l'épouser, messire, c'est une autre affaire. Beaucoup de jeunes gens lui font la cour; il ne paraît pas qu'elle se soit encore déclarée pour personne, quoiqu'il y ait témérité à rien décider là-dessus; le cœur d'une jeune fille est sournois. Vous ne l'avez aperçue qu'un instant, et déjà vous avez l'air moins dédaigneux. Que sera-ce donc quand vous l'aurez vue danser? C'est une fée. N'irez-vous pas ce soir à la fête qui se donne aux Fossés fleuris devant la maison de son père?

— J'irai certainement, répondit le croisé.

Et faisant le signe de la croix, il entra dans la collégiale. Mais, parmi la foule pressée, ayant vainement cherché celle qu'il voulait revoir, il revint à son poste sur le perron et l'attendit jusqu'au sortir de la messe. La cour descendit, après les serments d'inauguration; le peuple déborda en désordre; et Roger ne trouva pas Sibylle, qui était sortie par l'une des petites portes latérales.

Cette circonstance l'affermit dans sa vanité :

— Elle est coquette, et elle m'a remarqué, dit-il en lui-même.

Puis, satisfait de sa conquête, il reprit la route de son logis au rivage de Grognon, s'habilla le mieux qu'il put, frisa ses cheveux et sa barbe, remplaça son casque par une toque de velours d'Asie et s'alla promener impatient à la place Saint-Hilaire, qui était alors un des principaux marchés de la ville.

Après qu'il eut fait quelques tours, il rencontra le sergent, ainsi que lui en fête. Ils se saluèrent comme d'anciennes connaissances, bien qu'ils ne se fussent vus qu'un instant.

— A quelle heure la danse? demanda Roger.

— A quatre heures, répondit le sergent en souriant. Vous voulez la revoir; vous ne serez pas seul à l'admirer.

— Mais, dit le croisé, parmi tous ses poursuivants, vous pensez qu'elle n'en préfère aucun?

— Je ne dis pas cela. Peut-on lire dans le secret des cœurs? Je dis qu'elle ne témoigne aucune prédilection. Vous en jugerez; vos yeux pourtant peuvent être plus perçants que les nôtres.

Roger se redressa dans son orgueil; son geste semblait dire avec confiance : — Nous verrons! — L'heure n'est pas loin, ajouta-t-il : ne venez-vous point?

— Oh! le temps nous reste, dit le sergent; mais allons toujours; nous attendrons dans le cabaret de l'Agneau de Saint-Jean, s'il y a place, et si c'est trop plein, à la tente des brasseurs.

Dès que les danses commencèrent, le croisé se leva brusquement et s'avança en s'efforçant de retenir un peu ses pas, trop empressés pour la dignité où il voulait se maintenir.

Sibylle arrivait, élégamment parée, au milieu de plusieurs autres jeunes filles, sur la petite place sablée qui devait être le théâtre de la fête. A sa vue, un jeune homme qui paraissait avoir vingt-cinq ans, à la taille bien prise, à la physionomie heureuse, se détacha vivement d'un groupe, alla au-devant d'elle et lui prit la main en l'invitant à danser.

La figure de ce jeune homme s'était visiblement animée; une subite rougeur avait coloré le front de la jeune fille; à l'expression de son visage, à son regard, à son sourire contraint, à la manière gênée dont elle prit la main d'Hubert, l'étranger se trouva éclairé :

— Voilà, dit-il d'une voix sourde en se penchant vers le sergent, voilà sans aucun doute celui qu'elle regarde déjà comme son époux futur.

— Je l'avais pensé aussi, dit le sergent; mais je n'aurais osé l'exprimer.

Les deux spectateurs retombèrent dans le silence. Les danses commençaient. Tous les mouvements, tous les regards, tous les petits mots de Sibylle et d'Hubert, rien n'échappait à Roger.

Cependant, non sans doute par coquetterie, mais plutôt par un certain pressentiment de terreur vague, elle se retournait de temps en temps pour regarder Roger, comme si elle eût été fascinée. Le cœur de l'étranger se gonflait d'orgueil et de colère.

Quand la contredanse fut finie, il courut à la jeune fille pour la prier à son tour; elle devint pourpre; mais elle sembla n'oser le refuser, car c'était un étranger. En commençant, le croisé ne put dire un mot; rapidement il se remit et déclara nettement qu'il ambitionnait sa main. La jeune fille se borna à balbutier quelques mots obscurs, comme si elle n'eût pas compris; et dès que le rebec, la vielle et le tambourin se furent arrêtés, elle s'échappa confuse et entra dans la maison de son père.

— Je l'aurai pour femme, se dit en lui-même

l'étranger vain; puis, remarquant le regard de travers que lui lançait Hubert, il y répondit par un regard plein d'insolence et se rapprocha du sergent.

— Il faut qu'elle soit ma femme, dit-il tout bas; je renonce à mon métier de la guerre.

Le Namurois le regarda d'un air stupéfait.

— Vous allez vite, reprit-il. Si elle préfère ce jeune homme que vous avez remarqué, vous ne l'en détacherez pas si aisément. Nos femmes peuvent être coquettes, comme vous le dites; mais elles ne sont pas légères. D'ailleurs Hubert est un des bons partis de la ville; il est brave et honnête; il est beau et adroit. Vous le verrez demain à la danse armée. N'y viendrez-vous pas?

— Je danserai même cette danse, répondit le croisé, et j'espère qu'on me le permettra.

En achevant ces mots, il rentra dans le cabaret avec son cicérone.

Avant d'aller plus loin, nous sommes forcés de nous livrer à une courte digression sur la danse armée. Les Grecs avaient dans leurs jeux une danse armée; et chez les Germains c'était peut-être de tous leurs divertissements le plus cher. Une foule de jeunes gens, à peu près nus, se précipitaient, l'épée à la main, autour d'un faisceau de piques hérissées et dansaient avec hardiesse et habileté entre les pointes; l'adresse consistait à éviter d'être atteint dans les bondissements.

Ces jeux publics s'étaient perfectionnés à un très-haut point chez les Francs. Il en reste même des traces bizarres. Dans le pays d'Alost, les jeunes

8.

gens s'exercent encore avec une agilité remarquable à un jeu où l'on danse avec des épées nues; on les appelle *zweirt-danzers,* ou danseurs de glaives.

« Ce jeu germain, ajoute M. Dewez, au commencement de son *Cours d'histoire de Belgique,* ne serait-il pas l'origine de cette fameuse danse *macabre* ou *macabrée,* qui était un des grands divertissements de la jeunesse namuroise ?

» Sept jeunes garçons alertes, souples et agiles, portant à la main droite une épée émoussée, et tenant de la gauche la pointe de celle de leur compagnon, faisaient dans cette attitude toute sorte de figures et de mouvements par l'entrelacement de ces épées. Il y avait de pareilles danses à Paris, dans les autres provinces françaises, en Suisse et dans toute l'Allemagne. On les appelait partout danse macabrée, danse macabre, et pendant un certain temps danse des morts, lorsqu'on s'avisa, dans les vastes écarts de l'imagination du moyen âge, de lui donner un sens allégorique. A Brie près de Paris, en 1424, le duc de Bedford régala Philippe le Bon du spectacle d'une danse macabrée, exécutée absolument comme à Namur. A Paris elle se faisait avec des variations, au cimetière des Innocents; on y figurait la danse de tous les états contre un chevalier maigre qui représentait la mort; ce chevalier tuait tout, comme polichinelle, qui pourrait bien être un reste de ces fêtes, si on ne l'avait trouvé dans les ruines d'Herculanum. »

Au reste, tout est soumis à la mode, et la danse plus encore que les autres fantaisies. La danse armée a pu s'appeler danse des morts à Paris, danse des géants à Londres, danse des morts également à Bâle, où elle a été peinte par Holbein autour d'un cimetière ; danse macabre ailleurs, non pas du nom d'un joueur de rebec, comme l'a dit Jacob le bibliophile, mais par corruption du nom de danse macabrée qu'elle portait à Namur, et qui n'était là même qu'un mot altéré. Car on prétend que ce jeu faisait allusion à l'une des plus héroïques histoires de l'Ancien Testament, et que les sept danseurs namurois représentaient les sept frères Machabées, ces derniers soutiens d'Israël. Quoi qu'il en soit, ce n'était, sous ces noms divers et nouveaux, que la vieille danse des Germains et des Gaulois.

Le peuple de Namur s'y portait comme au spectacle le plus attachant.

II.

Le lendemain matin, sur le rivage de Grognon, un vieux serf à l'œil goguenard était assis d'un air affairé, ayant entre ses jambes une pierre de grès, sur laquelle il émoussait le tranchant d'une épée. Il chantait, en s'agitant, quelques couplets à la louange de son maître, qui, à coup sûr, en était l'auteur. Parmi ces couplets celui-ci, que nous traduisons en langage moderne, revenait comme un refrain :

> Connaissez-vous de Roger de Péronne
> Le pesant glaive et les faits renommés ;
> Dans les combats et dans les jeux armés
> Il a toujours remporté la couronne.

— Toujours! c'est beau! dit, en frappant sur l'épaule de l'esclave, un gros homme qui s'était approché par derrière.

C'était un Flamand de la suite de la jeune comtesse.

— Et, reprit-il, pendant que le serf continuait sa besogne, quel est ce mortel si heureux et si vaillant?

— Ne vous ai-je pas dit son nom? Roger de Péronne, guerrier de la croisade.

— Est-ce qu'il est de la danse armée, que je vous vois émousser son épée?

— S'il n'en est pas, il en sera.

— Mais un étranger?

— N'est-ce pas ici comme dans votre pays d'Alost? Quand les sept jeunes Namurois auront dansé leur danse d'usage, ils permettront sans doute, par politesse, aux étrangers de lutter avec eux. Nous leur montrerons qu'on danse ailleurs qu'ici la grande danse macabre.

— Je serai content de voir cela, dit le Flamand; on assure que dame Laurette, notre bonne comtesse, voudra juger si ces danses se font aussi bien à Namur que dans notre comté. On prétend même qu'à sa prière le seigneur comte se propose de récompenser le vainqueur.

Mais que faites-vous? dit le Flamand en s'interrompant pour arrêter le bras du vieux serf; vous émoussez les tranchants et vous aiguisez la pointe!

Le serf se troubla, comme un homme qu'on surprend à faire le mal.

— Vous vous trompez sans doute, répondit-il; ou, si j'ai fait ce que vous disiez, c'est par inadvertance; et je vais le réparer.

Le vieux serf malin se mit à frotter la pointe du glaive sur le grès, mais de manière à maintenir ce qu'il avait commencé et non à le détruire. Le Flamand allait faire une nouvelle remarque, avec sa rustique franchise, lorsque Roger, qui s'étonnait de voir son esclave surveillé, sortit de son logis et appela Hiéronyme; c'était le nom du vieux. Le serf se hâta de rentrer, avec l'épée et la pierre, sans même dire un mot d'adieu au Flamand, qui se retira pensif.

— Cet homme n'a rien vu, messire, dit Hiéronyme, en posant son grès sur le sol jonché de paille de la chambre voûtée où logeait le croisé.

Après qu'il eut aiguisé encore quelques instants :

— Voilà, reprit-il, une pointe qui entrerait dans une cuirasse de fer. Si le jeune homme veut se mesurer avec vous, vous pouvez me charger d'aller demander pour lui les prières des morts.

— Trêve à ta langue qui parle trop, dit sévèrement Roger.

Il prit l'épée, et la voyant parfaitement affilée :

— C'est bien, ajouta-t-il. Il faut que ce jeune homme tombe; il est le seul obstacle entre elle et moi. Je ne suis ici que d'un jour et j'en sais plus long qu'eux tous; elle l'aime; et je serais préféré, sans des promesses jurées. Mais hier, à l'audience que le Comte a donnée dans la soirée, Hubert a réclamé son intervention puissante dans son mariage; le père de la jeune fille cède; je sais que leur union s'apprête... Nous verrons, dit-il après un moment de silence.

Il releva la tête avec un sourire plein de sarcasme.

— Cette pointe pourrait le blesser seulement, reprit-il; ouvre ma trousse, Hiéronyme, et apporte la boîte d'ébène.

La boîte d'ébène contenait un poison oriental très-violent, inconnu dans nos contrées. C'était une gomme de l'espèce du suc mortel de l'ubon-uppas, cet arbre terrible qui croît à Java, dans la vallée qu'on appelle vallée de la Mort. Avec une petite spatule d'argent, en prenant les plus minutieuses précautions, le croisé enleva un léger fragment du poison — à peu près la grosseur d'un grain de millet. Il l'étendit sur la pointe de l'épée, dont la partie nouvellement émoulue se noircit aussitôt comme sous l'effet d'un vernis compacte. Il referma attentivement sa boîte, qui exhalait une odeur dévorante, mit son épée dans le fourreau, et, donnant tout bas un ordre au vieux serf qui alla seller les deux chevaux, il sortit et se dirigea, de l'air le plus calme, vers le pied du château où devait s'exécuter la danse armée.

Les sept jeunes Namurois, qui représentaient si l'on veut les sept frères Machabées, étaient déjà à leur poste dans le costume de rigueur. Ils étaient tous vêtus de blanc; leur bonnet, leur pourpoint, leur haut-de-chausses, leurs souliers même, tout était de toile blanche. Une ceinture rouge ceignait leurs reins, des rubans rouges leur entouraient le bras au-dessus du coude et la jambe au dessous du genou; des nœuds de ruban rouge brillaient également sur leurs souliers, sur le côté droit de leur bonnet et à la poignée de leurs épées.

Dès que le Comte et la Comtesse furent descendus du château, et que l'on eut donné le signal, au milieu de la foule immense, avide de ce spectacle, les sept jeunes gens s'élancèrent. Hubert était à leur tête, le plus alerte et le plus agile. Des combats simulés, des poursuites, des tours de souplesse occupèrent pendant une heure l'attention du public. Enfin, on lutta pour le prix. Six longues cordes furent tendues à terre, à quatre pieds l'une de l'autre. Les six premiers danseurs de glaive eurent chacun une de ces cordes, qu'ils ne devaient pas quitter, mais qu'ils pouvaient parcourir dans toute sa longueur, en poursuivant celui qui luttait pour le prix. Ce dernier devait danser un grand air en mesure, au son de la musique, ayant toujours le pied sur une des six cordes, et s'il était atteint par un de ses compagnons qui le touchait de son épée, ou s'il manquait la mesure, il était vaincu. Avec son glaive, il avait le droit de parer les coups.

C'était un jeu très-difficile. Les six premiers danseurs échouèrent. Hubert seul triompha et fut proclamé vainqueur.

Pendant qu'il était à genoux devant Laurette d'Alsace, qui lui mettait au cou une chaîne d'or, tandis qu'il saluait de loin Sibylle, assise sur une estrade derrière la cour, Roger, qui jusque-là avait paru se borner au personnage de spectateur, s'approcha du héraut de la ville et lui parla à voix basse. Le héraut se mit à crier :

— Pour l'honneur de la bonne ville et cité de Namur, sous le bon plaisir du seigneur Comte, un étranger demande la joute des cordes, seul contre le vainqueur.

La foule manifesta son agrément par des acclamations si vives, que le Comte permit le jeu. Hubert, comme s'il eût été infatigable, se rejeta dans l'arène. On exigea que Roger ôtât son pourpoint de buffle et ses gantelets, ce qui parut lui déplaire; on lui donna une ceinture rouge, et, au signal du Comte, la lutte commença.

Il poursuivait avec une grande vigueur son léger adversaire, et de son épée, que Hiéronyme avait préparée le matin, il cherchait évidemment à toucher la main d'Hubert, qui l'évitait avec bonheur, sans soupçonner que la moindre atteinte lui devait donner la mort.

Pendant la première partie de cette joute, le Flamand qui le matin avait vu aiguiser l'épée reconnut l'étranger; et, se défiant, il alla parler de ses craintes à Laurette d'Alsace. La bonne princesse fit part des appréhensions qu'on lui témoignait au seigneur Comte, qui ordonna aussitôt de suspendre le combat; le héraut jeta son bâton dans la lice; les deux jouteurs s'arrêtèrent avec surprise.

Un silence se fit.

— Que voulez-vous commander à présent? dit le Comte à Laurette.

— Si monseigneur le permet, répondit la Princesse, j'ordonne que les deux champions changent d'épée.

Cet ordre parut un coup de foudre tombé sur la tête de Roger, dont la figure se décomposa sur-le-champ. Il s'efforça violemment de se remettre.

En reprenant ses esprits :

— Craint-on que mon épée ne soit trop pesante? dit-il en la jetant à ses pieds. Qu'on m'en donne une autre, celle de l'un des vaincus; je lui rendrai l'honneur.

Mais, tandis qu'il parlait ainsi, Hubert avait ramassé l'épée à terre et présentait la sienne en échange.

Roger pâlit de nouveau comme un spectre et recula avec une sorte d'effroi devant son ennemi. Tout le monde s'étonnait. Le comte de Namur éleva la voix :

— Étranger, dit-il, votre épée est-elle donc enchantée, que vous n'êtes brave qu'avec elle, et que vous n'osez en toucher une autre? Qu'on m'apporte cette arme.

Hubert avait fait un pas pour présenter au Comte l'épée empoisonnée : le croisé le retint, avec un trouble qui semblait croître encore.

— Excusez-moi, dit-il, j'ai cru qu'on se défiait de ma loyauté : j'accepte le combat.

Comme tout criminel, il avait peur; il craignait qu'on ne reconnût le poison imperceptible ; on n'eût pu remarquer que la pointe aiguisée. Il se raffermit et compta sur son habileté pour éviter d'être atteint.

La joute recommença donc, plus vive et plus serrée des deux parts.

Elle dura un long quart d'heure, au bout duquel

l'amant de Sibylle, épuisé de fatigue, tomba en parant un coup de son adversaire; mais en tombant il le piqua à la cuisse.

Le croisé poussa un hurlement effroyable, chancela quelques secondes, vomit un second cri, qui retentit au loin, et s'affaissa comme une masse de pierres qui s'écroulent.

On s'empressa d'aller relever les combattants; l'étranger était mort. Sa peau noire et ses traits horriblement contractés firent dire à la foule que le diable assurément l'avait étranglé, que son épée était ensorcelée, et qu'il fallait brûler le cadavre avec le glaive. Cette sentence, approuvée par le Comte, fut exécutée à l'instant, pendant que l'heureux Hubert, revenu à lui, s'asseyait ivre de joie aux pieds de Sibylle, dont on lui annonçait que le vieux Buley consentait à lui donner la main.

Comme on s'agitait en tout sens sur cette aventure, le guet de la ville amena au Comte Hiéronyme, qu'on avait arrêté avec les deux chevaux derrière les Fossés fleuris; il avoua que son maître avait empoisonné l'épée, et qu'il devait enlever la Rose de Namur. Le pauvre homme fut pendu; la justice alors était rude et prompte.

Le mariage de Sibylle et d'Hubert se fit le lendemain.

XIII. — LE DOCTEUR PÉPERKOUK.

> Connu dans l'univers et dans mille autres lieux.
> Eugène Scribe, *le Philtre.*

I. — AU CAMP DE LOUIS XIV.

Dans les premiers jours du mois de mai de l'année 1667, Louis XIV eut la fantaisie d'exécuter un projet qu'il nourrissait depuis quelque temps et qui consistait à s'emparer des Pays-Bas catholiques. Il s'était persuadé que ces provinces lui appartenaient, du chef de sa femme, née infante d'Espagne, et par un certain droit de dévolution qui serait long à expliquer, mais qui donnait une apparence de justice à ses prétentions. Il s'avança donc sur la Flandre, à la tête de trente-cinq mille hommes. La reine de France l'accompagnait avec toute sa cour. Aucune place n'étant défendue, la conquête n'eut l'air que d'une partie de plaisir. Turenne entra le 20 juin à Charleroi, pendant que Louis XIV voyait s'ouvrir devant lui les portes de Douai, de Tournay, d'Audenarde et de Courtrai. Il se hâta de signaler cette prise de possession inopinée par des fêtes brillantes. Les habitants étonnés ne savaient plus trop qui ils avaient pour souverain, mais la cour dépensait beaucoup d'argent, et ils laissaient faire.

Au milieu de ces circonstances, un coureur en bottes fortes, arrivant au galop de son cheval, sonna sans descendre à une porte verte, qui était l'entrée d'une maison de bonne apparence située à cent pas de l'enceinte de Courtrai, sur le chemin de Tournay.

Un garçon d'une trentaine d'années, vêtu d'un surtout noir à passe-poil jaune et d'une large culotte rouge qui bouffait sur des bas lie de vin, parut aussitôt. C'était Chicot, avec qui nous ferons connaissance.

— N'est-ce pas ici, dit le coureur, la demeure du docteur Péperkouk?

— Je crois que oui, répondit Chicot; c'est le médecin vert de la contrée.

— Tant mieux s'il est vert, dit le coureur, ne comprenant pas cette locution du pays; c'est toujours mieux qu'un médécin caduc. Est-il céans?

— Il y est, et il n'y est pas.

— Il paraît qu'on est plaisant dans le Courtraisis. Or ça, je viens du camp, et je suis envoyé par Mgr le duc d'Aumont.

— C'est autre chose! Un duc! Soyez le bienvenu. Si le docteur n'est pas à la maison, il est à la cave.

Le coureur trouvait ces détails bizarres chez un médecin célèbre.

— Et qu'est-ce qu'il fait à la cave? dit-il.

— Il prépare ses remèdes; nous les fabriquons en tonneaux, et nous les distribuons en dames-jeannes, en bouteilles, en pots et en cruches.

— Enfin les médecins du Courtraisis peuvent avoir d'autres usages que ceux de Paris. Annoncez au docteur que je l'attends, et que Mgr le duc d'Aumont a besoin de ses services. Il paye en prince.

— Si c'est en prince qu'il paye, c'est bon, dit Chicot. Descendez de votre selle, vous boirez un coup pendant que je donnerai un picotin à votre cheval.

Après avoir dit ces paroles, Chicot courut à la porte de la cave et cria :

— Docteur Péperkouk, le duc d'Aumont, que je ne connais ni des lèvres ni des dents (il voulait dire ni d'Ève ni d'Adam), vous demande au camp du roi de France, dressé entre Tournay et Courtrai. Il est malade.

Personne ne répondit.

Chicot, habitué aux manières de son maître, alla prendre un picotin, qu'il remplit d'avoine et qu'il attacha avec deux ficelles derrière les oreilles du cheval, mis ainsi à l'écuelle jusqu'au menton. Puis il fit entrer le coureur dans un petit parloir garni de tablettes où l'on ne voyait que des pots et des fioles.

Sur la table se trouvait en permanence une cruche de bière brune de Lille, un pain frais et une assiette de beurre.

— Refaites-vous un peu, dit-il au messager; votre cheval est servi.

C'est un mal de la localité que votre duc aura attrapé, reprit Chicot, puisque vous venez trouver le docteur Péperkouk! Est-ce qu'il n'y a pas de fameux médecins au camp du roi de France?

— Il y a au contraire les premiers médecins de Paris. Mais d'abord ils sont lents à guérir ces maladies-là; et monseigneur a entendu parler du docteur, dont on lui a dit de grandes choses. Ensuite les deux plus habiles sont pris eux-mêmes; l'un a la goutte, l'autre a la jaunisse.

— Ah! des médecins! c'est fameux! et quelle est la maladie de votre duc? Comment est-ce fait un duc?

— Mais c'est fait comme un autre homme.

— Tiens! tiens! tiens! moi, je croyais que les ducs et les rois avaient dix doigts à chaque main.

— Sont-ils jeunes dans cette Flandre! Quant à la maladie de Mgr le duc d'Aumont, je n'ai pas la permission de la dire.

— C'est que c'est laid. Nez-de-plume ne se cacherait pas au fond de la mer s'il était beau (il voulait dire Neptune). Si pourtant vous ne la dites pas, cette vilaine maladie, myn heer Péperkouk ne pourra pas emporter les remèdes.

— Ah! il porte les remèdes avec lui? C'est plus commode...

On entendit alors fermer la porte de la cave. Un homme de haute taille, mince et alerte, tout vêtu de gris, avec une ceinture de cuir rouge, parut aussitôt. Cet homme était le docteur Péperkouk.

Il avait soixante ans; mais il n'en annonçait pas cinquante. Ses moustaches ne grisonnaient pas encore. Tout son air était empreint d'une certaine dose d'importance, mêlée de naïveté et de bonhomie. Son front chauve allongeait encore sa très-longue figure. Il attribuait cette calvitie à la méditation; ce qui n'est pas incroyable.

Il guérissait ses malades, et l'on croit qu'il réussissait parce qu'il n'hésitait jamais. D'ailleurs il avait, comme on dit, la main heureuse. Il n'était que médecin vert, c'est-à-dire médecin de campagne, ne sachant pas un mot de latin, n'ayant étudié dans aucune université, mais consultant avec aplomb sur les urines, arrachant fort bien les dents, exerçant la chirurgie d'une main légère, pansant adroitement les blessures, et ne dédaignant pas de donner ses remèdes aux animaux malades. Un tel homme, vu le progrès, n'aurait pas le droit de guérir aujourd'hui; attendu qu'on ne demande plus aux médecins s'ils guérissent, mais s'ils ont étudié selon certaines formes méthodiques. Les Grecs du Bas-Empire n'auraient pas fait mieux. Il est vrai pourtant que le docteur Péperkouk n'exerçait que dans les campagnes.

La politesse villageoise lui prodiguait le titre de docteur, qui le flattait extrêmement, et sa seule ambition était d'avoir ce titre par acte officiel. Mais on avait beaucoup ri, toutes les fois qu'il l'avait demandé.

Ajoutons qu'il était bon, humain et crédule, et que tout en lui ne prêtait pas à rire.

Pour comprendre la situation, il faut savoir que le coureur du duc d'Aumont avait été envoyé au savant docteur Servais Verbrouck, de Courtrai, renommé alors pour son habileté à traiter spécialement les maladies de la peau et les mouvements des humeurs. En chemin, peu habitué aux noms flamands, le messager demandait l'adresse du docteur en estropiant son nom de toutes manières, mais en y joignant toujours l'ornement du *plus fameux médecin du pays*.

— C'est le docteur Péperkouk que vous voulez dire, lui avait répondu une bonne femme; car le peuple ne connaissait que lui. Elle lui avait indiqué très-exactement son adresse; et le coureur, retenant enfin ce nom à force de le répéter, était arrivé, comme nous l'avons dit, en présence de Chicot.

Le docteur, cherchant à dissimuler la satisfaction qu'il éprouvait d'avoir enfin à traiter un duc, salua le messager avec une dignité champêtre.

— Vous avez au camp, dit-il, un illustre malade?

— Mgr le duc d'Aumont, commandant en chef dans les armées de Sa Majesté; rien que cela.

— Et ses médecins, intervint Chicot, ont la jaunisse et la goutte. Ils en auront trop bu.

Un sourire, qui n'était pas dépourvu de quelque ironie, caressa la lèvre du docteur. Pourtant il ne comprenait pas encore que le duc d'Aumont lui fît l'honneur de l'appeler.

— Que demande Son Excellence? reprit-il.

— Sa maladie, monsieur le docteur, ne se dit qu'à l'oreille.

En même temps le coureur se grattait et se frottait le dos à la muraille, d'un air qu'il voulait rendre significatif.

— Je ne devine pas, dit le docteur.

— Eh bien, souffla l'envoyé, il a un mal dont on rougit.

— Il en est peu dont on soit fier, riposta sagement le docteur.

— Une maladie que ne connaissent guère les grands seigneurs.

— Je ne sais pas là-dessus leurs priviléges.

— Une maladie de chien, en un mot.

— Est-ce qu'il serait enragé?

— Non; mais, puisqu'il faut le dire, Mgr le duc d'Aumont en est réduit à se gratter.

— Ah! il a la gale; de grands capitaines l'ont eue avant lui.

— Ses médecins lui proposent un traitement de six mois, et on lui a dit que vous guérissez cela en quinze jours.

— Cela! s'écria le docteur en se redressant, je le tue avec trois frictions, chez les hommes solides.

Cette expression, *je le tue,* semblerait indiquer que le docteur avait découvert l'acarus, dont le siècle présent se fait tant d'honneur.

— Allons donc, monsieur le docteur, dit le courrier; on vous désire avec impatience.

Une petite paysanne entra alors tout essoufflée; elle venait annoncer que son père, un pauvre tisserand, s'était foulé le poignet.

— Voilà qui presse plus que l'autre, dit le docteur; nous passerons à l'instant chez ce bonhomme, qui ne peut pas attendre; et de là je vous suis au camp de Sa Majesté.

Le docteur se recueillit.

— Chicot, reprit-il, amène-moi le bidet; hâte-toi de seller le pharmacien (c'était son âne qu'il appelait ainsi). Tu mettras dans les paniers un pot de deux livres de la caisse verte, une dame-jeanne de six pintes du tonneau rouge, une bouteille de mon sirop d'écorce, avec les autres condiments ordinaires. Et tu prendras pour le tisserand un emplâtre de l'onguent que tu sais, une petite fiole d'huile, un morceau de laine et une ficelle.

Tout fut prêt en quelques minutes; le coureur se remit en marche, côte à côte du docteur, que suivait Chicot à pied, conduisant le pharmacien, avec lequel il faisait de temps en temps une conversation amicale. Le médecin vert ne disait rien. Tout en cheminant, il songeait que, s'il était assez heureux pour guérir les gens du Roi, il avait là quelque chance de conquérir enfin réellement la dignité qui était toute son envie.

— Avec ce titre en règle, pensait-il, je pourrai exercer partout, à la barbe des autres médecins. Ce sera beau.

Il entra dans un hameau peu éloigné, dont chaque habitant sortit à la porte pour le saluer avec de bonnes paroles. Il s'arrêta dans la petite maison du tisserand, lequel à sa vue perdit la moitié de ses souffrances. Il examina le poignet foulé, prit des mains de Chicot son emplâtre de saindoux, répandit dessus un peu d'huile, l'appliqua sur la partie malade, la lia doucement et solidement avec une ficelle; puis il ajouta : — Voilà qui est fait; vous garderez cela neuf jours, mon enfant; mais dès demain vous pourrez travailler avec ménagement; j'espère que la douleur aura cessé.

Le paysan rougit en demandant, par une phrase embarrassée, quel était le prix de la visite et du remède.

— Vous savez, répondit le médecin vert, que chez les gens qui travaillent pour nourrir leur famille, ces choses-là ne coûtent rien, sinon une prière que vous ferez pour moi à saint Cosme, notre bon patron à nous autres médecins.

Au sortir de là, le docteur se dirigea vers le camp. Les sentinelles et les premiers groupes de soldats, égayés de l'équipage du médecin vert et de son attirail, commençaient à lancer des quolibets et des éclats de risée, auxquels le coureur imposa silence en prenant le rôle d'introducteur et criant à travers les lignes : « Le médecin et la pharmacie de Mgr le duc d'Aumont! » Au respect que l'on montrait pour ce nom, le docteur fut encore plus convaincu qu'il allait traiter un puissant personnage. Chicot, fier et joyeux, s'approcha de son maître.

— Voilà, docteur, une fameuse fortune, lui dit-il à mi-voix ; profitez-en, et n'oubliez pas le proverbe : l'occasion fait *le baron*.

On arriva à la tente splendide de Mgr le duc d'Aumont.

— Le docteur! dit le messager.

Le docteur fut introduit sur-le-champ.

— Je sais toute votre grande renommée, docteur, dit le duc. Si vous me délivrez de ce mal déplaisant, qui me vient je ne sais d'où, comptez sur mon appui.

— Que ne suis-je aussi sûr, monseigneur, répliqua Péperkouk, d'obtenir enfin la patente de docteur, que je me sens certain de vous guérir, vous et vos médecins; je n'aurais plus de souci!

— On vous refuse ce titre, à vous! dit le duc;

c'est incroyable; mais les corps savants n'en font jamais d'autres. Eh bien, quand vous m'aurez traité, je vous réponds que vous serez nommé docteur par acte public, dussé-je pour cette affaire vous présenter à Sa Majesté elle-même! Si pourtant vos remèdes sont infaillibles, comme on le dit, pourquoi en gardez-vous le secret?

— Je ne le refuse à personne, monseigneur; j'ai donné l'an passé la recette qui vous concerne à un jeune colporteur, lequel s'en est fort enrichi en Hollande.

— Comment donc?

— Oui, monseigneur; c'est un garçon ingénieux. Il s'était associé un certain camarade, vendant peu, mais très-poli, et faisant des amitiés à tout le monde. Il le suivit à trois semaines de distance et fournit de mon spécifique toutes les personnes à qui son compère avait donné des poignées de main.

Après que le duc d'Aumont eut ri du stratagème, le docteur prit des mains de Chicot le pot de la caisse verte. C'était un onguent composé de beurre fondu, dans lequel on avait infusé la pellicule qui se trouve entre le bois et l'écorce des jeunes pousses d'un arbuste très-commun que les paysans appellent druinet, dont nous ignorons le nom savant, mais dont les graines poussent au bout des tiges, quatre par quatre, faisant le bonnet carré. Il s'agissait uniquement de se frictionner de cet onguent devant un grand feu clair, trois jours de suite, entre deux sommeils; c'est-à-dire qu'il fallait se recoucher le matin pour quelques heures, après qu'on avait fait pénétrer l'onguent dans la peau, au moyen d'une vive flamme. Le duc d'Aumont, qui voulait être guéri, et qui avait confiance entière dans le docteur (il le prenait pour le savant Verbrouck), se soumit à ce remède héroïque, que les villageois ont eu le bon esprit de conserver, et qu'ils emploient toujours. Puis il pria l'habile guérisseur d'aller voir ses deux médecins.

Péperkouk fut conduit immédiatement devant eux. Il les trouva bien autrement polis que les docteurs du Courtraisis et du Tournaisis ; car, le prenant aussi pour celui qu'on avait mandé, ils l'appelaient docteur et le traitaient de confrère. Ce fut donc avec zèle qu'il donna à celui que retenait une jaunisse de premier ton, laquelle il entretenait avec du jus de carottes, une bouteille de sirop d'écorce de saule infusée dans du vin blanc ; une légère addition de miel en tempérait l'amertume (1). Il remit à l'autre, affligé de la goutte et cloué dans sa tente, la dame-jeanne du tonneau rouge, pleine du suc de certaines plantes, dont on ignore le choix ; et après lui avoir prescrit la manière d'en faire des lotions et des compresses, il quitta ses deux confrères, bien convaincu que ceux-là ne lui refuseraient pas leurs suffrages, lorsqu'il solliciterait du duc d'Aumont l'exécution de sa promesse.

Quatre jours après, le vrai docteur Verbrouck, appelé par un officier que l'accident du duc d'Au-

---

(1) Les recettes médicales du docteur Péperkouk, que nous exposons exactement ici, sont rapportées dans le supplément aux *Analecta Joh. Henrici Ursini*, Francfort, 1728, petit in-8°.

mont avait su atteindre aussi, arriva lui-même au camp, et le quiproquo fut reconnu. Les deux médecins étaient en course, parfaitement guéris, et les récits du temps disent qu'ils en furent vexés, quand ils surent qu'ils devaient leur guérison à un empirique. Le duc d'Aumont, étant aussi complétement sain, rit de tout son cœur de l'heureux malentendu; et le plus plaisant, c'est que l'officier éclairé, à la grande confusion et au profond scandale des médecins gradués, ne voulait plus être traité que par le docteur Péperkouk.

Le duc d'Aumont reçut gaiement l'heureux médecin vert et lui fit compter cent louis. Puis il lui dit :

— Mon pauvre docteur, voici de fâcheuses circonstances. Le Roi, ce matin, est allé au siége de Lille. Je dois moi-même le joindre. Je ne pourrai donc pas dans ces affaires vous présenter comme je le voulais; mais quand nous aurons fini, venez à Saint-Germain; la cour y sera rentrée, et je vous tiendrai ma parole.

Pendant que le docteur s'inclinait, fort content, quoiqu'il ne fût pas avare, des façons tout à fait princières du duc d'Aumont, le grand seigneur, se tournant vers les deux médecins, leur dit d'un ton railleur :

— Eh bien, mes maîtres, ne remerciez-vous pas aussi l'habile homme à qui vous devez la santé?

Le médecin qui avait eu la jaunisse, sans répondre au salut cordial de celui qu'il avait si bien traité de confrère, demanda :

— Combien devons-nous?

— Entre collègues, dit naïvement le docteur, on ne débourse jamais.

— Nous ne vous regardons plus comme notre collègue, répondit grossièrement l'autre.

Le médecin vert rougit.

— Laissez-les dire, lui souffla Chicot; rappelez-vous du proverbe : « A vouloir blanchir un jaune on risque de perdre son baume. »

— Que dit votre aide ? demanda le duc.

— Je dis, monseigneur, repartit vivement Chicot, que ces messieurs sont jaloux. Le docteur mon maître va droit. On entre par la porte ou par la cheminée...

— Vous voulez dire par la fenêtre ?

— Dans les maisons qui ont des fenêtres, monseigneur; mais, chez mon père, à Ramegnies-Chin, où je suis né, il n'y a pas de fenêtres. Le docteur est entré par la porte, honnêtement...

— Ce sont des paroles vaines que tout cela, interrompit le médecin goutteux; que devons-nous pour les drogues ?

— S'il vous plaît de payer, répondit froidement Péperkouk, estimez les remèdes à leur résultat et donnez-en le prix aux pauvres.

Il salua le duc en disant : — Monseigneur, je suis à vos ordres.

— Je vous attendrai, docteur, dit le duc d'Aumont, à Saint-Germain !

— A Saint-Germain, répéta Péperkouk en se retirant.

L'âne en ce moment se mit à braire.

— Voilà, dit Chicot, le pharmacien qui nous rappelle.

Il s'inclina aussi devant le duc d'Aumont, passa insolemment devant les deux médecins et suivit son maître.

En rentrant chez lui, le médecin de campagne avoua à Chicot que les deux médecins de Paris ne valaient pas mieux que ceux de Courtrai; qu'il avait perdu sa tranquillité, et qu'il ne redeviendrait calme que lorsqu'il aurait sa patente de docteur. Il reprit pourtant sa vie laborieuse. Mais, au printemps de l'année suivante, un beau soir, il dit à son fidèle garçon :

— Je n'y tiens absolument plus; je pars demain. Tu viendras avec moi, Chicot, et tu verras la cour de Louis XIV.

II. — LES CHARLATANS DE FOIRE.

Le docteur Péperkouk n'avait pas lu *Don Quichotte*. S'il eût connu la piquante histoire du célèbre chevalier de la Manche, il eût évité sans doute le train naïf dans lequel il se mit en chemin. Grand et maigre, et monté sur un cheval efflanqué, il était suivi de son écuyer, commodément assis sur le pharmacien. Il est vrai qu'il portait des remèdes dans deux paniers, placés devant la selle de l'âne en guise d'arçons, et qu'il ne ressemblait à Sancho-Pança qu'en ce point qu'il aimait comme lui les proverbes. Mais il les estropiait.

— Chicot, dit le docteur en avançant sur la route de Lille, j'ai grand espoir de notre voyage. Je l'obtiendrai enfin, ce titre qu'on me dispute. Un parchemin du roi de France vaut bien un parchemin de Leyde. Notre retour doit être un triomphe. A côté de cela, il faut que je recueille, par de bonnes guérisons çà et là, quelques honneurs qui marquent notre passage et l'emploi des remèdes que j'emporte. Malheureusement ce voyage ne peut durer moins de quinze jours, et je vais manquer aux malades du Courtraisis et du Tournaisis.

— Maître, répondit Chicot, on ne peut pas tout faire et se trouver partout à la fois. Vous n'êtes pas Michel Morin, qui chassait les chiens du cimetière, sonnait les cloches et balayait l'église tout d'un temps. Quand on court à la fois deux lièvres, on n'a pas la chance d'en prendre trois.

— Prenons-en un, Chicot, et que ce soit le bon.

La conversation tomba sur ce vœu, et, pour la dînée, le docteur et son garçon entrèrent dans Lille, où c'était grand marché. Un incident très-ordinaire les arrêta sur la place d'Armes. Nous le passerions sous silence, s'il ne se liait à la suite du récit.

Il y avait sur cette place deux opérateurs, qui arrachaient les dents et qui vendaient de l'orviétan, des pilules et du baume. Dans le plus jeune, qui était un garçon de bonne mine et très-éveillé, le docteur reconnut le colporteur à qui il avait donné le secret de son remède pour la plus triste des maladies de la peau. Il n'en fut pas remarqué alors. Tout en débitant des phrases extraordinaires pour faire valoir ses drogues, Petit-Jean (c'était le nom du jeune opérateur) paraissait préoccupé de l'autre charlatan, qui s'était établi à cent pas de lui, et qu'il ne perdait pas de vue.

Cet autre était vieux; il était costumé à l'orientale, parlait sans emphase, était grave et impassible et ne pouvait suffire à la vente de ses fioles et de ses boulettes, tandis que personne n'achetait à lui, pauvre Petit-Jean.

Tout à coup Petit-Jean paraît frappé; il quitte brusquement son tréteau, court au vieux, se jette à ses genoux et s'écrie :

— Ah! mon père! je vous retrouve, enfin!

— Qu'est-ce cela? dit le charlatan oriental intrigué.

— Bonnes gens, reprit Petit-Jean avec vivacité, aidez-moi à fléchir un père, dont j'ai mérité le ressentiment par mes étourderies. C'est mon père, qui, malgré mon repentir, me repousse depuis six ans.

— Voilà, dit le vieux, un effronté coquin! Je ne te connais pas.

— Toujours le même langage! sanglota Petit-Jean. Mon père, laissez-vous fléchir!

— Retire-toi, vil imposteur!

— Messieurs, c'est mon père, qui a été pour moi plein de bonté. Mon baume est le sien; mes pilules sont les siennes; il ne m'a caché aucun de ses secrets; je me plais à lui rendre ce témoignage public. Il ne m'a repoussé que pour un onguent merveilleux qui m'a été communiqué par le plus grand docteur du monde, et dont j'ai eu l'indignité, je l'avoue à ma honte, de lui refuser la recette.

— Voyez un peu l'effronté! dit le vieux en trépignant.

— Mais maintenant, tout ce que je sais est à vous, mon père; vous n'ignorez pas que je me repens; ouvrez-moi vos bras...

Le charlatan oriental voulut protester encore avec indignation. Mais la foule était gagnée; les femmes crièrent; on se mit à huer le vieux père impitoyable, qui dut quitter la place, et le jeune empirique triomphant vendit toutes ses drogues.

Une heure après, il entrait dans la rue des Bouchers, à l'auberge de Jeanne d'Arc, où il trouva le docteur Péperkouk à table avec Chicot. Il lui fit de bon cœur un grand salut. Le docteur rendit cette politesse avec sa bonhomie ordinaire.

— Je vous félicite, lui dit-il, d'avoir retrouvé votre père.

— Ce n'est pas plus mon père que je ne suis le vôtre, répondit Petit-Jean. Mais il m'enlevait tous les acheteurs, et j'ai mis en avant un stratagème. Nous allons à Douai demain; si vous y venez, docteur, vous verrez un autre manége.

Déjà en effet le jeune opérateur avait contraint son concurrent, plus consommé, mais moins intrépide, à s'entendre avec lui; et le lendemain, sur la place de l'Hôtel de ville de Douai, on vit les deux marchands d'orviétan établis en vue l'un de l'autre.

— Bonnes gens, dit le vieux, vous pouvez remarquer devant moi mon plus mortel ennemi. Je suis honnête homme, messieurs, et je vous jure que cet autre est le plus grand fourbe qui existe. Cependant, comme je ne me présente ici que pour le soulagement du public, je dirai toujours la vérité, même à mes propres dépens. Méfiez-vous de ses pilules; elles sont composées de drogues si fortes que je ne hasarderais pas d'en donner une au cheval de pierre qui est sculpté sur le portail de votre grande église. Mais un fait que je ne puis nier en conscience, c'est l'excellence de son baume, remède admirable et qui convient à tous les maux extérieurs. Je serais de mauvaise foi si je disais autrement. Vous pouvez, à ce trait désintéressé de ma part, reconnaître combien je suis sincère.

Petit-Jean, de son côté, dans un style plus bizarre et plus hardi, jouait la contre-partie de ce programme. Il attaqua son rival, dit pis que pendre de son baume et vanta ses pilules comme le remède le plus infaillible pour tous les maux intérieurs, ajoutant qu'il était contraint à rendre ce témoignage pour l'honneur de la vérité.

Il arriva de ces menées que le vieux vendit toutes ses pilules et le jeune tout son baume.

— Voilà un gaillard qui fera son chemin, dit le docteur Péperkouk.

Il ne prévoyait pas alors qu'il allait se trouver bientôt l'associé de ce gaillard-là.

De Douai il alla pour la troisième couchée à Arras. En partant de cette ville sur Amiens, il voulut faire de plus longues étapes; et, s'étant arrêté longuement au dîner pour reposer son cheval et son âne, il se trouva attardé et surpris par la nuit, le 29 avril, une bonne heure avant Doulens. Comme il entrait dans un petit bois, toujours fidèlement suivi de Chicot, trois hommes armés d'espingoles, le visage couvert d'un crêpe noir, lui barrèrent le chemin en l'invitant à descendre.

Le docteur n'était pas armé; il mit pied à terre; Chicot tremblant l'imita. C'étaient des voleurs, rencontre à laquelle on n'avait pas songé. L'un des bandits prit le cheval par le bride; le second fouilla le docteur et le dépouilla; le troisième s'emparait de la petite bourse de Chicot, qui n'avait plus de voix que pour supplier qu'on ne lui fît rien, puisqu'il ne résistait pas.

Comme il avait, dans sa peur énorme, lâché la bride de sa monture, l'âne se retourna et se mit à fuir en rebroussant chemin, emportant les paniers aux remèdes.

Soulagé dans sa course, l'animal pharmacien n'eut pas fait deux cents pas, qu'il se mit à braire de toute sa puissance. Deux cents pas plus loin, une voix semblable à la sienne répondit vigoureusement. Cette circonstance, qui expliquait la direction prise par l'âne intelligent, troubla les voleurs, qu'elle avertissait de l'arrivée d'un renfort. Ayant donc dépouillé le docteur et son garçon, les trois bandits se contentèrent du cheval, qu'ils emmenèrent, après avoir fait mettre les deux voyageurs ventre à terre, en les menaçant de faire feu sur eux, s'ils levaient le nez.

Il y avait plus de dix minutes que les bandits avaient gagné le large, et malgré les pas qu'on entendait et les paroles de deux voyageurs qui paraissaient d'humeur joyeuse, ni le docteur ni Chicot n'osaient remuer, quand le pharmacien s'arrêta devant son cavalier couché à travers la route.

— Voilà nos hommes! dit une voix; c'était celle de Petit-Jean. Je me doutais bien, reprit-il, que nous avions là l'âne du docteur Péperkouk.

Le médecin vert, reconnaissant son protégé, se souleva un peu.

— C'est vous, Petit-Jean? dit-il. Vous arrivez heureusement; nous venons d'être volés.

— Je m'en aperçois, dit l'autre. Ils vous ont même pris votre cheval. Mais l'âne aux remèdes leur a échappé; ce n'est pas le plus mauvais. S'ils vous ont enlevé votre bourse, j'ai encore quelques bonnes livres-tournois; et, dans votre désastre, je me réjouis au moins de pouvoir à mon tour vous rendre service. Levez-vous, docteur, ne craignez rien, je suis armé et j'ai avec moi un compagnon solide.

Il désignait un garçon de bonne taille, qu'il avait engagé pour faire la parade dans les foires.

— Et un compagnon qui en vaut six, s'écria celui-ci en se mettant à parler sur quatre tons de voix différents, de manière à faire croire dans l'obscurité qu'à lui seul il composait une bande.

— C'est un bouffon, reprit Petit-Jean; vous en serez un peu diverti dans vos peines. De plus je vous présente l'âne que j'ai acheté à Douai, il fera bonne compagnie au vôtre. Allons, en route! nous pouvons tous quatre faire à l'aise la lieue qui nous reste, cheminant à pied en manière de promenade. Les facétieux propos en raccourciront la durée.

Chicot reprit avec plaisir la bride de son âne. Balourdet, le nouveau serviteur de Petit-Jean, conduisait l'autre ; l'opérateur s'empara du bras du docteur, qui tremblait encore un peu, et on se remit en marche.

Le silence, pendant quelques minutes, ne fut rompu que par Petit-Jean, qui annonça à Péperkouk que, pénétrant désormais dans le cœur de la France, il changeait son nom pour se donner un air étranger ; il le traduisit dans ce but en flamand.

— Ainsi, dit-il, je me nomme désormais Cort-Ian.

— C'est bon, dit le docteur ; et il tomba derechef dans le silence.

Un moment après il poussa un soupir.

— Je suis triste, Cort-Ian, de vous être à charge, dit-il. Ces malotrus ne m'ont pas laissé un escalin.

— J'ai pour vous et pour moi, docteur, si vous n'allez pas loin.

— Je vais à Saint-Germain.

— A la cour ! oh ! je sais que vous avez traité Sa Majesté.

— Non pas Sa Majesté, Cort-Ian, mais le duc d'Aumont et ses médecins ; et je vais où je vous dis chercher mon titre de docteur sur parchemin signé du roi de France.

— Jusque-là le pays est bon ; l'argent qui nous manquera, nous le gagnerons, s'écria Cort-Ian résolûment. Nous serons après-demain dans la grande ville d'Amiens ; c'est le 1^{br} mai, foire de Saint-Acheul, grande recette !

— Il m'afflige toutefois, Cort-Ian, de manger votre argent.

— Mais vous êtes riche, docteur; vous avez là, dans les paniers du pharmacien, des remèdes qui sont autre chose que mes drogues. Ah! quand j'y songe, votre rencontre est un bonheur pour moi. Vous verrez que nous ferons de l'argent, et que je serai, moi au contraire, votre redevable. Et puis, Chicot nous aidera à faire la parade; n'est-ce pas, Chicot?

— Si seulement je savais! répondit le pauvre garçon.

— Rien n'est plus aisé. Comment t'y prendrais-tu, Chicot, pour porter de l'eau dans un crible?

— Oh! la bonne bêtise!

— J'attendrais, dit gravement Balourdet, qu'elle fût gelée.

Le docteur et Chicot parurent ébouriffés de la réplique.

Et nous rapportons ces détails, un peu grotesques, comme ceux qui vont suivre, pour faire voir que ceux qui croient très-récents ces quolibets sont dans une complète erreur.

— Tu n'es pas fort, Chicot, reprit Cort-Ian; et je parie que tu ne connais pas la quadrature du cercle?

— Ni moi non plus, dit le docteur.

— C'est un moulin à vent, dont les ailes au repos forment des carrés et au mouvement des cercles.

— Et qui a fait renchérir la toile? demanda Balourdet.

— L'enlèvement d'*Hélène,* répondit Cort-Ian, vers le temps où l'on cessa d'éternuer ici-bas.

— A quelle époque cessa-t-on d'éternuer? dit naïvement le docteur.

— Lors de la descente d'*Énée* aux enfers.

Mais il fallut expliquer ces calembours à Chicot et à son maître, qui n'étaient pas encore dressés à les comprendre.

— Quelle différence y a-t-il, reprit Cort-Ian, entre un juge et un escalier?

— C'est, répliqua Balourdet, que le juge fait lever la main et que l'escalier fait lever le pied.

— Ah! c'est vieux, dit le docteur, je connaissais la chose, et je vous poserai une question de même force : Pourquoi a-t-on bâti les fours dans les villes?

— Connu, dit Cort-Ian; parce qu'on n'a pas bâti les villes dans les fours. Mais Chicot saura nous dire la différence qu'il y a entre une serrure et une femme?

— Est-ce qu'on peut comparer, dit Chicot, une femme qui est une bonne mère de famille, qui s'occupe de son mari et de ses enfants, une bonne ménagère, à une serrure, qui se trouve quelquefois toute rouillée? Une créature de Dieu à un travail de manœuvre?

— C'est bien ce que tu dis là, Chicot; tu te formes, et tu feras bientôt de superbes parades. Mais nous, nous ne faisons pas des comparaisons, nous cherchons des différences.

— Et la différence, ajouta Balourdet, est qu'une serrure est pleine de vis, tandis qu'une femme est pleine de vertus.

— Tiens, c'est vrai! dit Chicot. Eh bien, si c'est comme cela, combien faut-il de queues de morue pour faire le tour de la cathédrale de Tournay?

— Il n'en faut qu'une, pourvu qu'elle soit assez longue, dit Cort-Ian. En quoi le roi Louis XIV diffère-t-il d'un cuisinier?

— Je ne peux pas dire qu'il y ait encore là-dessous une bêtise, puisque ces gens-là savent tout, marmotta Chicot.

— Ils diffèrent, dit Balourdet, en ce que le premier est un potentat et le second un tâte-en-pot.

— Et quelle différence entre Alexandre le Grand et un tonnelier? s'écria le docteur Péperkouk, qui, oubliant en effet sa peine, se dégourdissait ingénument.

— Alexandre mit les Perses en pièces, répliqua Cort-Ian, et le tonnelier met les pièces en perce. Mais en quoi M. de Turenne, dont on parle tant, se distingue-t-il d'un moulin?

— Je ne sais pas, dit le docteur.

— M. de Turenne entend la tactique, répliqua Balourdet; le moulin, au contraire, fait entendre le tic-tac.

— Oh! vous êtes des gens d'esprit, exclama Chicot.

— A mon tour, reprit le bouffon de Cort-Ian; dites-moi un peu ce que c'est que la médecine?

— Ce n'est pas malin, se hâta de répondre Chicot; la médecine est ce qu'on prend quand on est malade.

— Ce n'est pas cela.

— C'est, dit le docteur, l'art de traiter et de guérir les maladies.

— Ce n'est pas cela.

— Qu'est-ce donc?

— La médecine est la femme du médecin.

— Mauvais, dit Péperkouk. On fait la même question saugrenue à propos de la rate.

— La rate, dit Balourdet, j'en ai mangé à mon dîner.

— Ce n'est pas cela.

— Je sens la mienne qui se gonfle quand j'ai couru.

— Ce n'est pas cela.

— Qu'est-ce donc?

— La rate est la femelle du rat.

— Voyons donc, dit Chicot, qu'est-ce qui ressemble le plus à la moitié d'un fromage?

— Voilà ce que j'ignore, répliqua Cort-Ian.

— Et moi aussi, ajouta Balourdet.

— C'est l'autre moitié, dit en riant le docteur.

— Sais-tu compter, Chicot? reprit l'opérateur.

— Un peu.

— Si de douze tu tires six, combien te reste-t-il?

— Six.

— Non.

— Comment, non! il ne reste pas sept, je pense?

— Il faut s'entendre. Tu me dirais, toi, en arithmétique, que deux et deux font quatre; et je te répondrais que non, attendu que deux couteaux et deux fourchettes ne font ni quatre fourchettes ni quatre couteaux. Dans la question que j'ai faite, je suppose qu'il y ait là, sur ces arbres, douze pigeons.

Je prends mon fusil, je tire, il en tombe six. De douze qu'ils étaient, combien en reste-t-il ?

— Six.

— Non; le coup de fusil en a tiré six; mais les autres ont eu peur et se sont sauvés; donc, quand de douze on tire six, il ne reste rien.

Mais nous voici à Doulens, et nous avons fait notre chemin sans trop le sentir; l'esprit donne des jambes. Au résumé, Chicot, ce qui vient de nous distraire un peu, c'est une parade; mais il y en a d'autres. Tu t'en tireras supérieurement.

— Oui ! je suis bête tout plein.

— C'est ce qu'il faut; à la foire de Saint-Acheul, je te réponds que tu feras ton personnage.

Les quatre compagnons, réunis par le hasard, se rendirent à la meilleure auberge de Doulens; et, dans les douceurs d'un bon souper, Cort-Ian s'efforça d'adoucir au docteur le sentiment de sa mésaventure et de le préparer à une audacieuse proposition qu'il méditait.

III. — LA PARADE.

Le 1er mai 1668, à deux heures après midi, sur un préau du faubourg d'Amiens, que la foire de Saint-Acheul rendait célèbre alors, on voyait parmi les tentes des marchands forains une jolie baraque devant laquelle s'élevait, à sept pieds du sol, une estrade ou balcon en planches. On y admirait deux figures qui jouaient de la flûte et du tambourin pour attirer les curieux. Derrière eux un paravent dressé donnait à l'estrade l'apparence d'un petit théâtre, où les habitués reconnaissaient bien qu'on allait avoir la comédie en plein vent. Les deux musiciens disparurent pour aller changer de costumes. A leur place s'était élancé un jeune homme à l'œil hardi, qui sonnait de la trompette avec grand fracas, et qui regardait d'un air de triomphe l'auditoire compacte pressé au-dessous de lui. Il se retira, à son tour, quand les deux premiers remontèrent, déguisés sous de vieux habits du seizième siècle, avec des bonnets de Croate et une bizarrerie d'accoutrements qu'on ne saurait décrire et qui ne se trouve que dans les foires.

Les deux personnages n'étaient autres que nos amis Chicot et Balourdet. Prenant chacun un bout de l'estrade, ils marchèrent à la rencontre l'un de l'autre, ce qui s'opéra en trois pas, et ils firent la parade suivante, qui a été conservée (on a perdu de meilleures choses).

Elle montre que Chicot s'était en effet rapidement formé.

Chicot heurta Balourdet :

— Regardez donc devant vous! dit-il.

— J'ai vu cette voix-là quelque part, répondit l'autre.

— Il me semble aussi que je te connais...

— Tu me parais sans place ?

— Pardonnez-moi, je tiens la mienne ici.

— Je veux dire que tu es sur le pavé.

— Vous voyez que non, je suis sur les planches.

— J'entends que tu n'as pas de maître, et je vais t'en procurer un dont tu seras content.

— J'ai toujours été plus content de mes maîtres qu'ils ne l'ont été de moi.

— Il faut contenter celui-ci, reprit Chicot, car c'est Sa Majesté.

— C'est bien de l'honneur pour elle.

— Insolent! je te fais entrer dans mon corps.

— Tiens! dans son corps! Je suis plus gros que lui.

— C'est-à-dire, imbécile, dans mon régiment.

— Qu'est-ce qu'on y fait?

— Tu vas le savoir. Dis auparavant...

— Est-ce qu'il m'entendra, le paravent?

— Le sot! tu auras trois cents livres d'engagement.

— C'est trop. Je ne veux qu'un écu.

— Tu vas l'avoir tout de suite.

— Un écu par l'heure.

— Animal! tu coûterais plus que six colonels.

— Eh bien, dit Balourdet, nous ne ferons pas d'affaires.

— A ton aise. Tu n'auras pas mes trois cents livres.

— Allons, je me ravise et je les prends.

— En ce cas, voyons de quoi tu es capable. Comment t'appelles-tu?

— Je ne m'appelle jamais; je me laisse appeler par les autres.

— Et comment les autres t'appellent-ils?

— Comme ils veulent, pourvu qu'ils ne m'appellent pas trop tard à la soupe.

— Je te demande comment tu te nommes?
— Comme mon père.
— Et ton père?
— Comme moi.
— Et ton père et toi?
— L'un comme l'autre.
— Ah! tu vas avoir vingt-cinq coups de plat de sabre, si tu ne dis pas ton nom à la minute. .
— Mon nom? Balourdet; il fallait le demander.
— A la bonne heure! Balourdet, prépare-toi donc à faire l'exercice. Connais-tu les armes à feu?
— Si à mon âge on ne connaissait pas cela! Les armes à feu sont la pelle, la pincette, la barre de fer...
— Ce sont des ustensiles de cuisine. Je demande si tu sais de quoi se compose le fusil?
— La pierre, le briquet, l'amadou, les allumettes...
— Ta, ta, ta! je te parle d'un fusil de munition.
— De muni... quoi?
— Tion.
— Ah! ne scions pas.
— En voilà un! (Il lui met en main un fusil.) Voilà la batterie.
— A la garde! à la garde!
— Qu'est-ce que tu as à crier?
— C'est pour empêcher la batterie.
— Allons, ne dis pas de sottises. Voici le chien.
— Où est le chat?
— Butor! il n'y a pas de chat. Voyons, en position! la pointe des pieds en dehors (Balourdet met les pieds hors de la balustrade). Le corps droit! la

tête haute! Ce n'est pas cela. (Il lui range les pieds avec la crosse du fusil).

— Oh! là là, mon oignon! s'écrie Balourdet.

— Voyez le nigaud, qui cache des légumes dans ses souliers!

— Garde à vous! (Balourdet se sauve.) Qu'as-tu donc à t'effrayer?

— J'ai peur; vous avez crié : Garde à vous!

— Portez armes! (Balourdet met la crosse de son fusil sur son épaule.) Ce n'est pas cela. (Il le place au port d'armes.)

— Est-ce que nous n'allons pas dîner?

— Il y a longtemps que le régiment a dîné. Tu vas rester en faction; tu es ici aux avant-postes; tu prendras garde au feu, au bruit; tu empêcheras les gens de passer; et tu te défieras des rondes.

Après cette scène, Balourdet, laissé en sentinelle perdue, s'amuse à chanter. On vient lui dire que c'est défendu. Il se console en sifflant; on lui impose silence. Pour se dégourdir, il danse sous les armes. Nouvelle remontrance. Il voit venir un boiteux; il se cache pour le laisser passer. Cet homme-là est si laid, dit-il, que je ne veux pas le voir. Arrive un homme de haute taille, qui ne dit rien, marche à lui, lui prend ses armes et ses vêtements et le laisse. On le casse, quoiqu'il prétende qu'il n'est pas de verre; et, à travers ces vieilles scènes burlesques, jaillissent toutes sortes de grosses plaisanteries que les paradistes ont eu soin de se transmettre.

Quand Cort-Ian vit que la foule nombreuse était bien à lui, il parut brusquement entre ses deux paradistes, pompeusement orné de clinquant, et fit l'*annonce* en ces termes :

« Mesdames et messieurs !

» Ces bagatelles de la porte, qui ont charmé un instant vos loisirs, doivent céder la place aux choses extraordinaires et curieuses dont je viens vous faire part. Je vous annoncerai, sans détours et sans charlatanisme, que l'illustre docteur Pilférer, natif lui-même de Memphis, docteur en pyrotechnie, professeur de chiromancie, connu dans les quatre parties du monde et dans une foule d'autres contrées, est venu dans le pays, à la prière de plusieurs personnes du premier rang. Après avoir visité toutes les académies de l'Europe pour se perfectionner dans les sciences vulgaires, qui sont l'algèbre, la minéralogie, la trigonométrie, l'hydrodynamique et l'astronomie, il a voyagé dans le monde savant et même chez les peuples demi-sauvages, pour se faire initier dans les sciences occultes, philosophiques et transcendantes, telles que la cabalistique, l'alchimie, la nécromancie, l'astrologie judiciaire, la superstition, l'arboriculture et la divination.

» C'était peu pour lui d'avoir étudié dans soixante-deux universités et d'avoir visité quatre cent dix royaumes, où il a consulté les sorciers du Mogol et les magiciens lapons, il a fait d'autres voyages autour du monde pour feuilleter le grand livre de la nature, depuis les glaces du Nord et du pôle austral jusqu'aux déserts brûlants de la zone torride; il a parcouru les deux hémisphères et a séjourné six ans en Asie, avec des saltimbanques indiens, qui lui ont appris l'art d'apaiser la tempête, de se sauver après un naufrage en glissant sur la surface de la mer avec des sabots élastiques, de guérir toutes les maladies, etc., etc. »

Cort-Ian s'arrêta un moment pour reprendre haleine ; et il se montra quelque peu interdit de voir tout à coup surgir à ses côtés l'homme qu'il avait décidé, non sans peine, à se faire son complice. C'était l'honnête docteur Péperkouk. On l'avait affublé d'une robe asiatique à grands ramages et d'un turban jaune de haute forme. Sa figure excita sous ce travestissement l'hilarité de l'assemblée, qui ne le connaissait pourtant pas ; il paraissait en colère et ouvrait la bouche ; lorsqu'il sentit que sa voix se perdrait dans le vacarme d'un paradiste voisin qui criait :

« Entrez, messieurs ! ici dedans se fait voir l'homme sans pareil, qui avale un verre d'eau sans le mâcher ; plus fort, il enlève à la force du poignet une botte d'allumettes ; plus fort, il brise et broie entre ses mains un fétu de paille ; plus fort, il reste sur un pied tant qu'il n'est pas sur l'autre ; et il se tient sur les deux quand il n'est ni assis ni à genoux ni couché. Entrez, mesdames, c'est superbe et pas cher. Les premières places sont à un louis, les deuxièmes à une pistole. Entrez, poussez-vous, prenez vos billets. On est partout bien placé et commodément assis ; les bancs sont rembourrés de noyaux de pêche et garnis de clous à crochet. Entrez, vous serez là-dedans nourris, chauffés, éclairés et blanchis le long des murs... »

Le mécontentement du docteur redoublait et se manifestait visiblement à chaque parole du charlatan voisin, qui avait l'insolence, toutes les fois qu'il annonçait son homme sans pareil, d'étendre la main dans la direction du médecin vert.

Dès que le maître de la baraque qui l'obstruait eut offert ses monstres variés à l'admiration publique, le docteur se saisit brusquement de la parole. Sa colère toutefois s'était un peu rassise.

— Messieurs, dit-il, je suis ennemi de la fraude et du mensonge. Nous ne montrons ici ni des dragons à sept têtes, ni des serpents volants; nous ne possédons ni les souliers de Magog, qui peuvent servir de nacelles, ni l'ongle de Nabuchodonosor, long de vingt-sept pouces, ni la mâchoire de Geoffroi à la grande dent, ni la queue du cheval des quatre fils Aymon en crin de fil d'archal...

Le bon docteur commençait par une petite vengeance contre son voisin. Il reprit :

— Nous aurions quelque honte de vous tromper. Ce que nous vous annonçons, ce ne sont pas des chimères, ce n'est pas de la mythologie ni de l'invention; c'est un trésor après lequel courent tous les hommes, la santé. Mais, je dois vous le dire, messieurs, je n'approuve pas les exagérations que Cort-Ian vient d'employer sur mon compte; elles pourraient vous en imposer. Je ne suis donc pas le docteur Pilférer, je suis le docteur Péperkouk...

Aussitôt que Cort-Ian vit que sa victime prenait si doucement la chose, il lui ferma la bouche en s'écriant :

— C'est vrai, messieurs; et si je me permettais de donner à ce grand homme le titre glorieux de docteur Pilférer, je me faisais en cela l'écho de tous les souverains qui le connaissent, de tous les sages qui le chérissent, de toutes les académies qui le révèrent. Mais respectons sa modestie, ce gracieux apanage de la vertu et du mérite, et bornons-nous à dire qu'il guérit tous les maux, au nombre de dix-sept cents, qui sont capables d'affliger l'espèce humaine. Nous ne sommes ici que ses humbles serviteurs. Mais quelles que soient vos infirmités, accidents, caducité, fièvres diverses, maux de dents et douleurs en tout genre, soyez sûrs qu'il vous en défera à la minute. Il enlève les dents sans qu'on le sente; il consulte surtout très-merveilleusement sur les urines, cette grande science qui fait l'objet des plus vastes études de tous les médecins, et que lui seul possède à fond. Vous pouvez entrer, mesdames et messieurs, on ne paye que les remèdes; les consultations se donnent et les prescriptions sont gratuites.

En achevant ainsi, il prit le bras du docteur et le fit descendre.

De toutes les choses sérieuses, la santé matérielle est peut-être la seule qui garde de l'intérêt sur les masses. Il se fit un mouvement dans la foule pour franchir l'entrée de la tente où posait le docteur, que Cort-Ian avait amené à faire le personnage d'opérateur forain.

Il était là, dans le costume bizarre que nous avons indiqué, ayant devant lui, sur une table, la pince à arracher les dents, les bistouris et les lancettes, et tout le bagage du pharmacien distribué en petits pots soigneusement étiquetés. On lui avait persuadé qu'il recueillerait de sa complaisance, outre le plaisir de faire beaucoup de guérisons, assez d'argent pour acheter un habillement noir et paraître convenablement à la cour de Louis XIV. Seulement il avait exigé qu'on évitât le charlatanisme; et nous avons vu comment il le déjoua. Il avait consenti, on ne sait pourquoi, car il ne cachait pas son nom, à prendre un habit qui le dépaysait.

Ses trois cornacs avaient, dans les cabarets et dans les lieux de rassemblement, conté sur lui tant de merveilles, que la tente ne tarda pas à se remplir de consultants.

Sa bonhomie et sa précision ferme et douce firent grand effet. Son habileté dans l'art d'arracher les dents, sa légèreté à panser les plaies étonnèrent les gens de village, qui avaient en ce temps-là des officiers de santé encore plus arriérés que les nôtres, ce qui est beaucoup dire. La sûreté et l'aplomb avec lesquels, sur l'inspection d'une fiole d'urine, il paraissait reconnaître chaque maladie et en prescrire le traitement, lui firent plus d'honneur encore. Un incident acheva de le porter aux nues.

Des farceurs, prenant le docteur pour un autre, avaient projeté contre lui une noire perfidie. Dans les nombreux échantillons d'urine qu'on lui présentait, ils glissèrent leur fiole, demandant, de l'air le plus innocent, ce qu'il en pensait. Le docteur Péperkouk éleva la fiole devant ses yeux, et, soit bonheur, soit hasard, soit véritable science, la remettant à celui qui l'avait apportée :

— Donnez, dit-il, du foin et de l'avoine au malade.

C'était en effet de l'urine de cheval, que les plaisants de village lui avaient soumise pour lui tendre un piége.

Sa perspicacité fut tellement admirée que la baraque jusqu'au soir demeura pleine, et qu'un monceau de pièces de monnaie s'éleva auprès de lui. La même affluence recommença le lendemain matin, sans annonce et sans appel. Il ne put partir que le 4 mai, emportant plus d'argent qu'il n'en avait perdu dans sa fâcheuse rencontre, fier de s'être vu si heureusement apprécié, et pourtant recommandant bien à ses trois compagnons de garder le secret sur les cures foraines qu'il venait d'exercer.

Il arriva le 7 à Saint-Germain, avec la prétention de travailler à la cour aussi bien qu'il avait travaillé à la foire.

IV. — LA COUR DE SAINT-GERMAIN.

Ce n'est pas le tout d'arriver à la porte de la cour, d'y connaître un seigneur puissant et même d'être sûr qu'on en sera bien accueilli ; il faut encore pouvoir aborder. Le docteur Péperkouk l'éprouva.

Le lendemain de sa joyeuse entrée dans Saint-Germain, où il avait annoncé, d'un ton qui n'était pas sans importance, qu'il venait voir Mgr le duc d'Aumont pour être présenté à Sa Majesté, il se fit faire un habit noir à la mode, ce qui plut à Chicot, qui prétendait que le deuil va aux médecins comme la conscience aux meuniers. Il demanda alors qu'on le conduisît au duc d'Aumont. L'hôte, le prenant pour un gentilhomme campagnard, s'empressa de le diriger poliment sur l'hôtel du duc, où il fut répondu que le maître était à la cour, retenu par son service et pour le moment ne quittant pas Sa Majesté.

— Il me présentera d'autant plus commodément, dit le docteur.

Sur quoi il se hâta de rentrer à son logis, pour rehausser encore, le mieux qu'il put, sa toilette et cirer ses moustaches. Il était coquet pour la première fois de sa vie. Il prit avec lui Cort-Ian et Chicot, afin de se donner une certaine considération, et s'achemina vers le lourd château de Saint-Germain.

— Voilà une imposante habitation, dit-il; mais je m'y plairais pourtant moins que dans ma petite maison du faubourg. Allons, toutefois; il y a là-dedans des malades, comme dans les chaumières du Courtraisis et du Tournaisis.

Il s'adressa ingénument à la première sentinelle, qui pour toute réponse lui enjoignit brutalement de gagner le large.

— Croit-il donc, celui-là, que je veux avaler le château? dit le docteur surpris, en reculant néanmoins et consultant Cort-Ian.

— Les sentinelles, dit celui-ci, sont susceptibles d'avoir des consignes; c'est au portier qu'il nous faut parler.

Après avoir fait un détour sur l'esplanade, le docteur se dirigea vers la porte d'entrée.

— Que demandez-vous? dit le suisse en l'arrêtant.

— Je veux parler à Mgr le duc d'Aumont.

— On n'entre pas ici sans ordre. Qui êtes-vous?

— Je suis son médecin de campagne.

— Eh bien, si vous voulez l'approcher, comme il n'a pas besoin de vous à la cour, écrivez-lui et demandez audience.

Le suisse, ayant dit cela, congédia avec dignité le docteur, en lui tournant le dos. Le médecin vert regarda Chicot, qui lui dit :

— Si c'est là de la politesse, elle a une vilaine doublure.

Il regarda Cort-Ian, qui lui répondit avec un signe de tête :

— Il n'y a pas d'autre moyen; — et les trois opérateurs s'en retournèrent à l'auberge, où Balourdet les attendait en faisant des calembours; car on a vu qu'il s'en faisait déjà.

Le docteur se mit à écrire à Mgr le duc d'Aumont une lettre peu étendue, où il se bornait à annoncer qu'il était arrivé, comme Son Excellence l'avait engagé à se le permettre. Il plia proprement sa lettre, sans pourtant lui donner la tournure élégante des lettres de cour, la cacheta et reprit la route du château. Il voulait la remettre au suisse; mais celui-ci le reçut assez mal, car il avait aussi sa consigne, et il finit par lui faire comprendre qu'il fallait porter son placet à l'hôtel d'Aumont.

Le pauvre docteur s'y rendit, frappa honnêtement

et présenta sa lettre, en la recommandant comme pressée; un grand laquais la prit sans lui répondre un mot et lui ferma la porte au nez.

— On la donnera sans doute aux heures convenues, dit-il à ses deux fidèles suivants. Attendons la réponse.

— Ces gens-là sont honnêtes comme des fagots d'épines, dit Chicot; on ne connaît pas ici la puérilité civile (il voulait dire la *Civilité puérile et honnête*).

Le lendemain, le surlendemain, huit jours se passèrent. La réponse ne vint point. Le docteur n'y comprenait rien; il ignorait que les grands seigneurs, à qui on écrit beaucoup de lettres, ne les lisent pas, si bien que leurs valets, qui le savent, ne prennent pas même la peine de les leur présenter. De plus, il se sentait mal à son aise dans cette petite ville de bruit et de tumulte, pleine d'officiers et de courtisans, où l'on remarquait son air provincial et où tout le monde le montrait au doigt en demandant : « Qu'est-ce que ce grand maigre ? » Il n'avait pas jugé à propos de se faire connaître, et ses compatriotes avaient imité sa discrétion.

Il écrivit une seconde lettre et la fit porter par Balourdet, lequel, lâchant aux domestiques quelques insolentes plaisanteries, fut reçu moins sèchement que son maître. Huit autres jours se passèrent pourtant encore sans nouvelles. Cependant l'argent ramassé à la foire d'Amiens allait être bientôt dépensé; le docteur ne gagnait rien, non plus que ses associés. Il perdait la patience et maudissait les manières séquestrées des cours.

On lui parlait tous les jours et partout du duc d'Aumont; il était auprès de lui, et il ne pouvait pas le voir. Il s'était placé sur le chemin des chasses et au bord des promenades où allait la cour; il avait aperçu son duc et n'avait pu l'approcher. L'hôte, à qui ce séjour prolongé était convenable, cherchait à soutenir son courage en lui disant qu'il aurait son tour. Si ce n'eût été la crainte des quolibets qui l'attendaient dans le Courtraisis, le bon docteur s'en fût retourné, dit-on, comme il était venu. Mais il avait si sérieusement annoncé qu'il reparaîtrait docteur en titre, que le cœur lui saignait d'en avoir le démenti.

Comme il se désolait le seizième jour, Chicot, qui allait furetant à la découverte et qui avait surtout cherché à connaître les amis du portier de la cour, sachant bien qu'on va plus vite par les petites protections que par les grandes, Chicot entra la figure animée :

— Une circonstance, dit-il; le fils du portier est malade.

— Et quand il serait malade, répondit le docteur, ne devinant pas son aide, crois-tu qu'ils n'ont pas ici des médecins?

— Certainement qu'ils en ont. Mais il y a médecins et médecins. Ceux-là vont lui couper le doigt, et vous ne feriez pas cela, docteur. Voilà la différence, comme dans la parade. Le père et la mère sont désolés. Le jeune homme est garçon de garde-robe dans la maison du Roi; on est ce qu'on peut. L'opération qu'on va lui faire le met en danger de perdre sa dignité, comme dit le proverbe : Qui laisse sa place en perd la trace.

— Mais quel est donc son mal pour qu'il faille lui couper le doigt? Je gagerais que c'est un panaris.

— Justement.

— Allons-y, Chicot.

— Le temps presse, le chirurgien vient à onze heures.

— Et il en est dix.

— Permettez, que je coure devant, dit Cort-Ian, et qu'au moins je vous fasse valoir. La loge du portier est le chemin de la cour.

Balourdet, que l'on laissait seul et qui s'impatientait aussi, secoua la tête, s'en alla à l'hôtel d'Aumont, et se campant hardiment devant les domestiques à qui il avait remis la lettre :

— Mes gaillards, leur dit-il, quelque chose que je ne voudrais pas pour mon compte vous pend au nez. Le célèbre docteur Péperkouk, premier professeur, premier médecin, premier dentiste de l'université de Leyde, de l'université de Louvain et de toutes les universités savantes, ce grand homme, ce très-grand homme, que Mgr le duc d'Aumont a fait venir précipitamment de la Flandre en chevaux de poste, est ici depuis plusieurs jours. Je vous ai remis la lettre où il annonce son arrivée au seigneur duc, qui l'attend ; et cette lettre n'est point parvenue, et le docteur Péperkouk repart demain en habit gris. Je ne vous dis que cela.

Il se retira sans ajouter un mot de plus. Le domestique chargé des lettres en avait, comme toujours, égaré quelques-unes. Il courut au château, parvint à son maître et lui dit effrontément :

— Monseigneur, je vous ai remis le placet d'un illustre docteur de la Flandre, qui est arrivé sur votre invitation.

— Le docteur Péperkouk! dit en riant le duc, à qui ce nom n'échappait point.

— Lui-même, monseigneur.

Le duc d'Aumont appela son secrétaire, qui n'avait pas vu les lettres, et, n'ayant pas le temps de chercher qui avait tort, où lui-même ou ses gens, il envoya vivement un officier à la découverte du docteur, en annonçant que c'était un homme qu'il voulait présenter à Sa Majesté.

Certainement il entrait dans sa pensée une maligne intention d'amuser le Roi.

Pendant ce temps-là, le docteur Péperkouk, précédé de son brave Cort-Ian, qui, par quelques grands mots habiles, lui avait préparé un accueil respectueux, s'était vu introduit auprès du malade. Le jeune homme souffrait, et sa mère exposait en pleurant toute sa douleur de songer qu'il fallait lui couper le doigt et l'estropier peut-être. Calme et recueilli, le médecin vert examinait le mal; le panaris, en termes de l'art, était mûr.

— N'est-ce pas une poule que j'entends chanter? dit-il tout à coup.

— C'est une poule qui achève de pondre, répondit le suisse, très-surpris d'une telle question.

Le docteur, se tournant vers la mère du malade, lui dit doucement :

— Allez me chercher l'œuf.

La bonne femme s'arrêta trois secondes, prête à demander pourquoi faire. Mais, dans un moment aussi solennel, elle songea qu'un grand médecin ne dit rien d'inutile; elle courut à un petit poulailler pratiqué derrière sa loge et rapporta l'œuf tout chaud.

— Fort bien, dit le docteur en le prenant. Il l'ouvrit aussitôt par le gros bout, comme on ouvre un œuf à la coque, et dit au patient :

— Mettez là-dedans votre doigt malade, mon enfant; vous le retirerez quand l'œuf sera cuit.

— Qu'est-ce que cela ? Quand l'œuf sera cuit ? dit le suisse. Mais il n'y a pas de feu.

— Le panaris est un feu peut-être, dit le docteur d'un ton plein de gravité; laissez faire.

Le jeune homme avait obéi. Au bout d'une minute, il éprouvait un soulagement si sensible qu'il le manifesta; de moment en moment, son mal s'adoucissait. Au bout d'un quart d'heure, l'œuf paraissait cuit en effet, comme s'il eût passé au feu; le doigt qu'on en retira était guéri et n'avait plus besoin que d'un léger pansement, que le docteur fit au milieu des bénédictions de la famille.

Ce qui est singulier, c'est que ce remède, conservé dans les notes du docteur Péperkouk, a été publié avec d'autres procédés, par Sonnini, dans sa grande *Bibliothèque physico-économique,* et que les médecins ont continué à couper le doigt malade d'un panaris jusqu'à notre temps, où le savant docteur Récamier l'a employé lui-même, toujours avec plein succès.

Sur ces entrefaites, le chirurgien qui devait faire

l'opération arriva et ne parut pas content de n'avoir plus rien à couper. L'officier envoyé par le duc d'Aumont à la recherche du docteur passa un moment après : il fut frappé du mouvement qui avait lieu dans la loge du portier; il y entra pour demander si on ne saurait pas lui dire où il trouverait le docteur Péperkouk, que Mgr le duc d'Aumont voulait présenter à Sa Majesté.

— Le voilà, dit Cort-Ian.

Et tout le monde racontait à la fois la cure merveilleuse qu'il venait de faire.

Le docteur rougissait de modestie et de joie. Il se voyait, sans deviner comment, arrivé à son but; car on n'avait pas eu le temps à la cour de savoir une opération qu'il terminait à peine.

Il fendit la foule de curieux qui s'était amassée et suivit l'officier, laissant dans la loge Cort-Ian et Chicot, que l'on comblait de refraîchissements et de politesses.

Le duc d'Aumont fut surpris de voir son docteur sitôt trouvé. L'officier lui conta ce qu'il venait de faire.

— Ici comme en Flandre, docteur, lui dit-il, je vois que vous n'avez pas besoin d'avoir des titres pour battre nos médecins. Y a-t-il longtemps que vous êtes arrivé?

— Seize jours, monseigneur.

— Et vous m'avez écrit?

— Deux fois.

— Je suis bien mal servi. Mais enfin vous voilà; déjà Sa Majesté vous connaît. Elle sait ce que vous avez fait au camp; et plus d'une fois elle a daigné railler ses deux médecins qui n'ont pas voulu voir en vous leur confrère. Dites-moi votre hôtel, docteur; je vais tantôt vous annoncer à Sa Majesté; vous serez présenté demain. Ce soir, je vous ferai savoir l'heure...

Le duc achevait ce mot, quand un des valets de chambre du Roi entra effaré :

— Monseigneur, dit-il, Sa Majesté, en allumant la cire pour cacheter une lettre confidentielle, vient de se brûler cruellement la main ; on cherche les médecins, et on ne les trouve pas...

— Venez avec moi, docteur, dit brusquement le duc d'Aumont.

Et le docteur suivit le duc sans trembler.

Louis XIV, tout entier à son ardente douleur, ne fit pas attention à l'homme qui lui prenait la main. Péperkouk, qui était très-grand, avait mis un genou en terre pour sa commodité; on lui en fit honneur, comme d'une de ces formules respectueuses qui plaisaient tant à la cour du grand Roi.

— Pas mal ! disait le duc. — Pas mal ! répétaient les courtisans.

L'honnête médecin vert était content de se trouver devant Louis XIV. Sans en éprouver de trouble, il considérait la plaie, qui était assez grave. La cire allumée était tombée sur une manchette de dentelles qu'elle avait mise en flammes ; et, avant qu'elle fût éteinte, elle avait fait une brûlure vive d'un pouce d'étendue. Il reconnut avec joie qu'aucun nerf, aucun muscle n'était attaqué, et que la peau seule avait souffert.

— Avez-vous de la glace ? dit-il alors.

On ignore quel usage il en eût fait.

— Nous n'avons pas de glace sous la main, répondit un valet de pied, qui faisait le bel esprit; mais voici des gelées...

Et il indiquait, sur une petite table où le Roi avait fait collation, des conserves de fruits. Parmi plusieurs assiettes, le docteur aperçut de la gelée de groseilles. Était-ce l'expérience, ou la méditation, ou le hasard qui le guidait? Il en prit une ample cuillerée, en couvrit la brûlure et l'enveloppa très-adroitement d'une compresse si bien liée qu'elle ne gênait pas les mouvements de la main. La douleur cessa si instantanément, que le Roi, comme s'il fût alors seulement revenu à lui, jeta les yeux sur le docteur. Il parut surpris de voir cette figure inconnue.

— Sire, dit le duc d'Aumont, c'est le docteur Péperkouk.

Et il expliqua les hasards de cette présentation.

— Docteur, lui dit le Roi, nous sommes fort aise de vous voir. Nous vous connaissons déjà par notre cousin d'Aumont. Nous expérimentons qu'il n'a point exagéré votre mérite; car nous ne ressentons plus de souffrance. Vous êtes un homme merveilleux. Monsieur de Mesgrigny, poursuivit le Roi, s'adressant à l'un des seigneurs de sa cour, dites, s'il vous plaît, qu'on apporte pour le docteur une bourse d'or de mille louis.

Le docteur s'inclinait profondément, quand les médecins de cour que l'on cherchait arrivèrent, le médecin vert ayant fini. Ils furent surpris de voir si bien auprès du Roi cet opérateur de Flandre dont ils avaient ri avec leurs confrères du camp, qui l'appelaient un empoisonneur. Ils furent consternés d'apprendre ce qu'il avait fait. Mais ils se gardèrent bien d'adopter ses traitements qui guérissaient si vite ; et leurs successeurs les ont imités en cela. Aussi, le remède que l'on vient de voir employé pour éteindre, comme par enchantement, la brûlure de Louis XIV a été retrouvé, il y a trente ans, par un pâtissier de Paris ; et les médecins ne l'évitent pas moins, quoiqu'il soit éprouvé, certain, infaillible.

Le docteur Péperkouk rentra ravi à son auberge ; le duc d'Aumont lui avait promis sa patente de docteur. Il ramenait Cort-Ian et Chicot triomphants. Balourdet savait déjà ce qui s'était passé ; on ne s'entretenait dans la petite ville que du célèbre docteur qui venait de guérir le Roi ; et cet homme à qui, deux heures auparavant, personne ne faisait attention, fut dès lors assailli de visites et d'invitations. La bourse de mille louis remontait royalement ses finances, et il convenait en lui-même que Louis XIV était un grand roi.

Le lendemain matin il reçut de la cour un paquet, qu'il se hâta d'ouvrir. Il y trouva un parchemin, portant ce qui suit :

« Louis, par la grâce de Dieu, roi de France et de Navarre, à tous ceux qui les présentes verront ; savoir faisons que le sieur Jérémie Péperkouk, médecin en Courtraisis, nous ayant heureusement traité, nous et plusieurs de notre cour ; en raison de sa grande habileté, nous voulons et entendons, de notre pleine puissance, certaine science et autorité royale, que dans tous les lieux, villes et pays de notre obéissance, ledit Jérémie Péperkouk soit reconnu, comme nous le reconnaissons, docteur en médecine et en chirurgie, et qu'il puisse exercer comme tel, partout et en toute rencontre, sans que personne puisse lui porter empêchement, ni disputer ledit titre de docteur, dû à ses mérites. Car tel est notre plaisir.

» Donné à Saint-Germain en Laye, le 24 mai 1668.

» Signé LOUIS. »

Ainsi Louis XIV mettait les faits de niveau avec les examens et les grades académiques. C'était raisonné.

Le docteur sauta de joie ; ce qui lui arrivait rarement. Il acheta un cheval le même jour, et le lendemain au point du jour, sans attendre autre chose, il se remit en chemin pour regagner son pays ; car ses pauvres malades le préoccupaient. Il emmenait Cort-Ian et Balourdet, qui déclarèrent qu'ils ne voulaient plus le quitter. D'ailleurs il devait à Balourdet, dont il avait appris le stratagème, une certaine dose de reconnaissance ; et il pensait qu'il pourrait former Cort-Ian à le remplacer.

Précédé de Chicot, qui annonçait les succès de son maître, le médecin rentra triomphant. Les malades furent très-joyeux d'apprendre que le docteur Péperkouk pouvait librement exercer partout. Dès le lendemain de son retour, on le fit venir chez un riche bourgeois de Courtrai, à qui les chirurgiens voulaient couper la jambe. Ce bourgeois avait eu le pied écrasé par une roue de charrette; la gangrène s'y était mise; elle gagnait le mollet. Le docteur fit envelopper le pied et la jambe malades dans un cataplasme de crème fraîche, que l'on renouvelait de cinq en cinq minutes, ce qui consomma, pendant un mois, le produit de quatre-vingt-dix vaches. Mais au bout d'un mois la jambe malade était sauvée.

La réputation de cet homme singulier, dont les lauriers ont été étouffés, grandissait tous les jours. Il reçut, le 30 juin, une lettre du duc d'Aumont, lequel lui exprimait sa surprise de la promptitude avec laquelle il était parti et le désir que témoignait le Roi de le retenir à Saint-Germain. Il répondit qu'il se devait à son pays, et qu'il désirait y mourir; mais qu'il serait toujours reconnaissant envers Sa Majesté et à ses ordres personnels, ainsi qu'à ceux du duc d'Aumont.

Il ne se sépara point des associés que son voyage lui avait donnés et mourut à cent trois ans, en l'année 1710.

De ses trois compagnons, Balourdet seul l'avait précédé; Cort-Ian et Chicot continuèrent sa médecine avec succès; mais ils ne furent pas docteurs. Chicot lui-même s'en moquait, disant qu'il n'était pas un sac pour avoir besoin d'une étiquette ou d'un titre.

XIV. — LE GÉANT D'ANVERS.

*C'étaient des hommes forts, et qui trouvaient moins lourds
Leur fer et leur acier que nous notre velours.*

Victor Hugo.

Les fastes d'Anvers, s'il faut accepter les traditions, s'ouvrent par un homme de haute taille. Un de ces géants du temps passé, que nous ne devons peut-être pas voir tout à fait comme une fable, passe pour le fondateur de la grande cité de l'Escaut. On a sans doute exagéré à propos de ce géant, comme on le fait dans tout ce qui est extraordinaire. Mais on rassemblerait beaucoup de traits qui feraient foi qu'il y a eu des géants. C'est à des hommes de ce genre que plusieurs villes attribuent leur origine. Lille croit descendre du géant Lyderick; Amiens se glorifie d'avoir été fondée par le géant Ambianus; Anvers eut à sa naissance un géant, que cependant les chroniques ne présentent pas comme le bienfaiteur de la ville.

Avant de conter l'histoire du géant d'Anvers, peut-être serait-il bon de rechercher l'étymologie du nom de cette ville célèbre. Nous pourrions, à l'exemple des doctes, étaler ici la plus vaste érudition; ce n'est plus guère le moyen d'intéresser. On veut aujourd'hui des faits plus que des paroles. Anvers s'appelle en latin Antverpia, Handoverpia, Antorpia, Antverpha, Andoverpum — en flamand Antwerpen — en allemand Antorff — en espagnol Anvérès et Ambérès.

La rive droite de l'Escaut, aux lieux où nous voyons Anvers, était autrefois un chantier, en flamand *werf*. Selon quelques-uns, on aura dit *Borgt aen 't werf,* bourg au chantier, ensuite par abréviation *aen 't werf* seulement. Dans une charte du saint empereur Henri, datée de 1008, Anvers est écrit Antwerf. D'autres monuments des mêmes siècles portent Antwerfen, Antwerphen, Antverpen, et un diplôme de 726 Antwerpha. Selon d'autres doctes, le nom de cette ville vient du vieux mot flamand *Aenwerp*, qui veut dire alluvion, parce qu'elle fut bâtie sur un sol composé de terres rapportées. L'Escaut jadis était beaucoup plus large qu'aujourd'hui. On croit même que la mer venait autrefois jusqu'à Anvers ; et il en est qui ajoutent que, dans des siècles qui sont loin, elle a couvert tout le terrain de la partie basse de Bruxelles. D'autres enfin (et si cette opinion n'est pas pour tout le monde la plus satisfaisante, c'est du moins la plus répandue), d'autres font venir Antwerpen de *hand* ou *hant,* qui signifie *main* et de *werpen* qui veut dire *jeter,* étymologie qu'ils expliquent par l'aventure qu'on lira bientôt.

Mais en adoptant cette explication, nous ne saurions pas l'ancien nom d'Anvers, avant le fait du géant. Il paraît constant qu'à l'époque de l'invasion romaine le pays d'Anvers était habité par les Ambivarites, nation que César regardait, avec les Nerviens et les Éburons, comme des peuples d'une grande bravoure. Des débris de Cimbres et de Teutons s'étaient établis avec les Ambivarites sur l'Escaut. Les restes de l'armée nervienne massacrée à Prèle s'étaient retirés aussi, à ce qu'on croit, dans les territoires de Bruxelles et d'Anvers et s'y étaient fortifiés.

On a dit enfin qu'Anvers fut fondée par Constance Chlore (le même qui bâtit à Paris les thermes appelés thermes de Julien) lorsqu'il vint en 292 pour combattre le vaillant Ménapien Carausius; et dans cette version ce seraient les péages établis par Carausius, lors de sa révolte contre les Romains, qui auraient inspiré toute l'histoire du géant. Mais alors Anvers, dont il paraît que les Germains avaient pillé les richesses avant César, subsistait, à ce qu'on croit, depuis longtemps, comme bourgade au moins très-peuplée. Saint Georges y vint en 302; saint Materne peu de temps après y prêcha avec saint Euchaire; saint Blaise de Sébaste y parut dans le même siècle; saint Remi de Reims y envoya des missionnaires. En l'an 600 de Jésus-Christ, Anvers devait avoir déjà de l'importance (1). Mais, malgré les efforts de quelques pieux personnages, elle était encore presque généralement idolâtre, quand l'illustre fils de Serenus, duc d'Aquitaine, saint Amand, évêque de Tongres ou de Trèves et probablement de ces deux villes, car il était évêque régionnaire, vint, en 633, à Anvers, dont il est considéré comme l'apôtre. On pense qu'il bâtit, ou plutôt qu'il y consacra un temple païen purifié sous l'invocation de saint Pierre et de saint Paul. Cette église, plusieurs fois reconstruite, a été

(1) Guichardin fait bâtir Anvers par Ansbertus, sénateur romain (fabuleux), créé marquis d'Anvers par Justinien. Dans la loi salique, il est parlé d'Anhuerbo et Andrepus, que plusieurs supposent être Anvers. Sainte Dymphne, au sixième siècle, vint à Antverpia.

depuis Sainte-Walburge. Elle n'existe plus. De temps immémorial, les habitants avaient honoré là Odin ou Woden, dieu de la guerre. Les Romains y avaient même introduit le culte impur de Priape, puisqu'on a trouvé au-dessus de la porte qui avoisinait la prison, dans la poissonnerie, la figure sculptée de cet abominable objet de culte.

On lit encore dans la vie de saint Éloi, écrite par saint Ouen, que le saint évêque de Noyon vint prêcher la foi aux Andoverpes dans le septième siècle. Dans le huitième, saint Willibrord, l'apôtre des Frisons, habitait à Anvers un château qui lui avait été donné par Rothingus, seigneur du pays.

Nous n'avons cité tous ces faits que pour appuyer la croyance qu'en ces siècles reculés Anvers était déjà considérable. Assurément elle n'était pas ce que l'ont vue nos pères au seizième siècle, lorsqu'elle comptait plus de deux cent mille habitants (en 1550), qu'elle passait pour la plus opulente ville de l'Europe, qu'on y admirait deux cents édifices publics, que beaucoup de ses maisons étaient des palais, que sa pompeuse cathédrale (1), festonnée de soixante-six chapelles, couronnée d'une tour qui se perd dans les nuages, était un des plus beaux temples du monde; qu'elle était le centre du commerce, et qu'on disait de cette Thèbes des temps modernes que, gigantesque en toutes choses, il était naturel qu'elle eût un géant dans ses fastes.

Ce géant, dont la statue a été souvent reproduite, sur la porte de l'Escaut et ailleurs, tenant toujours

(1) Cathédrale en 1560.

une main coupée, est dans quelques monuments l'emblème de la ville. Dans d'autres, comme sur la médaille frappée à Anvers en 1565, on pense qu'il figure l'Escaut.

Pour l'ordinaire Anvers est fièrement représentée sous les traits d'une femme puissante, coiffée d'un château triangulaire surmonté de deux mains coupées que quelques-uns s'obstinent à prendre pour deux mains de justice (1); mais pourquoi se roidir contre une imposante tradition qui n'a rien d'impossible? Il ne faudrait pourtant pas accorder légèrement au géant d'Anvers la taille que lui prêtent certains monuments. Soixante pieds sont bien hauts; et si vous admettiez la dent du poids de seize onces et de la grandeur de la main, qu'on garde à Anvers comme relique de ce géant, ce serait lui supposer une taille de cent quarante pieds; ce qui serait fort extraordinaire.

Des écrivains qui se croient modérés vous diront que le géant d'Anvers avait quinze pieds. Il se nommait Antigone ou Druon; ce qui ferait penser qu'il venait de la Macédoine. Mais il était d'origine russe, et c'est bien flatteur. Il arriva par mer, à peu près un siècle avant l'ère chrétienne, remonta l'Escaut, et se construisit un fort à Anvers, dont il trouva la position belle. On voit qu'il avait du bon sens. On montre encore les traces de son château sur la rivière, près du Vier-Schale, à l'endroit où fut depuis la maison des chevaliers teutoniques. La ville, à l'arrivée d'An-

(1) Ceux qui font du géant l'Escaut disent que les mains coupées sont ses échappées et ses embranchements coupés par les digues.

tigone, était très-peuplée; du moins les chroniqueurs
l'attestent; les gens du pays vivaient de commerce
et de pêche. Le géant pêchait aussi; et dans le commencement on le trouvait curieux, mais peu incommode. Cependant l'hiver arriva; le colosse aima
bientôt à prendre ses aises. La conscience de sa force
lui donna l'idée de la tyrannie. Il exigea qu'à l'avenir tous ceux qui, remontant ou descendant l'Escaut,
dont il se proclama seigneur, passeraient devant sa
forteresse, lui payassent un tribut. D'abord il préleva
avec modération le droit qu'il s'était arrogé. Mais
peu à peu il fit des provisions, doubla ses exigences;
et il en était venu au point de prendre la moitié de
tout ce qui passait, quand un autre fléau, Jules César,
vint dans les Gaules.

Plusieurs fois on s'était révolté contre le géant.
Mais en ces temps-là on n'avait que des armes peu
offensives, et la peau du monstre était plus dure que
le cuir de l'Urus. On a dit même qu'il était revêtu
d'écailles sonores. Quoi qu'il en soit, la résistance
qu'il rencontra ne l'avait rendu que plus cruel. Il
coupait la main à ceux qui refusaient le tribut. Il
était devenu la terreur de la contrée. L'approche des
Romains, d'un autre côté, désolait la Gaule belgique. Quelques Nerviens, réfugiés à Anvers, s'é-
taient unis aux habitants pour résister à César : ils
se firent tuer, et ne furent ni vaincus ni vainqueurs.
César, voyant qu'il ne pouvait soumettre ces peuples, résolut de les traiter en alliés; et, comme il
avait exterminé à peu près tous les citoyens en état
de porter les armes, le reste supporta la protection

des Romains, jusqu'à ce que les enfants de la patrie fussent devenus des hommes.

Jules-César, disent les légendaires, avait donné aux Ménapiens et aux Ambivarites un gouverneur qui se nommait Salvius Brabo et qui laissa à ces contrées le nom de Brabant. On a contesté ce fait; mais nous ne voyons pas pourquoi il ne serait pas aussi bien accepté que tant d'autres contes qu'on laisse en repos. Ajoutez que Salvius Brabo s'occupa loyalement du bien du pays; et permettez-lui d'avoir été le premier duc de Brabant.

Cependant le géant, qui causait peu, ne savait même pas que les Romains se trouvaient en Belgique. Il coupa la main à quelques mariniers de Salvius, qui arriva furieux à Anvers. Il voulait brûler le monstre dans son repaire; mais Antigone se fût enfui par le fleuve. Les Anversois, qui jusque-là avaient fait des efforts inouïs pour se délivrer de l'ogre qui les tyrannisait, ne parurent pas désirer que des ennemis (car ils regardaient les Romains comme tels) vinssent les sauver. Il y avait dans la ville sept braves jeunes hommes, qui depuis un an s'exerçaient à l'arbalète, sachant qu'il n'y avait moyen de tuer le géant qu'en lui perçant la gorge, seul endroit vulnérable de sa personne. Encore était-il garanti par une barbe épaisse. Il fallait donc une grande audace, un courage bien calculé, une adresse extrême. Tous les sept allaient se marier. Ils firent un vœu solennel de tuer le monstre ou de mourir, et remirent les noces après la noble entreprise qu'ils méditaient. Ils vinrent trouver Salvius et réclamèrent l'honneur de venger le pays. Leur projet offrait tant de hasards que le Romain fit tout ce qu'il put pour les en détourner. Mais, quand ils lui eurent prouvé que ce qu'ils voulaient faire était l'unique moyen de tuer le monstre, il déclara qu'il les accompagnerait, non pas, dit il, pour partager leur gloire, mais pour en être le témoin et le juge.

Le lendemain matin, les sept jeunes Anversois, accompagnés de Salvius, se mirent dans une barque chargée de quelques pelleteries et descendirent l'Escaut. Il s'arrêtèrent au pied du fort où régnait le géant. Ils parurent bientôt devant lui, portant la moitié de leurs marchandises et cachant sous leur manteau leur arbalète et leurs flèches.

Pendant qu'Antigone comptait les peaux, le vaillant Olins, le hardi Bode et le brave Oboken tirèrent leurs flèches acérées au cou du géant. Le sang coula; mais les plaies n'étaient pas profondes; le monstre poussa un hurlement qui fit trembler le rivage; il s'élançait sur les libérateurs d'Anvers quand l'adroit Volcker et le courageux Pape, lançant leurs traits sans s'effrayer, lui crevèrent les deux yeux. L'intrépide Wilmar et le généreux Impeghem lâchèrent en même temps leur arbalète; les flèches d'acier, dirigées à la gorge d'Antigone, crevèrent une veine. Le colosse, hurlant de nouveau et cherchant ses ennemis à tâtons, s'embarrassa les jambes dans un madrier qu'ils lui jetèrent, chancela un instant et tomba de tout son poids. Les sept jeunes hommes l'achevèrent en poussant le cri de triomphe. Salvius lui coupa la main, qu'il jeta dans l'Escaut, à la vue du peuple accouru. Il fallut beaucoup de chevaux pour entraîner au rivage le cadavre, que la marée emporta.

Après cette délivrance, Salvius dit au peuple : Rendez grâces à ces jeunes héros; avec de tels hommes vous serez puissants et forts. Désormais vos sept libérateurs seront les tiges des sept familles patriciennes d'Anvers; et leur nom ne s'éteindra point.

Le mariage des sept braves fut pour toute la ville une grande fête.

La mort du géant russe avait eu lieu au mois d'août; on en perpétua le souvenir par des mascarades joyeuses où l'on promène encore une haute et formidable statue de géant, que suivent des bourgeois faisant mine d'avoir la main coupée (1).

(1) Les processions de géants sont depuis des siècles toujours à la mode chez nos bons voisins les Belges, qui ont donné ce goût aux Espagnols. On a donné à Anvers un de ces spectacles à la reine Victoria, lorsqu'elle visita Anvers avec le roi Léopold, le 18 septembre 1843. Voici ce qu'en disait le lendemain un journal anversois :

« Après les cérémonies sérieuses est venue la procession des géants. En tête de la marche, on voyait d'abord une énorme baleine, montée par un Amour, et agitant sa queue monstrueuse. L'Amour est un dieu malin; l'Amour de la baleine à une malice fort peu agréable pour les spectateurs qui s'approchent un peu trop et même pour les dames qui oublient de fermer leurs fenêtres. Ledit Amour a un arc et un carquois; mais ce sont là d'inoffensives armes; ses véritables armes sont deux canules qu'il cache dans ses mains et au moyen desquelles il inonde les curieux à une distance considérable. Nous avons vu une dame, qui se tenait paisiblement à sa fenêtre, recevoir une bordée qui eût été capable d'éteindre un incendie.

» La baleine était suivie de plusieurs monstres de diverses formes et de diverses grandeurs, montés aussi par des Amours, mais sans canules. Les Amours tenaient leurs montures en respect au moyen de larges rubans tricolores.

» Après la baleine et sa cour de monstres, nous avons vu le vaisseau

Les sept nobles familles ne se sont pas éteintes. Par la suite, ce fut dans leur sein seulement que la ville voulut élire ses magistrats, savoir les deux bourgmestres, les dix-huit échevins, les deux trésoriers, les deux pensionnaires, les douze conseillers, etc. Et parmi les six compagnies sermentées qui ont joui d'un grand renom dans Anvers, la compagnie de l'arbalète a toujours conservé la prééminence.

de l'État, monté par un joli équipage de mousses en pantalon blanc, veste blanche, chapeau de paille garni de rubans tricolores. Tous ces enfants se tenaient sur les vergues, dans les manœuvres, avec un miraculeux aplomb. Le vaisseau était accompagné de cinq ou six embarcations montées par des monstres de la même levée que ceux de l'équipage principal, qui agitaient leurs rames et en battaient l'air avec tout le sérieux désirable.

» Les géants marchaient ensuite, ou plutôt étaient traînés chacun par six chevaux. Le premier géant, qui se tient fièrement assis, est un magnifique guerrier romain, dont le casque est surmonté d'une aigle furieuse. Le second géant, avec ses cheveux mal peignés, a l'air un peu plus sauvage, et il a l'agrément, que ne possède pas le premier, de remuer la tête. Ces deux géants, qui sont superbement vêtus, ont une histoire que nous n'avons pas eu le temps de nous faire raconter. Nous avons cru voir que la reine d'Angleterre demandait au Roi des renseignements sur ce point essentiel, et que Sa Majesté confessait son ignorance.

» Un corps de musique accompagnait les géants et leur faisait entendre pour la première fois l'air national anglais.

» La procession était terminée par deux chars. Le premier, véritable corbeille de fleurs et de verdure, était monté par une demoiselle ou une dame vêtue de bleu, couronnée de fleurs et qualifiée la *Vierge d'Anvers*. Les cheveux de la *Vierge d'Anvers* ne sont ni blonds ni bruns, ni châtain clair ni châtain foncé. A-t-on voulu, par la parure des cheveux de la demoiselle, faire allusion à l'important commerce des bois d'acajou d'Anvers? Le second char, c'est le beau char de Rubens; nous l'avons revu tel qu'il s'était montré aux fêtes de l'inauguration de la statue de l'illustre peintre. »

Voyez, au sujet de monstres ou cavalcades de géants, dans les *Légendes du Calendrier*, la Procession du 3 mai à Bruges, et, dans les *Légendes des commandements de l'Église*, la Procession de Notre Dame d'Hanswyck à Malines.

Toute fabuleuse que soit la généalogie de Salvius Brabo ou Brabon, nous croyons utile de la donner aussi en peu de mots. Lucius de Tongres, Jean Lemaire de Belges, Adrien Barland, Richard Wassenbourg, François de Rosières et cent autres en ont parlé gravement. Le plus hardi de ces chroniqueurs est Nicolas le Clerc, secrétaire de la ville d'Anvers en 1318, lequel fait remonter jusqu'au déluge l'origine des Brabons, ducs de Brabant, et les conduit régulièrement de Noé à Peppin de Landen. Nous ne le suivrons pas.

Mais Christian Massé soutient que Godefroid, surnommé Karl, roi de Tongres, eut pour fils Carolus, qui combattit avec les Romains contre Mithridate, qui ensuite revint dans les Gaules, se fixa d'abord à Cambrai, puis à la vallée des Cygnes, au pied du Caudenberg, aux lieux où sont aujourd'hui dans Bruxelles l'hôpital Saint-Jean (ancienne maison des templiers) et le Polderstraet. Il eut à son tour un fils qui s'appela Octave et une fille qui s'appela Zuana, ou, selon d'autres, Sumniana. Quelques-uns disent même que Zuana était nièce de Jules César. Salvius Brabo, l'un de ses généraux, l'épousa en sa présence à Louvain, dans le temple de Mars et de Pluton. Il reçut en dot le gouvernement du pays avec le titre de duc de Brabant. Un peu plus tard, ayant tué le géant d'Antwerpen ou du moins encouragé ceux qui le tuaient, il fut aussi créé premier marquis d'Anvers (1). Ce Salvius Brabo fut tué à Rome, dans la conspiration où succomba César.

(1) Ob id marchio Antverpiæ primus creatus. In Massæo, lib. 13.

Charles Brabo, son fils et son successeur, deuxième duc de Brabant, vécut longuement; car il n'est mort qu'en l'an 40 du premier siècle. Il était aussi duc de Thuringe, roi de Tongres et de Cologne.

Jules Brabo, troisième duc, céda le sceptre en l'an 79, après avoir fondé Juliers, à son fils Octave Brabo, lequel mourut en 125. On trouve ensuite :

Godard Brabo, — Arthard Brabo, — Marchiard Brabo, — Taxandre Brabo, — Ansegisus Brabo, — Christian-Charles Brabo, — Lando Brabo, — Austrasius Brabo, qui engagea Clovis à se faire chrétien, — Charles Naso Brabo, dont la fille, épouse d'Aymon d'Ardennes, fut mère des quatre fils Aymon.

Ce dernier aurait eu pour fils ou petit-fils Peppin de Landen.

XV. — LES GRENADES
ET QUELQUES AUTRES INSTRUMENTS DE GUERRE.

> Les inventions qui produisent sont rares; celles qui détruisent sont innombrables. Le génie du mal ouvre aisément ses secrets. SWIFT.

« C'est en France que l'institution des grenadiers a pris naissance, disaient il n'y a pas longtemps quelques journaux. Dans le quatorzième, le quinzième et le seizième siècle, on donnait le nom d'*Enfants perdus* à des soldats d'élite, ordinairement placés aux avant-postes et choisis parmi les *bandes* ou compagnies les mieux disciplinées. On en formait de petits corps détachés, qui marchaient à la tête des colonnes d'attaque. Ils servaient également à éclairer les marches et les convois; c'étaient eux aussi qui avaient l'honneur de monter les premiers à l'assaut d'une place. On les arma de grenades en 1588, époque de l'invention de ce projectile, et on les employa dans les siéges à jeter cette arme meurtrière. Ils ne prirent pourtant le nom de grenadiers qu'en 1667. On en plaçait quatre seulement dans chaque compagnie d'infanterie; et alors encore on ne tenait pas exclusivement à la taille. Il suffisait d'avoir une bonne constitution et une bravoure éprouvée. On exigea depuis des conditions rigoureusement observées; il fallut avoir six ans de service et la taille de cinq pieds quatre pouces. La première de ces conditions fut réduite à quatre et ensuite à deux ans... »

Je n'ai guère fait que citer. Maintenant que vous voyez passer les grenadiers devant vous, à quoi doivent-ils leur nom? A la grenade. Qui a inventé la grenade? L'historien de Thou va nous le dire. Dans l'histoire qu'il a faite des choses de son temps, il rapporte que ce fut en 1588, au siége de Wachtendonch, qu'on fit pour la première fois usage des grenades, et que l'invention de cet abominable projectile est due à un chenapan de Venloo. Jamais, je pense, ni Fénelon, ni saint Vincent de Paul, ni saint François de Sales n'eussent imaginé la grenade, la bombe, les fusées à la Congrève, le feu grégeois. L'inventeur de la grenade, en voulant faire l'essai de sa boulette incendiaire, qu'une impitoyable ironie a baptisée du nom d'un fruit si bienfaisant dans les zones torrides, l'inventeur fut cause de l'incendie d'une partie de sa ville, où le feu se mit par la chute d'une grenade sur une maison. Toutes ces belles trouvailles ont commencé de la sorte.

Ajoutons, si vous voulez, que les premiers grenadiers portaient un sabre, une hache et une *grenadière,* ou sac de cuir, contenant douze à quinze grenades. Lorsqu'en 1671 le mousquet fut remplacé par le fusil, on donna cette arme aux grenadiers; ils en étaient tous armés vers la fin du règne de Louis XIV.

La grenade, cette petite bombe de poche, était autrefois du calibre de 4 et pesait deux livres; elle était garnie de poudre; on y mettait le feu avec une mèche. Les savants raisonnent sur les moyens de destruction les plus attristants, sur les épidémies et les pestes, aussi froidement que sur les engrais et les variations du baromètre. Gassendi pense donc que les anciennes grenades sont préférables aux grenades plus pesantes qui leur ont été substituées ensuite. Je ne saurais dire la qualité de celles qui sont encore en usage de nos jours, si même la grenade de poche est encore usitée. Je crois qu'en raison de nos progrès, on envoie ces gracieusetés en masse dans de petits mortiers monstres. — On a inventé ou découvert l'emploi de la vapeur; la guerre est revenue, et vous avez vu l'emploi qu'on en a fait!

Nous lisons qu'en 1670 on créa chez nous une compagnie de grenadiers dans le régiment du Roi, et peu après dans chacun des trente plus anciens régiments. Chaque bataillon finit bientôt par avoir sa compagnie de grenadiers.

En 1745, les grenadiers des bataillons de milice formèrent sept régiments spéciaux. Quatre ans plus tard, on avait le corps nombreux des *grenadiers de France*.

Les grenadiers jouissaient et jouissent sans doute encore à présent de certaines prérogatives dans l'armée, comme le port de l'épaulette et du sabre, l'exemption des corvées, une haute paye de cinq centimes par jour. Ils ont avec les voltigeurs la garde du drapeau. Puissent-ils le garder en paix! car on a beau admirer un drapeau déchiqueté par la mitraille, je ne vois là qu'un effroyable souvenir.

Au reste Voltaire a stigmatisé lui-même ces engins, dans le sixième chant de sa *Henriade* :

> On entendit gronder ces bombes effroyables,
> Des troubles de la Flandre enfants abominables.
> Dans ces globes d'airain le salpêtre enflammé
> Vole avec la prison qui le tient renfermé ;
> Il la brise ; et la Mort en sort avec furie.

Mais il est certain que les grenades ne sont que des bombes en petit. Or, près d'un siècle avant le siége de Wachtendonch, en 1495, Charles VIII employa des bombes au siége de Naples, et on en fit usage au siége de Mézières en 1521. Les Italiens assurent que Pandolphe Malatesta, prince de Rimini, mort en 1457, avait inventé le mortier et la bombe. Mais encore une fois, plus d'un siècle avant la mort de Malatesta, on lit formellement, dans les annales de Louvain, que les Louvanistes lancèrent trente-deux bombes à la bataille de Santvliet, qui se livra en 1356 ; et encore mieux, on peut voir à la mairie de Coucy (département de l'Aisne) un canon fondu en 1258, et qui porte sa date à la culasse.

Ce qui est assez singulier, c'est qu'on a tout récemment découvert, dans les archives de la Gironde, un document d'un capitaine Jean de la Salle qui offrait au roi de Navarre l'invention de batteries flottantes pour la défense des ports, invention qui a été réinventée de nos jours.

XVI. — LE RÈGNE COURT DE BAUDOUIN III.

Et, monté jusqu'au faîte, il aspire à descendre.
P. Corneille.

J'aime à retourner aux temps anciens, à ranimer devant moi les siècles passés, à revoir debout ceux de nos pères qui vivaient il y a plusieurs siècles. J'aurais grand plaisir aussi, je l'avoue, à procurer à nos aïeux la joie de contempler leurs descendants. Comme ils ouvriraient de grands yeux en voyant nos progrès matériels! car nous ne progressons pas en tout genre. Comme ils admireraient nos villes dégagées, nos habitations élégantes, nos costumes laids, mais légers et commodes, nos petites inventions si nombreuses! Depuis la fourchette, qui ne remonte qu'à trois siècles, la brouette, qui n'est pas due à Blaise Pascal, mais aux Égyptiens, les ballons et le reste, jusqu'aux voitures emmenées par la vapeur, que d'exclamations ils auraient à faire! Et que diraient-ils de l'imprimerie, eux qui n'avaient pas même inventé la poudre? Comme ils s'étonneraient de nos canaux, de nos routes, de nos postes aux lettres, de nos billets de banque, de notre commerce devenu si grand avec l'argent, si immense avec les lettres de change, de nos lois uniformes, de nos usages fondus, de notre liberté !

Peu de ces choses existaient vers le milieu du dixième siècle, lorsque le comte de Flandre, Arnould le Vieux, mariait son fils Baudouin avec la belle Mathilde, fille du duc saxon Herman. La noce d'un simple bourgeois de Hollande (car on fait moins bien les noces en France) est plus somptueuse que ne fut celle de l'héritier du bon comte de Flandre, dont toutes les richesses alors consistaient dans les produits de l'agriculture. On voit dans les récits qu'on y mangea du bœuf, du porc, des oies et du stokvisch (1), qu'on y but de la bière et de l'hydromel. Les riches vêtements étaient si rares qu'un prince qui avait un pourpoint de velours s'en parait toute sa vie aux jours de fête. Il n'y avait presque point de fabriques.

Le jeune Baudouin cependant avait un esprit vif, qui promettait des améliorations au pays. Aussi son père, devenu très-vieux, ne voulut pas attendre la mort pour le faire régner. Le 1er mai de l'an 958, Arnould le Vieux rassembla, en la maison qu'il possédait à Gand auprès de l'abbaye de Saint-Pierre, tous les seigneurs et prélats du pays de Flandre, et, son trône ayant été dressé dans une salle immense, il ordonna qu'on ouvrît les portes, afin que le peuple

(1) Poisson séché au soleil.

pût entrer librement et assister à l'acte solennel qu'il préparait.

Bientôt le vieux comte Arnould, vêtu ce jour-là de ses plus riches habits, ayant sur la tête sa couronne ou toque de comte ornée de lames d'or, entra dans la salle, s'appuyant sur son fils Baudouin, qui marchait à sa gauche avec recueillement. Le vieillard, ayant demandé le silence, monta sur les degrés du trône et dit :

« Mes bons vassaux et amis, depuis quarante-trois ans que le comte Baudouin le Chauve, mon père, m'a laissé ce noble héritage, Dieu m'a souvent tenu avec bonté dans le gouvernement de nos provinces. Nous avons défendu nos limites contre l'empereur Othon ; nous avons délivré le pays des restes des Normands ; nous avons contracté une alliance honorable avec le duc saxon Herman ; et j'espère qu'après moi, mon fils, avec vos conseils, fera mieux que je n'ai pu faire.

» Mais, vous le voyez, bonnes gens qui m'avez suivi à la guerre et assisté dans la paix, me voici vieux et tout blanc. Je suis parvenu à l'année quatre-vingt-sixième de mon âge. Je pense donc qu'il est saison que j'oublie les choses de ce monde, pour ne plus m'occuper que de Dieu, qui m'a comblé de tant de biens. Je suis heureux de voir dans mon fils un jeune prince qui méritera votre amour ; et j'ai délibéré, dès maintenant, de vous le donner pour comte et souverain, si vous n'y êtes contraires. »

Des murmures approbateurs interrompirent le vieillard. Il reprit, toujours debout devant le trône :

« Je cède donc dès à présent à mon fils Baudouin

tous les droits que j'ai en ce comté de Flandre ; et je vous prie, mes bons amis et vassaux, aussi vivement qu'il m'est possible de prier, que vous lui soyez fidèles et affectionnés, comme vous l'avez toujours été pour moi. Je vous proteste ici, en la présence de Dieu, que, quoiqu'il soit mon fils, croyez-moi, mes amis, j'eusse élu un étranger pour me succéder, si je connaissais cet enfant indigne de régner sur vous.

» Je vous le laisse donc, sans rien retenir pour moi que cette maison, où je suis accoutumé, et le peu qui me sera nécessaire pour achever en repos mes derniers jours. »

Tous les assistants applaudirent avec attendrissement.

Alors le vieillard, laissant tomber quelques larmes qui luisaient sur sa longue barbe blanche, prit son fils par la main, l'embrassa au front, lui mit sur la tête sa toque de souverain, et, détachant de ses mains qui tremblaient son riche manteau de comte, le lui posa sur les épaules, voulant qu'il s'en revêtît à l'instant.

Le silence était si grand qu'on n'entendait dans l'assemblée que des soupirs. Le vieux comte, n'ayant plus qu'un simple accoutrement de drap noir et la tête nue, conduisit son fils sur le trône, où il le fit asseoir ; et, du consentement de tous, les deux hérauts proclamèrent Baudouin III, comte de Flandre.

Après cette abdication, tout le monde se retira.

Arnould le Vieux fut bientôt fier de son fils, car il gouverna avec habileté et sagesse. Il avait beaucoup à faire.

Il y avait alors si peu de communications entre les peuples même d'une petite principauté, que les habitants de Courtrai, par exemple, regardaient ceux de Gand comme des étrangers. On n'osait faire un voyage de dix lieues, parce que les chemins n'étaient pas sûrs. Depuis les pillages des Normands, la Flandre, comme les pays voisins, était peuplée de brigands qui détroussaient les passants sur les routes. Une partie des seigneurs faisaient de leurs châteaux des repaires; les princes ne pouvaient sortir qu'avec une escorte, et les marchands n'allaient qu'en caravanes. Ce pays, si différent aujourd'hui, ressemblait alors quelque peu aux contrées que les Bédouins infestent. Mais la chevalerie qui se formait apportait remède à un état si fâcheux. Baudouin III l'encouragea de toutes ses forces.

Digne de régner sur les Flamands, il sentit que le commerce et l'industrie feraient seuls la prospérité de ses États. Il établit plusieurs sociétés de marchands, qui avaient des gardes pour leurs convois. Il fonda des marchés et des foires à Gand, à Thourout, à Calais. Il introduisit les tisserands et les foulons à Gand en 958 ; et de cette époque date le commencement de la prospérité qui n'a plus cessé de croître dans cette grande cité. Gand dès lors était déjà très-peuplée.

Mais il y avait pour le commerce un très-grand inconvénient. Non-seulement presque personne ne savait lire, et d'ailleurs les lettres de change et les obligations à terme n'étaient pas imaginées; mais la Flandre manquait d'argent. Les temps sont bien changés. Cette riche province, qui possède à présent tant de millions, n'avait pas même alors la monnaie de fer de Lycurgue : cette monnaie incommode avec laquelle quatre cents francs eussent fait la charge de deux bœufs attelés. Baudouin III fit une loi, qui sans doute nous semblerait curieuse, si elle eût été conservée ; il y tarifait la valeur des objets pour le commerce par échange. Cette loi est mentionnée dans son épitaphe :

« Instituit suos mercarios hic sine nummis,
» Mutans pro rebus res alias aliis. »

Voici une vieille traduction de ces deux vers :

Il a aux siens, sans patards et sans mises,
Montré comment ils pourront, gros et bon,
Exercer et traiter leurs marchandises ;
C'est par moyen de permutation.

Tout ce qu'on sait de cette loi singulière, mais sage et utile pour l'époque, c'est qu'on donnait une oie pour deux poules, deux oies pour un petit porc ou un agneau, trois agneaux pour un mouton, trois veaux pour un bœuf. On donnait une livre de viande pour cinq livres de blé ; on donnait une livre de lin tissé pour deux livres de lin filé.

Tout ce commerce, on le voit, ne pouvait rouler que sur des objets de nécessité première. On a dit qu'il serait impossible aujourd'hui que les besoins sont si variés ; nous ne prononcerons pas là-dessus. Ce qui est certain, c'est qu'un tel commerce nous paraîtrait bizarre, s'il se faisait présentement sur nos marchés ; et cependant on a ouvert avec quelque succès à Paris des bazars d'échanges, qui se sont fermés il y a quelques années, et qui réussiraient encore s'ils étaient constamment dirigés par la bonne foi.

Baudouin III était chéri de son peuple, qui espérait beaucoup de lui, parce qu'il s'occupait uniquement du bonheur public. Mais ce jeune prince ne régna que trois ans. Il mourut en 961, *de la petite vérole*, à Berg-Saint-Vinock, ne laissant qu'un fils âgé de dix ans, lequel se nommait Arnould, comme son grand-père.

Le vieux comte Arnould vivait encore, faible et tout à fait cassé, dans sa maison de Gand, lorsqu'il apprit la perte qu'il venait de faire de son fils chéri. A un âge si avancé, ce coup terrible lui eût donné la mort, si la tendresse paternelle n'eût ranimé en lui un reste de chaleur. Il songea qu'il lui fallait vivre pour son petit-fils. Il se releva; il convoqua de nouveau tous les seigneurs, prélats et bons bourgeois du pays de Flandre. Il se fit porter à la salle des assemblées; et là, présentant aux chefs du pays son petit-fils Arnould, qu'on appela depuis Arnould le Jeune, il leur demanda s'ils voulaient bien le recevoir pour leur comte :

« Ce n'est qu'un enfant, dit-il. Mais vous soutiendrez sa jeunesse; il aura à son aide votre prudence et votre courage, votre magnanimité et votre justice. Il sera votre ouvrage, et Dieu, qui protége les enfants, entourera celui-là de ses anges. »

Ce tableau, que nous ne pouvons décrire, d'un vieillard de quatre-vingt-neuf ans intercédant pour un enfant auprès de son peuple, produisit sur les Flamands un effet immense. Toute l'assemblée spontanément mit un genou en terre et prêta serment de foi et hommage à l'enfant de dix ans, dont les cheveux blancs de son aïeul couvraient la blonde figure. Un conseil fut nommé; et avec les sages avis d'Arnould le Vieux, Arnould le Jeune, pendant trois années paisibles, commença un règne qui ne fut agité qu'après la mort du vieillard. Cette mort eut lieu en 964, Arnould le Vieux ayant quatre-vingt-douze ans. Mais les dernières bénédictions qu'il appela sur son petit-fils ne furent pas vaines (1).

XVII. — HISTOIRE DE LA LOTERIE.

> Avez-vous rêvé chat? avez-vous rêvé rat? avez-vous rêvé chien? avez-vous rêvé cornichon?
> *Cris de Paris.*

Bien des gens se persuadent que l'origine des loteries ne remonte qu'au dernier siècle, ou tout au plus au règne de Louis XIV, parce qu'on a lu quelques mots là-dessus dans les traités qui apprennent à faire fortune avec les songes, sur les combinaisons dites de Cagliostro. Mais les loteries sont beaucoup plus anciennes, quoique le jeu de hasard auquel on a donné le nom de loterie n'ait été établi à Paris avec un peu de régularité qu'en 1664, par une ordonnance qui l'honorait du titre de banque royale. Depuis long-

---

(1) Nous pensions donner ce récit comme une origine des abdications; mais, sans parler de celle de Sylla, il y en a eu beaucoup d'autres dans le passé.

temps, ces sortes de banques étaient en usage dans la Hollande et dans toute l'Italie; il y en avait même une à Lyon; et alors les loteries étaient si bien fondées en Égypte, surtout au grand Caire, qu'on n'en savait point l'origine et qu'on y vendait presque tout par cette méthode.

Il est vrai que ces loteries n'étaient pas dans l'antiquité ce qu'elles sont devenues. Les lots, qui sont souvent des sommes d'argent, se composaient alors de maisons, de bijoux, d'orfévrerie, de tableaux et de divers objets précieux, que l'on vendait au moyen d'une multitude de billets distribués à un prix très-modique. L'objet mis en loterie se délivrait au porteur du numéro que le sort désignait. C'est ce qu'on voit renaître à présent.

Comme les Italiens se prétendaient les inventeurs de ces banques, un savant, non content de leur opposer l'Égypte, qui en faisait un des expédients de son commerce depuis un temps immémorial, rabaissa l'orgueil des compatriotes de Mazarin, en publiant des recherches où il fit voir que les Centaures et les Lapithes s'étaient battus à la suite de la première loterie qu'on trouve dans l'histoire, et que ce partage par le sort était d'une antiquité très-reculée, puisqu'on peut regarder comme des loteries la division de la terre sainte entre les Israélites, le partage que fit Lycurgue de la Laconie en trente-neuf mille parts, l'enlèvement des Sabines qui furent tirées au sort, etc.

On trouve encore dans l'*Histoire romaine* que les empereurs firent souvent des largesses au peuple par des espèces de loteries. On écrivait sur des morceaux de bois les dons qui devaient se distribuer; on les jetait à la foule après les spectacles ; et ceux qui pouvaient attraper ces billets recevaient l'objet dont ils portaient le nom. Néron et Titus firent souvent de pareilles fêtes. Les bons lots gagnaient des bêtes de charge, des esclaves, des vases précieux, des habits de luxe ou des sommes d'argent.

L'empereur Héliogabale s'amusait beaucoup des loteries avec ses familiers et avec le peuple romain. Il faisait écrire les noms des objets qu'il voulait distribuer sur des coquillages, et des officiers les jetaient à la multitude. Mais, afin de s'en mieux divertir, il y avait plus de dons ridicules que de dons avantageux. Ainsi, pendant que le porteur d'une coquille recevait cent pièces d'or, un autre recevait cent vessies. On donnait à l'un mille pièces d'argent, à l'autre une livre de filet de bœuf. Celui-ci emportait dix onces d'or, celui-là dix laitues. Un autre gagnait dix ours; son voisin, dix œufs; un troisième, dix chameaux; le quatrième, dix grillons; un autre, dix mouches, et son camarade, dix autruches. Il y avait aussi une grande quantité de coquilles qui ne gagnaient rien. Lampridius remarque que ce jeu plaisait tant aux Romains, qu'ils se réjouissaient à cause de cela d'avoir Héliogabale pour empereur, quoiqu'il fût un fou méprisable, un odieux tyran et un monstre.

On pourrait dire encore que, chez les anciens Francs, le partage du butin était une loterie, puisqu'il avait lieu par le sort. Clovis en prenant Soissons voulait pour lui un certain vase précieux. — Tu auras, lui dit un de ses compagnons, ce que le sort te donnera.

Mais les jeux de loterie ne devaient s'établir en France dans une sorte d'éclat qu'au dix-septième siècle; et il fallait véritablement que nous en fussions redevables aux Italiens.

Le cardinal Mazarin, qui aimait assez le jeu, voulut nous faire participer largement aux agréments des loteries. Il permit donc leur établissement, qui eut lieu, comme nous l'avons dit, en 1664. Elles furent organisées par un Napolitain nommé Laurent Tonti, qui plus tard établit aussi les tontines, et quand le ministre vit que ce divertissement faisait plaisir, il voulut en prendre sa part. Il fit une énorme emplette de bijoux et de marchandises, qui avaient plus d'apparence que de prix. Il en composa des lots; le Roi, la Reine, tous les courtisans, tous les gens en place prirent des billets du cardinal : cette loterie lui apporta de gros bénéfices. Dès lors, les uns par divertissement, les autres par intérêt, tous les riches firent des loteries à l'exemple du cardinal-ministre; et on établit une grande banque publique, à laquelle les Italiens voulaient donner le nom de *loterie*, que ces institutions portaient à Venise et à Gênes. Mais Vaugelas, qui en fut nommé administrateur, s'opposa constamment à l'entrée de ce mot dans la langue française; ce ne fut qu'après lui que la banque du sort prit ce nom de loterie, sous lequel on la connaît généralement aujourd'hui.

Toutes les dames cependant mettaient à la loterie.

Il y avait des lots de quarante, cinquante, cent mille francs. Sauval, chez qui nous avons puisé la plupart de ces notes, dit qu'il a vu gagner pour quelques écus des bibliothèques nombreuses et bien choisies, des maisons de campagne, des ameublements fort riches, des diamants de grand prix, des tableaux du Titien et de Léonard de Vinci. Les directeurs de la loterie firent de leur côté une si rapide fortune, qu'on les vit bientôt tenir table ouverte et mener un train de seigneurs.

On ne tarda pas à mettre quelque police dans cette administration ; et, pour ne pas en faire un sujet de ruine trop prompte, on fixa à un écu le montant des billets. On ordonna qu'il y aurait deux mois d'intervalle entre l'émission des billets et le tirage des lots, et que la main d'un enfant sortirait les numéros de la roue. Les choses allaient ainsi, quand les corps des marchands à Paris se plaignirent que la loterie faisait tort au commerce. On plaida, et la loterie fut supprimée en 1667.

Mais on la rétablit l'année suivante ; et pour ne plus motiver les plaintes des commerçants, les lots ne furent plus que des sommes d'argent. Le calcul de cette loterie se divisait en cent mille billets, dont quatre-vingt-dix mille s'achetaient un écu ; quatre mille, dix mille francs ; le reste avait un prix intermédiaire. Le Roi, la Reine et la Reine mère ayant pris cette fois des lots de cent louis qui gagnèrent, la loterie ne fut plus renversée ; on la conduisit avec le plus d'ordre possible ; et, pour montrer au public qu'on y allait sans fourberie, on observa de faire tirer les lots par six enfants, choisis au sort entre douze qu'on amenait pour cela d'un hôpital de charité.

Alors pourtant, comme aujourd'hui, les gens qui voulaient conserver leur réputation de bon sens ne mettaient pas à la loterie, ou ne prenaient leurs billets que sous des noms supposés. C'est ainsi, dit Sauval, que deux magistrats, MM. Parisot et Gilbert, gagnèrent les deux gros lots, le premier sous le nom de Petit-Jean, l'autre sous celui de Mascarille.

Beaucoup de particuliers riches avaient chez eux de petites loteries sur le modèle de la grande. Louis XIV lui-même en établit dans son palais. Quelques-unes se formaient avec un but respectable; on peut citer dans ce genre la loterie de madame de Lamoignon, dont les gains servaient à racheter des Français captifs à Alger.

On fit aussi une loterie de la Passion. Ceux qui en eurent les gros lots reçurent l'un une croix, l'autre une échelle, celui-ci les fouets, celui-là l'éponge au vinaigre.

On imagina d'un autre côté les loteries galantes. Les dames y gagnaient des madrigaux et des sonnets. Le goût de ces amusements était si fort à la mode, que mademoiselle de Scudéri fourra trois ou quatre loteries dans le grand roman de *Clélie, histoire tirée de l'histoire romaine....*

On créa encore les loteries gourmandes, où l'on avait des pâtés, des saucissons, des tartelettes, du vin de Champagne. On fit des mariages par loterie; et, si l'on en croit les chroniques, il y en eut d'heureux.

Arrivons à la loterie telle que nous l'avons vue de nos jours. Avant 1720 elle n'avait pas atteint la perfection qu'on lui donna alors, puisqu'elle ne rapportait presque rien au gouvernement. Un Génois, en 1720, réforma pour son pays l'ancien système de loterie. Ses innovations parurent si heureuses qu'on les adopta en France en 1758. Elles se sont encore améliorées depuis; et ces jeux ont été de notre temps tellement réglés que le gouvernement français y gagnait constamment, et avec scandale, de très-grandes sommes, pendant qu'une foule de particuliers y perdaient leur fortune.

Des voix puissantes se sont élevées longtemps en vain contre l'immoralité des loteries publiques, où l'État spécule sur la faiblesse des malheureux. Une dose de pudeur est venue enfin, et depuis plusieurs années déjà (en 1838) ces loteries d'argent sont supprimées (1).

(1) On nous permettra bien d'ajouter ici quelques mots sur les loteries romaines. Les feuilles protestantes et philosophiques, qui s'occupent à démolir ce qu'elles peuvent des sentiments religieux, lançaient dernièrement, à propos des loteries qui se sont élevées en France, et qui ont été tolérées un moment, de grossières injures au gouvernement romain, qui a aussi des loteries. « Montrons, dit M. Dulac (*Univers*, 28 décembre 1850), montrons à ces austères moralistes, pour qui mettre à la loterie est un crime capital, qu'au mépris de toutes les règles de la morale vulgaire ils accusent ce qu'ils ne connaissent pas. La loterie existait depuis longtemps dans toutes les parties de l'Italie, lorsque les souverains pontifes consentirent à la permettre dans leurs États. Elle était établie à Naples, à Florence, à Milan, à Venise, partout, en un mot, et Rome résistait encore. Il en résultait que les Romains, ne pouvant mettre à la loterie chez eux, y mettaient dans les États voisins, et que peu à peu toute la richesse du pays s'écoulait par cette porte. Aucune mesure ne parvenait à arrêter les progrès du mal. Il fallait cependant y mettre un terme sous peine de ruine. Ce fut alors que le

HISTOIRE DE LA LOTERIE. 203

Ce qui est fort plaisant, c'est que les idées superstitieuses, qui s'attachent à tout, se sont liées à la loterie. On a consulté, pour tenter le sort dans la roue de la fortune, les jours heureux et malheureux, les accidents, les rencontres, les numéros ou chiffres présentés par le hasard. On a imaginé des prières expresses pour deviner un bon terne. On a surtout publié, sous le nom de Cagliostro et sous ceux d'autres charlatans, des livres qui donnent, comme on dit, la clef d'or. A côté de calculs incompréhensibles que présentent ces rêveries imprimées, on trouve l'explication des songes appliquée à l'art de s'enrichir par la loterie. Il est fâcheux que ces livres ne s'accordent pas, et que la bonne doctrine n'ait jamais été prouvée. L'un de ces ouvrages, par exemple, dit que, si l'on voit un pendu en songe, il faut prendre les numéros 17 et 71 ; mais un autre conseille 43, 69 et 80. Ici le rêve d'un bouc annonce les chiffres 10, 13 et 90 ; là ce sont les numéros 7, 42, 67 ; et ailleurs le terne 2, 44 et 76.

gouvernement pontifical se résigna à établir la loterie dans ses domaines. Ne pouvant empêcher ses sujets de jouer, il voulut que du moins leurs pertes ne devinssent pas une cause d'appauvrissement pour tout le royaume. Les règlements toujours en vigueur restreignirent d'ailleurs ce jeu dans des limites étroites, et enfin le fonds provenant de la loterie fut consacré tout entier à des œuvres de charité.

» Une constitution de Benoît XIV défend expressément d'en rien détourner dans un autre but. Pas un centime de ce revenu n'entre dans le trésor de l'État ; une administration spéciale est chargée de le recueillir et de l'employer. Il sert à doter chaque année des filles indigentes, à accroître les ressources des divers établissements de bienfaisance, etc., etc. De sorte qu'en définitive, prendre un billet à la loterie romaine, c'est donner son argent aux pauvres. Voilà ce que ces feuilles appellent de l'immoralité. Il est vrai que pour elles aumône aussi est immorale. »

Si vous avez rêvé chat, prenez 13 et 63; si vous avez rêvé chien, prenez 4, 12 et 60. Pour peu que ayez rêvé rat, vous ne gagnerez qu'avec 11, 39, 81. On peut ainsi trouver un bon terne dans les fumées d'une indigestion.

XVIII. — LE PREMIER CARILLON.

> Vous aurez de la musique;
> Peuples, soyez réjouis.
> GALLOT, l'*Orphée moderne*.

Alost, cette fraîche et gracieuse ville flamande qui possède aujourd'hui, selon les supputations des doctes de nos jours, douze à quinze mille habitants, fut autrefois plus considérable. Elle fut longtemps le chef-lieu d'un État souverain. Ses comtes, qui avaient aussi Grammont, régnaient sur cent soixante-deux villages. C'était beau. Et puis Alost se rappelait avec orgueil qu'elle avait été fondée par les Goths en 411; du moins elle le croyait; et les villes aiment à se vieillir, comme les femmes au contraire à se faire jeunes. Elle se souvenait de Philippe d'Alsace, qui, en 1175, avait réuni le comté d'Alost à la Flandre; elle n'oubliait pas la terrible année 1360, où un incendie avait dévoré ses maisons gothiques avec tant de violence que de Gand on en voyait les flammes. Elle était fière de sa fameuse devise de l'an 1200 : *Nec spe nec metu*, ce qui voulait dire qu'elle était inaccessible aux séductions comme à la crainte. Elle avait des murailles, et plusieurs fois elle avait soutenu des siéges.

Or, en l'année 1487, deux ans après la grande peste qui, en trois mois, lui avait enlevé douze cents habitants, il y avait dans Alost un fondeur de cloches qui demeurait dans la longue rue au Sel; il se nommait Barthélemy Koeck (1). Des célébrités, sans le compter lui-même, devaient sortir de sa famille ou s'y attacher. Sa sœur maternelle était mariée à Thierry Martens, celui qui avait introduit l'imprimerie dans les Pays-Bas. On a voulu contester cette illustration aux Flamands; on a dit que les brillants essais de cette industrie à Alost et à Louvain avaient été précédés par d'autres productions. Mais on ne l'a aucunement prouvé. Le tombeau de Martens est glorieusement placé dans la grande église d'Alost.

Le fils de Barthélemy Koeck, qui n'était alors qu'un enfant, montrait des dispositions précoces et semblait annoncer ce qu'il devait être un jour. Il devint architecte et peintre titré de Charles-Quint. Il a laissé des traités de géométrie, d'architecture et de perspective. Il ne mourut qu'en 1550; l'imprimeur était décédé en 1533, si je ne me trompe.

C'est vous dire qu'en 1487 Barthélemy le fondeur de cloches était marié.

Il paraît qu'il en était content. Il avait en effet une bonne femme, ce qui est bien moins rare qu'on ne dit. Sa femme, qui, s'il vous plaît, s'appelait Pharaïlde (on ne sait pas son nom de famille), était une femme gaie, vive et belle, et avec cela profondément

(1) On prononce Kouck.

et pieusement chrétienne. Elle avait de la poésie dans la tête; et, chose qui vous surprendra, son mari, tout fondeur qu'il était, se trouvait un cœur d'artiste. Le sentiment des arts, comme tous les sentiments, vous le savez, croît dans le cœur; l'esprit, qui est plus léger, se loge un peu plus haut — quoique notre ami Van Helmont, dont nous vous entretiendrons bientôt, ne salue que dans l'estomac ce qu'il appelle l'intelligence.

Un soir de septembre de l'année 1487, que Barthélemy n'était pas allé à l'estaminet (il y manquait assez souvent, sa femme sachant l'intéresser et le retenir au logis), après une honnête lecture, il buvait avec elle son pot de bonne bière de Gand. Je ne dirai pas qu'il fumait sa pipe; on ne se doutait probablement alors ni de l'existence ni de l'usage du tabac. Ce soir-là donc Barthélemy et Pharaïlde s'entretenaient ensemble.

— C'est beau et harmonieux ce que vous faites, dit la jeune femme; vos cloches ont un son argentin qui les fait rechercher dans tout le pays, et je suis aise rien que de les entendre sonner. Mais à votre place, avec des idées comme vous en avez, de l'imagination et du talent, je voudrais me faire un nom. Vos bonnes cloches, en effet, ne sont qu'un perfectionnement de ce qu'on faisait avant vous; il faudrait inventer.

— C'est ce que je me dis souvent, Pharaïlde. J'ai bien là-dessus quelque pensée; mais n'invente pas qui veut.

— Il faudrait songer au savant pape Sylvestre II,

qui imagina les horloges, à ce qu'on dit, ou bien à cet habile horloger de Courtrai dont le chef-d'œuvre a été emporté à Dijon, il y a cent ans, par feu Mgr Philippe le Hardi. Vous devriez, Barthélemy, vous rendre célèbre.

— Je le voudrais, dit le fondeur, en buvant un grand coup, d'un air méditatif; j'y ai bien réfléchi; mais je le répète, n'invente pas qui veut. On a trouvé les horloges; on dit même qu'elles sont plus anciennes que nous ne croyons. Je cherche à produire dans les choses de ma profession. Les cloches sont un superbe instrument, quand on les entend de loin et qu'elles sont trois ou quatre, avec des timbres variés. Je puis bien une chose; je l'ai calculée : c'est une gamme de cloches. Ayant mes huit notes, je jouerai ainsi quelques airs. Mais il me faudrait quatre ou cinq octaves. Alors ce serait magnifique : une musique pour toute une ville, un concert pour tout un peuple, une harmonie qui descendrait des airs, qu'on entendrait à toutes les fenêtres, qui entrerait par toutes les portes, qui répandrait ses sons à profusion dans tous les carrefours, qui emplirait un espace immense. Oui, je réjouirais les cœurs tristes; les vieillards et les enfants m'applaudiraient en cadence : ce serait beau, et je puis le faire. Mais pour jouer des airs sur toutes ces cloches, il me faut deux mains par octave, il me faut un large emplacement : où le prendre ?

— Mais si vous allez ainsi, à mains d'hommes, dit Pharaïlde, votre musique sera une rareté. Il faudrait qu'on en pût jouir à toutes les heures; ne pourriez-vous, comme aux horloges, inventer une mécanique qui fît sonner toutes vos cloches?

— Assurément; si une force quelconque agitait les battants, on le pourrait. Voyons : les tons ou les notes seront formés par les timbres variés de mes cloches, dont les diamètres suivront le diapason. Je me tirerai de là. N'ayant pas besoin d'hommes pour les faire jouer, je puis les placer toutes, au nombre de trente-deux, dans un clocher; je disposerai au-dessous un tambour, un cylindre, où je marquerai les notes par des chevilles; ces chevilles toucheront une petite bascule qui tirera un fil de fer, et le fil de fer fera produire un son par un marteau ou par un battant. C'est possible, mais comment modérer le mouvement du cylindre?

— Par un rouage, comme dans les horloges.

— Et comment faire tourner le tambour?

— Vous avez tout trouvé, mon ami, et vous êtes embarrassé pour si peu de chose! Il y a une horloge dans le beffroi d'Alost; placez vos cloches au-dessus avec leur cylindre, et faites-le tourner par le mécanique qui sonne les heures.

— Parfaitement! s'écria le fondeur, et tout est fait. Dans trois mois, Pharaïlde, vous entendrez cette musique. Je veux être splendide, je veux être généreux, je veux la prodiguer; je veux qu'elle joue à toutes les heures, à toutes les demi-heures, et que mon nom vive dans le monde!...

Trois mois après, le jour de Noël de ladite année 1487, c'était confusion joyeuse et liesse publique dans toute la bonne ville d'Alost. Durant les cinq minutes qui précédèrent minuit, l'heure bénie, l'heure sainte de ce grand jour si gracieusement beau, de ce jour qui a relevé le monde, durant ces cinq minutes, les bourgeois, émerveillés déjà des douces solennités de la messe, la plus suave de l'année, entendirent une musique nouvelle, inouïe, inconnue, qui, en effet, venait des airs en sons argentés. Les endormis se réveillèrent, et bientôt les sons se reprenant de demi-heure en demi-heure, toute la ville fut doublement en fête. — Depuis ce jour, le beffroi d'Alost n'a pas interrompu ce concert gratuit, qu'il donne à la cité.

Le bruit de cette nouveauté se répandit. De toutes les contrées il vint des curieux qui ne comprirent pas d'abord ce prodige, qui ensuite l'admirèrent, et qui visitèrent avec honneur le fondeur de la longue rue au Sel. Les cités lui commandèrent des machines comme celle d'Alost ; il y fit rapidement une haute fortune. Elles jouaient dans le principe des quadrilles ; on les appela quadrillons, et par adoucissement *carillons*. Il y en eut en peu de temps par toute la Flandre belge, la Flandre française, l'Artois et dans quelques villes de la Picardie ; mais, chose étonnante ! cette musique naïve et populaire n'alla guère plus loin. Le carillon de Dijon fut pris en Flandre. Paris n'en avait qu'un, celui de la Samaritaine ; on l'a détruit. Heureusement que la tour de Saint-Germain d'Auxerre nous en rend un autre. La plupart des villes du Nord en possèdent encore. Vous avez entendu parler du carillon de Dunkerque ; celui de la grande église d'Anvers est composé de quatre-vingt-dix-neuf cloches. Gand s'anime de ses carillons. Les Français ne peuvent pas ne pas aimer la musique (1)...

(1) Nous empruntons la note intéressante qu'on va lire à M. Fétis, qui l'a publiée dans la *Gazette musicale* :

« Un journal annonçait il y a quelque temps l'ouverture d'un concours pour une place de carillonneur dans une petite ville de la Belgique. Peu de personnes savent en France ce que c'est qu'un carillon; et, dans les Pays-Bas mêmes, où l'on rencontre bon nombre de ces instruments à grosse sonnerie, leur mécanisme est à peu près un mystère pour tout le monde. On ne considère un carillon que comme l'accompagnement obligé d'une horloge publique, et l'habitude d'entendre le jeu de timbre d'heure en heure, ou même à des intervalles plus rapprochés, fait qu'on ne comprend pas facilement quelles peuvent être les fonctions d'un carillonneur. Pourtant il est des époques où le carillon vient frapper l'oreille des habitants de certaines villes par des traits et des accords inaccoutumés. Ce n'est plus l'air banal de l'heure, de la demi-heure et du quart; ce sont des mélodies plus ou moins gracieuses, des passages plus ou moins rapides et brillants, une harmonie plus ou moins nourrie et régulière, selon le degré d'habileté de l'artiste qui fait résonner les cloches : car il ne s'agit plus là du jeu mécanique d'un cylindre ; c'est un musicien, un harmoniste qui se charge dans ces solennités de mettre en branle la sonnerie, et qui fait du Mozart et du Rossini à coups de poing et à coups de pied; art fort difficile et qui n'exige pas moins d'imagination et de dextérité que de force physique.

» Je ne parlerai pas ici de l'usage des cloches et de la construction des carillons; j'ajouterai seulement que le premier carillon fut construit à Alost en 1487. Quant à l'art de jouer de ces instruments gigantesques, je crois devoir donner ici des détails qui, j'espère, ne seront pas sans intérêt.

» Le défaut essentiel de l'emploi des cloches dans la musique est la prolongation des sons, qui jette de la confusion dans l'harmonie. Ce défaut s'affaiblit lorsqu'on les entend à une certaine distance; cependant la résonnance n'étant pas égale entre toutes les cloches, il en résulte presque toujours que quelque note a une force d'intensité que n'ont point les autres, ce qui fait que cette note domine à peu près comme certaines notes du serpent dans le chant de l'église, et qu'elle détruit, ou du moins affaiblit l'effet de la mélodie et de l'harmonie. *C'est une sotte musique que la musique des cloches*, dit J.-J. Rousseau dans l'article *Carillon* de son *Dictionnaire de musique!* Il y a

XIX. — LA PERRUQUE DE PHILIPPE LE BON.

> Absalon, pendu par la nuque,
> Est fait pour vous toucher le cœur.
> Il eût évité ce malheur,
> Hélas! s'il eût porté perruque.
>
> (*Vieux quatrain.*)

Quoique les savants fassent venir le mot perruque de *barruch*, qui signifie en irlandais chevelure élevée, quelque vérité dans cette phrase; cependant j'ai entendu quelques carillons qui, par l'égalité et l'éclat de leurs timbres, pouvaient faire éprouver du plaisir même à une oreille exercée, et deux carillonneurs m'ont fait comprendre que le talent peut tirer parti des instruments les plus ingrats et triompher des plus grandes difficultés.

» Le premier de ces artistes était un célèbre organiste et carillonneur d'Amsterdam, dont l'éloge a été fait par Burney dans la relation de son voyage musical en Allemagne et dans les Pays-Bas. Ce musicien se nommait Pothof. Il est, je crois, le premier, peut-être même est-il le seul, qui ait écrit des pièces pour le carillon. Le hasard a fait tomber entre mes mains un recueil manuscrit de ces compositions; j'avoue qu'elles m'ont causé autant d'étonnement que de plaisir. Toutes ces pièces sont écrites à trois parties: l'harmonie en est très-pure, remplie d'imitations, de canons, de fugues dont la difficulté serait grande sur un clavier ordinaire, et qu'on serait tenté de croire inexécutables sur celui d'un carillon; on y trouve de jolies mélodies, variées par des traits rapides qui exigent une prodigieuse agilité des poignets et des pieds.

» J'ai entendu l'autre carillonneur dont je viens de parler; il était de Saint-Omer et s'appelait Rodin. Je ne crois pas qu'il ait rien écrit; il improvisait toujours, et c'était avec une verve, un bonheur d'inspiration qu'on serait tenté de croire incompatible avec le travail mécanique si fatigant de l'art de jouer du carillon. C'était aussi à trois parties réelles qu'il traitait l'harmonie de ses improvisations; et souvent il s'engageait dans des modulations piquantes qu'il savait préparer, en ne frappant qu'avec légèreté les notes du ton qu'il quittait, pour qu'elles ne se prolongeassent pas sur le ton nouveau où il entrait.

» Il ne suffit pas d'entendre un carillonneur pour se faire une idée juste de son mérite et des difficultés de son art; il faut aussi le voir se comme était, par exemple, celle d'Absalon, nous pourrions nous contenter modestement du vieux mot wallon perrique ou perruque, en usage dès le douzième siècle pour exprimer une chevelure abondante, si nous ne savions que les perruques, inventées à Bruges, doivent leur nom au mot flamand composé *perruych,* qui veut dire plant de cheveux ou de poils.

Mais ce n'est que sous Louis XIV, quand la mode des perruques est devenue générale, que ce mot a exprimé seul, en français, une chevelure d'emprunt. On disait auparavant une perruque pour exprimer des cheveux naturels, et une fausse perruque pour exprimer l'ornement de tête longtemps appelé *calvarienne,* parce qu'il couvrait les têtes chauves.

Quel que soit le nom qu'on ait donné aux per-

livrer à son pénible exercice. Deux claviers sont placés devant lui : le premier est destiné aux mains pour y exécuter les parties supérieures; l'autre, qui doit être joué par les pieds, appartient à la basse. De gros fils de fer partent de toutes les cloches et viennent aboutir à l'extrémité inférieure de chaque touche de ces claviers. Ces touches ont la forme de grosses chevilles, que le carillonneur fait baisser en les frappant avec le poing ou le pied. L'artiste est assis sur un siége assez élevé pour que ses pieds ne posent point à terre, afin qu'ils tombent d'aplomb et avec force sur les touches qui appartiennent aux grosses cloches.

» Le poids de ces cloches exige une force musculaire peu commune pour les mettre en mouvement. Telle est la violence de l'exercice des deux bras et des deux pieds, qu'il serait impossible à l'artiste de conserver tous ses vêtements. Il ôte son habit, trousse ses manches, et, malgré ces précautions, la sueur ruisselle bientôt sur tout son corps. La rigueur de ses fonctions l'oblige quelquefois à continuer cette rude gymnastique pendant une heure; mais ce n'est jamais qu'avec la plus grande peine qu'il arrive jusqu'au bout. Il est rare aussi qu'un carillonneur ne soit pas obligé de se mettre au lit après avoir accompli cette longue et difficile tâche, et peut-être ne trouverait-on pas un seul homme en état de la remplir, si les occasions où il faut s'y soumettre n'étaient assez rares. »

ruques chez les anciens, *trichôma* chez les Grecs, *capillamentum* chez les Latins (1), etc., il est certain qu'elles remontent très-loin. Les Mèdes, les Perses, les Grecs, tous les Asiatiques en connaissaient l'usage. On voit dans les *Économiques* d'Aristote que Candaule, ministre du roi Mausole, mit un impôt sur les fausses chevelures que les Lyciens aimaient à porter.

Mais si les anciens avaient des perruques, elles ne ressemblaient pas à ce que nous voyons aujourd'hui de si parfait sous ce nom; et, pour parler convenablement, la perruque n'était pas inventée. Ce que nous appelons perruque n'était chez eux composé que de cheveux peints et collés ensemble. Les acteurs de théâtre se servaient de chevelures postiches très-grossières, souvent en crin de cheval, et presque toujours peintes en blond; car on aima longtemps cette couleur. Jusqu'au quinzième siècle, les perruques les plus estimées étaient en laine peinte et bien peignée, lorsqu'un accident fit faire en Europe un grand pas à l'art de la coiffure.

(1) Ils appelaient corymbion la perruque de femme. On voit dans l'*Art d'aimer* d'Ovide que les dames romaines portaient des perruques :

Femina procedit densissima crinibus emptis,
Proque suis alios efficit ære suos.

Properce, qui était contemporain d'Ovide, n'aimait pas les perruques, et il fait de grandes imprécations contre les filles qui en portent, comme on le voit dans ce distique de son Élégie à Cynthie :

Illi sub terris fiant mala multa puellæ,
Quæ mentita suas vestit inepta comas.

Pétrone, à peu près au milieu de sa satire, raconte que la servante de Triphène mena Gyton au fond du vaisseau sur lequel ils faisaient voyage et lui mit sur la tête la perruque de sa maîtresse : *Ancilla Triphœnæ Gytona in partem navis inferiorem ducit, corymbioque dominæ pueri adornat caput.*

Une maladie grave, qui frappa Philippe le Bon dans son palais de Bruges, eut pour résultat cruel, quoiqu'il fût encore jeune, de faire tomber tous ses cheveux.

Lorsque le Prince se releva guéri, au milieu de sa cour brillante, il rougit d'autant plus de se montrer chauve, que la calvitie lui allait fort mal et qu'il n'y avait pas un seul chauve à sa cour. On sait que cette dénudation est fort rare dans le Nord. Il s'affligea de passer sitôt pour un vieillard ; il craignait les rhumes moins que les quolibets ; il se désolait de la nécessité où l'avait mis sa maladie de ne plus offrir sa tête qu'enveloppée d'un bonnet de malade. On eut beau imaginer des toques ornées, rien ne remplace une belle chevelure : il se trouvait laid et mal à son aise sous les calvariennes peintes, en crin, en laine, en cheveux collés, qu'on lui apportait. Ce fut à la cour du plus riche souverain de l'époque une grande et importante affaire. On tint bien des conseils à ce sujet. Le turban seul pouvait coiffer décemment sans chevelure ; et le turban, symbole des nations infidèles, était tout à fait réprouvé. Philippe en essaya pourtant ; mais, avec cette coiffure, comme avec toute autre, sans cheveux et sans barbe, malgré ses sourcils coloriés, il se trouvait avec chagrin la mine confite d'une laide vieille.

On craignait donc pour la santé du Prince, bien qu'on lui répétât qu'il était beau, charmant, que sa tête chauve lui allait à ravir, bien que les courtisans s'arrachassent les cheveux à poignées pour lui être agréables : il avait malheureusement du bon sens et des yeux. On ne sait ce qui serait advenu, si un Brugeois industrieux, après quelques mois de travaux et d'études sur une tête de bois, n'eût pas imaginé un réseau, tissu croisé, adapté à la forme du crâne, et façonné point à point comme les élégantes dentelles qu'il avait vu faire à sa femme. Dans chaque maille de ce tissu, il fixa des cheveux préparés, de la couleur de ceux du Prince, et quand sa tête de bois en fut abondamment couverte, il les peigna, les tailla, les frisa. Il admira bientôt son ouvrage : il avait égalé la nature.

Joyeux et triomphant, il demanda à Philippe le Bon une audience. Il présenta son chef-d'œuvre. Le duc de Bourgogne, émerveillé, se retrouva sous la coiffure imaginée par le bonhomme comme il s'était vu avant sa maladie. Il embrassa presque l'industriel, et la première perruque fut payée cent fois son poids d'or.

Une invention si merveilleuse fit aussitôt à la cour la plus grande sensation. Tous les courtisans applaudirent ; décidés à flatter leur prince, cinq cents gentilshommes se rasèrent les cheveux et portèrent perruque. L'inventeur avait été obligé de former un atelier qui ne pouvait suffire aux demandes. Philippe le Bon, redevenu joyeux et vivace, donna une fête où les cinq cents courtisans tondus dansèrent avec leurs perruques, et la mode s'empara de cette précieuse découverte : ceux qui avaient de laides chevelures, des chevelures carotte, des chevelures plates, des chevelures roides, des chevelures ternes ou verdâtres, saisirent l'occasion et s'embellirent ; ce fut un progrès, comme on dit de notre temps.

Mais une belle perruque était chère; longtemps on n'en vit pas hors des États du duc de Bourgogne; lorsque, cent ans plus tard, François Ier, roi de France, dans une partie nocturne, ayant reçu par une fenêtre un tison enflammé qui lui tomba sur la tête, fut obligé de se la faire raser, il ne trouva pas à Paris un perruquier qui pût lui rendre le service si vivement apprécié par Philippe le Bon; et il ne put cacher son accident qu'au moyen d'une petite toque qu'il porta constamment depuis sur l'oreille.

Jusqu'en 1620, on ne sut généralement faire en France que de larges calottes noires, autour desquelles on cousait quelques cheveux qu'on faisait friser quand on le pouvait. L'abbé de la Rivière alors importa chez nous les perruques brugeoises. On les fit en crin, et si vastes qu'elles pesaient deux ou trois livres et coûtaient mille écus. Louis XIV, Boileau, Racine, dans tous leurs portraits sont coiffés de ces perruques démesurées. Louis XIV les avait demandées ainsi pour rappeler les rois chevelus de la première dynastie des Francs. En 1680 on imagina le crêpé, qui, faisant paraître les perruques bien garnies, quoique légères et peu fournies de poils, permit de les faire en cheveux. Depuis, la perruque a suivi les modes : on l'a vue longue et large, frisée, crêpée, poudrée, à boudins, à rouleaux, à oreilles, à marteaux, à bourse, à crapaud, à une queue, à deux queues, à catacoua, à ailes de pigeon. On l'a vue sur toutes les têtes. On fait maintenant les perruques mieux que jamais; nous n'en devons pas moins reconnaître que c'est à la ville de Bruges qu'on en est redevable.

L'abbé Thiers a publié un livre curieux et savant intitulé *Histoire des perruques*. Un autre amateur en a fait l'*éloge* dans un volume de trois à quatre cents pages. Les perruquiers autrefois formaient des confréries et maîtrises qui ne manquaient pas d'importance; ils avaient saint Louis pour patron et jouissaient du droit de porter l'épée. Leur dignité a déchu depuis qu'on se coiffe à la Titus. M. Scribe a tiré de cette révolution son vaudeville du *Coiffeur et du Perruquier*.

Peut-être ne serait-il pas hors de propos de finir cette note en indiquant sommairement la manière de faire une perruque. Les cheveux doivent être pris et coupés sur une tête saine et vivante. Après qu'on les a étendus à l'aide d'un séran fin, comme pour le peignage de la laine, on les classe par longueur; on les roule sur de petits rondins de bois longs de trois pouces; on les fait bouillir cinq heures dans de l'eau de rivière; on les sèche à air chaud; ensuite, on les fait cuire dans un pâté de gruau, qu'on laisse trois heures au four; ils doivent refroidir lentement.

Cette préparation terminée, on tresse les cheveux, c'est-à-dire qu'on les monte brin à brin sur trois soies bien tendues; et alors ces bandes, qui ressemblent à des franges, sont cousues sur un filet auquel on a donné la forme de la tête. C'est cet assemblage, fait avec goût et avec art, selon la mode adoptée, qui constitue ce qu'on nomme une perruque (1).

(1) Voici sur les perruques une petite anecdote : « Dans le temps des guerres du Canada, un officier français tomba entre les mains des Iro-

XX. — LE DOCTEUR VAN HELMONT.

> Puisque votre santé est dans mes mains, si vous ne m'octroyez licence d'y mettre le prix que je veux, gardez votre vieille maladie et me laissez.
> *La farce du médecin et de l'hypocondre.*

Le 22 septembre 1619, à six heures du soir, une cohue d'hommes graves encombrait la porte verte d'une maison de bonne mine, dans la petite rue au Beurre, à Bruxelles. Ces hommes graves étaient les doyens des neuf nations, qui venaient consulter, sur l'état scabreux des choses, un de leurs collègues retenu chez lui et malade, disait-on.

Ce malade était Nicolas Botterman, homme riche et turbulent; ce qui ne s'accorde guère. Car que voulait-il? Mais il voulait de la popularité; et il y a des gens qui dînent mieux lorsqu'ils peuvent se gonfler quelque peu. Botterman s'était agrégé aux éperonniers, pour être un de leurs doyens et faire sa part de bruit dans la ville. A ses yeux la ville était le monde. — Il était donc malade.

Pendant que le tiers au moins des cent quarante-huit doyens représentant les métiers de Bruxelles, enrégimentés en nations ou quartiers, pénétraient

---

quois. L'habitude de ces sauvages est, comme on sait, d'enlever la chevelure à leurs prisonniers. Leur étonnement ne fut pas petit quand ils virent l'Européen, auquel ils allaient faire cette opération, détacher de lui-même sa chevelure, la saisir par la queue et les foudroyer avec cette arme d'un nouveau genre. On ne disputa pas le passage à ce sorcier, qui n'eût pas conservé sa tête s'il n'eût pas porté de perruque. » (M. Arnauld, de l'Académie française.)

avec dignité dans la vaste chambre où il reposait sur un grand lit, sa fille Hélène, qui avait remarqué le dernier de la troupe, vit avec plaisir qu'il ne suivait pas le flot, mais qu'il revenait à elle dans le petit salon d'entrée, où ils se trouvèrent seuls.

— Que dit-on de l'opposition des doyens? demanda Hélène avec ce naïf embarras des jeunes filles qui entament toujours un entretien délicat par des choses générales. N'êtes-vous pas inquiet, Jean Bleeck?

— Je le serais sans doute si j'en avais le temps, répondit le jeune homme. Mais dois-je penser à autre chose, quand je puis penser à vous, quand mes espérances sont si fragiles? Votre père me repousse donc toujours?

— Hélas! prenez patience; nous sommes bien jeunes encore; et vous savez que je vous suis dévouée. Votre état de mercier n'est pas ce qui lui déplaît; mais il ne vous trouve pas assez riche. Il voudrait que j'épousasse son ami Jérôme de Potter.

— Le doyen! Il aura bientôt trois fois votre âge. C'est un ambitieux comme tous les de Potter, un homme qui vous sacrifierait aux affaires publiques.

— Ne craignez rien, Jean; vous avez ma promesse; mon père s'adoucira. En ce moment je ne dois m'occuper que de lui, car il est fort malade.

— Est-ce qu'il l'est sérieusement? demanda avec intérêt l'honnête Jean Bleeck.

— D'autant plus sérieusement qu'il est soigné par un très-mauvais vieux médecin, qui tue tous ses malades suivant l'ancienne méthode. Toutefois c'est le docteur populaire, et mon père le consulte pour faire sa cour aux bonnes gens. Il a une fièvre violente, accompagnée de frissons et de crachements de sang.

— Mais vous m'effrayez, Hélène; il faut y prendre garde. S'il a ces symptômes compliqués, vous devez user de toute votre influence sur lui pour l'engager à faire venir de Vilvorde le savant docteur Van Helmont. Ou ce jeune docteur est le premier médecin du monde, ou il a la main bien habile; car je l'ai toujours vu guérir.

— Je vous remercie, Jean; et je vais de tous mes efforts préparer mon père à recevoir Van Helmont. Mais on dit qu'il ne suit en rien la médecine des autres.

— C'est pour cela qu'il guérit.

— Bonsoir, excusez-moi; j'entends la voix de mon père; je crains qu'on ne le fasse trop parler.

Et la jeune fille fendit la presse des doyens pour se rapprocher du lit de son père, à qui elle présenta de l'eau et du miel. Botterman, qui aimait sa santé, n'ouvrait pas trop la bouche; mais il écoutait avec attention les discussions animées de ses visiteurs, attendant qu'ils eussent vidé leurs différends pour donner son avis.

Bruxelles, en ce moment, n'était pas dans son assiette ordinaire. Des troubles, que les historiens n'ont pas indiqués, agitaient alors la capitale; ces désordres, sous les prétextes de libertés et de franchises, n'avaient pour cause réelle que les vaniteuses prétentions des chefs de l'administration communale;

ils devaient amener les résultats ordinaires, une diminution de priviléges.

On a dit que les chartes de communes, les libertés et les droits dans le passé avaient été conquis par l'agitation et la révolte; on a même fait là-dessus de belles phrases; on a écrit avec pompe qu'il fallait précieusement garder ce qui avait coûté à nos pères tant d'efforts et de combats, ce qui avait été arrosé de pleurs et de sang. Il est résulté d'un tel pathos cet axiome : C'est dans le sang que naît la liberté!

— Mais ce sont là de grandes erreurs et de grands mensonges, que tous les faits démentent. Les Flamands, par exemple, n'ont jamais obtenu plus de priviléges que sous Philippe d'Alsace, qu'ils ont toujours parfaitement secondé, et jamais ils n'ont subi plus d'entraves et d'impôts que sous les princes contre lesquels ils ont élevé des séditions.

Cette thèse ferait le sujet d'un livre; et nous sommes ici dominé par un fait qu'il faut raconter.

Bruxelles avait donc brouillé les cartes sous des princes dont le beau règne ne sera jamais oublié, Albert et Isabelle. La cause du tumulte était dans ce fait que tout le monde voulait être doyen.

Il y en avait, comme nous avons dit, cent quarante-huit, nommés par les métiers.

Pour représenter plus complétement le troisième membre des États, ils adjoignaient un nombre égal d'anciens doyens hors d'exercice, choisis parmi les plus expérimentés, ce qui formait une assemblée assez respectable de deux cent quatre-vingt-seize délibérants. Pourtant, on se rappela qu'autrefois ceux qui avaient été doyens faisaient toujours indistinctement partie de ces réunions, lesquelles s'élevaient ainsi à sept ou huit cents personnes. Marguerite d'Autriche, en 1528, avait restreint ce nombre illimité au chiffre fixé de deux cent quatre-vingt-seize; Charles-Quint, en 1546, et le prince de Parme, en 1583, avaient maintenu cette restriction. Mais des jours de paix étaient venus; de tels jours rendent les citadins plus audacieux. On vivait sous des princes doux et bons; les amateurs de dignités crurent l'occasion belle pour réclamer le rétablissement de l'état de choses qui avait existé trente ans en deçà.

Les deux cent quatre-vingt-seize doyens, convenablement travaillés, refusèrent leur consentement à la levée des aides, accordée par les deux premiers membres des États, savoir les prélats et les nobles; ils déclarèrent que ce refus subsisterait jusqu'à ce qu'on eût rendu les anciens priviléges.

Quand on a fait le premier pas dans les émeutes, on ne marche plus, on est entraîné. Pour cimenter leur refus et pour y compromettre le populaire, les doyens ordonnèrent aux cabaretiers de défalquer du prix de la bière qu'ils vendaient le montant des droits qu'on ne payait plus.

Albert et Isabelle, surpris d'un tel début, nommèrent, pour examiner l'importance des priviléges réclamés, une junte ou jointe (assemblée ou réunion), composée du chancelier Pecchius, du seigneur de Robiano et de quelques autres. C'était au mois de juin 1619. Les doyens, sans écouter la junte, envoyèrent au château de Mariemont, résidence d'affection des Archiducs, une députation chargée de présenter leur demande, à laquelle ils avaient ajouté de nouvelles prétentions, qui se grossissaient de jour en jour. Tous les articles de cette réclamation irrégulière furent rejetés.

Le chancelier Pecchius, qui était aimé parce qu'il allait familièrement avec les bourgeois dans les estaminets, harangua vainement les doyens à plusieurs reprises; vainement, dans une audience qu'il leur donna, l'archiduc Albert parla avec bienveillance; en dépit des efforts conciliants de la junte et des désirs de la partie saine des bourgeois, les doyens s'obstinèrent, et la ville devint à ce sujet si remuante, que, le 19 septembre, Albert et Isabelle firent savoir au magistrat de Bruxelles qu'ils venaient, à leur grand regret, de donner l'ordre au marquis de Spinola d'occuper la capitale avec cinq compagnies allemandes et trois compagnies wallonnes.

A cette nouvelle, on s'était ému; il fallait recevoir et loger les soldats; et, quoiqu'on sût que les troupes de Spinola observaient une grande discipline, c'était un châtiment. Le lendemain, les doyens assemblés avaient subitement consenti la levée des aides et s'étaient soumis; ils avaient sur-le-champ expédié de nouveaux députés aux Archiducs. Albert, refusant de les recevoir, les avait renvoyés à Spinola, qui avait ses instructions. — C'était ce résultat que les doyens venaient annoncer à Botterman, à lui, l'un des principaux chauffeurs de l'opposition. Ils lui demandaient son avis.

— Je suis malade et je ne puis parler, répondit-il. Empêchez seulement qu'on me donne des soldats à loger...

Et il se renfonça sous ses couvertures.

Ses collègues, n'en pouvant tirer autre chose, défilèrent peu contents. Jean Bleek, qui était venu avec eux, sortit en leur compagnie, triste de ne pas revoir encore Hélène, qu'il honorait comme sa fiancée.

— Mon père, dit la jeune fille à Botterman dès qu'elle le vit calme, votre vieux médecin s'est fort compromis en ces menées qu'on a faites ; et vous voyez qu'il ne vous soulage point. Ne feriez-vous pas bien de consulter un docteur habile, fort estimé aussi de Leurs Altesses, le savant Van Helmont ?...

— Voilà une bonne et sage idée ! répliqua le patient, qui commençait à avoir peur. Il faut le mander demain matin, car je suis très-souffrant.

Charmée d'un succès si prompt, Hélène se hâta d'envoyer sa servante à la découverte d'un commissionnaire courageux ; car on disait que l'armée de Spinola entourait déjà Bruxelles et que les chemins étaient interceptés. C'était une exagération, à l'aide de laquelle le commissionnaire se fit payer triplement pour aller le lendemain matin à Vilvorde.

Cependant, le lendemain matin, 23 septembre 1619, Spinola se présentait à la tête de ses troupes devant la porte de Schaerbeck.

Il entra sans opposition ; et, sûr de ses soldats, à qui il ne permettait nul excès, il ordonna au magistrat d'en placer dix à la charge de chaque doyen et d'informer immédiatement sur les auteurs des troubles.

Pendant que la queue de l'armée défilait sous la porte de Schaerbeck, un petit homme à cheval entrait à Bruxelles par la porte de Laeken, et se rendait au logis de Botterman, où il arriva en même temps que les dix soldats qui devaient y prendre gîte. C'était Van Helmont.

Ce jeune savant, l'une des gloires du Brabant, avait alors trente-deux ans et marchait à grands pas dans la carrière de la science qu'il devait illustrer. L'un des plus grands chimistes modernes, il fit des découvertes dont plus d'un pillard a voulu ensuite s'attribuer les honneurs; il enrichit de ses lumières la médecine et la chimie. C'est lui qui donna à ces fluides que les savants appelaient encore des *esprits* leur nom de *gaz* et qui en établit les notions. C'est à lui qu'on doit les premières idées positives du magnétisme animal; c'est dans le *De magneticâ vulnerum curatione* de Van Helmont que Mesmer a trouvé les germes de sa renommée, qu'il mérita du reste plus que ne croit le vulgaire. Guillaume Austin et d'autres ne sont pareillement que des spoliateurs heureux du médecin des Archiducs.

Partisan de Paracelse, dont il n'adopta pas les bévues, Van Helmont repoussa dans sa méthode le système de Galien et mit un terme aux saignées, qui étaient, sous Albert et Isabelle, le fléau universel, comme les sangsues, de nos jours, sous le règne de Broussais (en médecine). Éclairé par ses travaux chimiques, il fit une révolution dans la pharmacopée; et ses remèdes eurent d'autant plus de succès qu'ils amenaient de nombreuses guérisons. On trouve même dans ses applications toute l'idée de la médecine homœopathique, dont l'habile Hahnemann n'a fait que régler la doctrine. Cette voie nouvelle subit au dix-septième siècle les contradictions que nous lui voyons supporter aujourd'hui, parce qu'elle dérangeait les routines des pharmaciens, gens plus importants qu'on ne croit. Nous ne pouvons ici trancher la question entre les allopathes et les homœopathes; toujours est-il vrai que l'homœopathie a guéri sous nos yeux des malades que les vieilles méthodes laissaient mourir.

Passionné pour la chimie, Van Helmont vivait beaucoup devant ses fourneaux; il prenait le titre de *philosophe par le feu.*

— « Il ne faut pas compter le feu parmi les élé-
» ments, disait-il; on ne voit pas qu'il ait été créé.
» Le feu a été destiné à détruire et non à engen-
» drer. »

Mais avec ce dissolvant il fit de grandes choses.

Il adoptait cette doctrine de Thalès : « Que l'eau
» est l'unique cause matérielle des choses, et que
» tous les corps peuvent s'y réduire comme à une
» matière dernière »; raisonnement qu'il modifierait un peu, s'il revenait de nos jours.

Il établit sur la digestion tout ce que Spallanzani n'a fait que démontrer par des expériences.

Ses recherches sur le sommeil, sur les rêves et sur le sonnambulisme n'ont rien perdu de leur intérêt. Comme physiologiste et comme philosophe, ce grand homme devrait être plus étudié. Il plaçait l'intelligence dans l'estomac; et je ne sais trop si on a bien combattu ses raisons. A travers toutes ces hautes perceptions qui relèvent ses livres, on trouve toujours l'homme religieux, combattant l'athéisme et le matérialisme par des faits péremptoires.

Tel était l'éminent personnage qui venait traiter Botterman.

En entrant il fut reçu par Hélène.

— Si je quitte mes fourneaux pour visiter votre père, mademoiselle, dit-il, apprenez que je viens à cause de vous. Je sais que votre main est recherchée par Jean Bleek, qui est mon ami. Faisons-nous bientôt les noces?

— Oh! pas sitôt, monsieur le docteur, il faut d'abord que mon père soit guéri; et puis il faut qu'il consente.

— Est-ce qu'il se refuserait à votre mariage?

— Il trouve Jean Bleek un trop petit parti pour son ambition.

— Je reconnais bien là un enrichi, dit le docteur entre ses dents. Nous y aviserons.

Et il fut introduit près du malade. La situation de Botterman était tellement aggravée depuis la veille, ou par le cours naturel du mal, ou par la peur, que Van Helmont commença par écrire au bourgmestre Gilles de Busleyden pour le prier d'ôter au doyen ses dix soldats, à raison de sa maladie très-grave; ce qui lui fut accordé.

Il examinait pendant ce temps-là le patient émerveillé.

— Vous avez la poitrine prise, lui dit-il enfin; votre respiration s'altère de plus en plus; les frissons vous rongent, et le crachement de sang s'augmente au lieu de se calmer. Il est heureux sans doute que vous m'ayez mandé; car seul peut-être je puis vous guérir. Vous étiez traité tout de travers, tellement que si je n'étais pas là, vous n'auriez pas trois jours à vivre...

Le malade devint pâle comme un mort.

— Ne vous troublez pas, reprit Van Helmont. Dans trois jours au contraire vous serez guéri. Mais votre vie dépend de moi. Vous êtes fort riche; si, avec l'aide de Dieu, je vous rends la santé, que me donnerez-vous?

— Oh! fixez vous-même la somme, balbutia Botterman; je ne marchanderai pas. Hélas! si je vous eusse consulté plus tôt, j'aurais pu fuir, comme d'autres ont fait sans doute; je tremble entre deux frayeurs...

— Pour votre part dans les troubles, dit le médecin, soyez sans crainte. Nos princes sont débonnaires. Occupons-nous de votre maladie. Je ne vous demanderai pas la moitié de votre fortune, ni même le quart; mais j'exige cent mille florins pour arrondir la position de Jean Bleeck, que vous accepterez alors pour gendre : à moins que vous ne consentiez à le prendre tel qu'il est et à lui donner votre fille.

— C'est une conspiration, répondit le malade, contre mon ami Jérôme de Potter, à qui j'ai promis Hélène. Je n'y consentirai pas!

— Je vais à ma maison de Bruxelles préparer les remèdes qu'il vous faut, dit froidement Van Helmont.

Je reviendrai dans deux heures entendre votre réponse.

Lorsqu'il fut parti, il se fit un grand combat dans la tête de Botterman, entre l'amour de la vie et l'amour de l'argent. Les douleurs, qui croissaient, donnèrent gain de cause au premier sentiment.

Quand le docteur revint, il était accompagné d'un jeune homme qu'il laissa à la porte.

— Je me rends, dit le malade; mais hâtez-vous de me guérir. Puisque ma fille est éprise de Jean Bleeck, je ne veux pas froisser ses préférences. Je lui donne deux cent mille florins pour dot, et je les unirai le jour où je serai hors de danger.

Le jeune homme resté à la porte entra aussitôt et mit un genou en terre pour remercier, dans son effusion, le patient et le médecin. C'était Jean. Il s'établit de ce moment garde-malade avec Hélène.

Van Helmont présenta le premier remède; c'était une drachme de sang de bouc réduite en poudre, laquelle arrêta le crachement de sang. Une dose de raclure de pénis de cerf, administrée le soir, rétablit la respiration et chassa les frissons. Il ne restait le lendemain que la fièvre, accompagnée d'une vive douleur de rate. Van Helmont emporta ces derniers symptômes avec un verre de vin dans lequel il avait fait bouillir des yeux d'écrevisses. Remèdes singuliers, dira-t-on; mais valent-ils moins que ceux d'aujourd'hui, qui ne sont pas moins bizarres!

Le fait est que le quatrième jour Botterman était guéri complétement. On lui laissa le temps de se rétablir avant de le presser de conclure le mariage.

Les soins dévoués de Jean Bleeck lui avaient touché le cœur; et il voyait désormais avec plaisir le gendre qui lui était imposé. La noce se fit sans bruit le 20 octobre.

Cinq jours après parut l'ordonnance des Archiducs qui mettait fin aux troubles en pardonnant à tout le monde, à l'exception de six doyens que l'on bannissait pour un temps. Nicolas Botterman et Jérôme de Potter étaient du nombre.

Le malade guéri gémissait sur la nécessité de quitter Bruxelles, que les autres avaient désertée prudemment le jour où Spinola avait paru aux portes. Le crédit de Van Helmont lui obtint sa grâce; et, quoique ses amis les doyens ne fussent qu'à Saint-Trond, alors pays de Liége, d'où ils demandaient de l'argent à leurs complices *pour faire bonne vie en l'honneur du pays,* Botterman se félicitait de son médecin, de sa guérison et de son gendre, avec qui il restait à Bruxelles.

XXI. — LE TABAC ET SES USAGES.

Quoi qu'en dise Aristote et sa docte cabale,
Le tabac est divin, il n'est rien qui l'égale.
THOMAS CORNEILLE.

On donne le nom de tabac à un genre de plante herbacée que les botanistes ont appelée *nicotiane,* du nom de Nicot, homme de cour, qui la mit le premier en vogue; car elle était connue avant lui.

Lorsque Colomb aborda pour la première fois à l'île de Cuba, il chargea deux hommes de son équipage d'explorer le pays. « Ces envoyés, dit l'amiral dans sa relation, rencontrèrent en chemin beaucoup d'Indiens, hommes et femmes, avec un petit tison allumé, composé d'une sorte d'herbe dont ils aspiraient le parfum, selon leur coutume. » Barthélemy de las Casas, contemporain de Colomb, rapporte ce fait d'une manière plus circonstanciée dans son *Histoire générale des Indes* (chap. 46) : « L'herbe dont les Indiens aspirent la fumée, écrivait ce prélat en 1527, est bourrée dans une feuille sèche, comme dans un mousqueton, de ceux que les enfants font en papier. Ils l'allument par un bout et sucent ou hument par l'autre extrémité, en aspirant intérieurement la fumée avec leur haleine, ce qui produit un assoupissement et dégénère en une espèce d'ivresse. Ils prétendent qu'alors on ne sent presque plus de fatigue. Ces *tabacos*, comme ils les appellent eux-mêmes, sont en usage parmi nos colons. J'en ai connu plusieurs dans l'île espagnole qui s'en servaient; et, comme on les réprimandait sur cette vilaine coutume, ils répondaient qu'il leur était impossible de s'en défaire. Je ne sais quel goût et quel profit ils pouvaient y trouver. » Telle est l'origine des cigares et du nom que les Européens appliquèrent ensuite collectivement à tous les genres de préparation des feuilles de la nicotiane. Dans l'île de Cuba, la dénomination de *tabaco* a prévalu jusqu'à nos jours; cette expression pour les habitants de la Havane est synonyme de cigare; ils disent communément *chupar un tabaco*, fumer un tabac. Le journal de navigation de Colomb que nous venons de citer détruit donc tout ce qui a été écrit sur l'étymologie du mot *tabac*. Il ne peut plus y avoir de doute aujourd'hui sur le pays où les Européens virent fumer pour la première fois. Cependant on lit dans plusieurs dictionnaires, et même dans les recueils le plus récemment publiés, que les Espagnols observèrent d'abord la nicotiane aux environs de Tabaco, sur la côte du Mexique, et qu'ils lui donnèrent le nom de cette ville. Selon d'autres, la première découverte de la plante aurait eu lieu dans l'île de Tabago, une des petites Antilles. Les auteurs des divers articles que nous résumons ici ont avancé qu'à l'arrivée des Européens en Amérique le tabac y était seulement en usage, comme un remède propre à combattre certaines maladies qu'ils ne nomment pas; mais aucun n'a parlé des tabacs que fumaient les Indiens de Cuba. Le mot *tabac* ou *tabaco* paraît donc appartenir à un des dialectes américains, et avoir été employé généralement dans les Caraïbes.

La plante qui produit le tabac croît spontanément sur la plus grande étendue du nouveau continent et des îles adjacentes. Au Brésil, le tabac avait reçu le nom de *petun*, et d'après les historiens portugais la fumée des feuilles de petun, aspirée à fortes doses, servait à enivrer les augures.

Cette vapeur stimulante jouait un grand rôle dans les assemblées publiques. Avant de commencer les débats, on soufflait des bouffées de tabac sur la figure de l'orateur, et ces fumigations, en absorbant ses pensées dans des rêveries profondes, le préparaient aux bons conseils. Les Indiens de l'Orénoque et les Peaux Rouges de l'Amérique du Nord terminaient leurs querelles en présentant à leurs ennemis le calumet de paix; et de nos jours, par une coutume analogue, nous voyons les Orientaux présenter la pipe à leurs amis.

Quant à l'époque de l'introduction du tabac en Europe, on est à peu près d'accord sur ce point, et selon toutes les apparences elle ne date guère que du milieu du seizième siècle. Jean Nicot, ambassadeur du roi de France François II auprès de Sébastien, roi de Portugal (de 1558 à 1560), ayant reçu d'un marchand flamand revenu d'Amérique l'herbe qui produit le tabac, apprit de lui son usage et la présenta au grand prieur, à son arrivée à Lisbonne, puis, à son retour en France, à Catherine de Médicis, mère du roi. Ces circonstances mirent la plante en grand renom : on l'appela indistinctement *nicotiane,* du nom de l'ambassadeur; *herbe du grand prieur, herbe de la reine.* D'après Thévet, il paraît que cette plante était déjà connue en Angleterre avant son introduction en France par Nicot. Le fameux amiral Drack en avait doté son pays, à son retour de la Virginie.

Qui eût dit, dès le principe, qu'une chétive plante, en usage seulement parmi les sauvages de l'Amérique, et restée longtemps ignorée des habitants de l'ancien monde, viendrait changer tout à coup nos habitudes et créer un besoin de première nécessité? Qui eût prévu alors que cette innovation dans nos coutumes serait la source d'un des plus grands revenus du fisc?

Les gouvernements, toujours habiles à profiter de ce qui peut augmenter leurs ressources, ne laissèrent pas échapper l'occasion de créer un nouvel impôt. Le nôtre ne perçut d'abord qu'un simple droit de consommation ; mais ensuite il s'empara paternellement d'un commerce devenu des plus lucratifs, et ne permit la vente qu'en *vertu de licence*. Le premier bail du tabac est du mois de novembre 1674 ; il fut affermé, avec un droit sur l'étain, pour six ans, à un sieur Jean Breton, les deux premières années cinq cent mille francs, et les quatre dernières années deux cent mille francs de plus. En 1720, la ferme du tabac fut cédée à la compagnie des Indes pour quinze cent mille francs. En 1771, elle était de vingt-sept millions ; son produit a toujours été depuis en augmentant. Dans ces derniers temps, la ferme a été remplacée par le monopole exclusif, *la régie;* et, d'après le budget annuel des revenus de l'État pour 1864, la vente des tabacs est portée en recette à environ deux cents millions de francs.

Le tabac, avant d'acquérir l'universalité qu'il a conquise de nos jours, eut ses panégyristes et ses détracteurs. Amurat IV, empereur des Turcs, le tzar de Russie, et le schah de Perse, en défendirent l'usage dans leurs États sous peine d'avoir le nez coupé ; ce qui ferait croire que l'habitude de priser devança d'abord la manie *pipière;* car c'était probablement par la partie coupable que les princes barbares voulurent châtier le vice. En 1604, une bulle d'Urbain VIII défendit de priser dans les églises ; et cette mesure se comprend, si l'on se rappelle qu'alors le tabac à priser se portait, non en poudre, mais en carotte dure, et qu'il fallait détacher sa prise avec une râpe.

Jacques Ier, roi d'Angleterre, fit cause commune avec les détracteurs du tabac et écrivit sur l'usage pernicieux de cette substance. En 1699, le tabac était devenu le texte de violentes disputes entre les médecins. Le docteur Fagon, n'ayant pu assister à une thèse contre le tabac, chargea un de ses amis de le remplacer; mais le nez du confrère fut constamment en désaccord avec son langage, car il ne cessa de priser pendant tout le temps de sa dissertation.

Il est peu de plantes qui se soient plus prodigieusement propagées que celle qui nous occupe : sa culture s'est répandue dans presque toutes les parties du globe, on a semé le tabac jusqu'en Suède, où il a réussi. Linné a compté sur un seul pied de tabac quarante mille trois cent vingt graines, et ces graines conservent leurs vertus germinatrices plusieurs années (1).

Ce que nous ajoutons maintenant, pour le lecteur curieux, est dû à M. Dufau, dans une savante note au tome Ier, page 228, de ses *Contes irlandais* :

« On trouve très-souvent en Irlande, en creusant la terre, des pipes à tabac d'une ancienne forme, surtout dans le voisinage de ses retranchements circulaires appelés forts danois, et qui plus probablement étaient les villages ou les campements des indigènes. Les paysans croient que ces pipes appartenaient autrefois aux Cluricaunes (espèces de lutins);

---

(1) Extrait du *Dictionnaire de la conversation et de la lecture*.

on les brise avec colère quand on les découvre, comme une sorte de représailles exercées pour se venger des tours et des malices de leurs prétendus possesseurs. Dans l'*Anthologie hibernienne*, vol. I, page 352 (Dublin, 1793), on voit le dessin d'une de ces pipes trouvée à Brannockstow, comté de Kildare, entre les dents d'un squelette humain. On y trouve aussi une dissertation dont l'auteur, se fondant sur l'autorité d'Hérodote (lib. I, sect. 36), Strabon (lib. VII, 296), Pomponius Méla (11) et Solinus (C. 15), cherche à prouver que les nations du nord de l'Europe connaissaient le tabac ou quelque autre herbe ayant les mêmes qualités, et qu'ils fumaient dans de petits tubes, par conséquent bien des siècles avant la découverte de l'Amérique.

« Ces arguments en faveur de l'antiquité du tabac sont encore fortifiés par la découverte de plusieurs pipes en argile trouvées dans la carcasse d'un vaisseau, en faisant des fouilles sous la ville de Dantzig. »

Ajoutons enfin que, si le tabac prisé réveille, il est peu gracieux; mais du moins il a un côté utile, tandis que le tabac chiqué est un effroyable et abrutissant purgatif, et le tabac fumé un soporatif tout aussi mauvais que l'opium. Il est rare qu'un fumeur ne devienne pas engourdi, au point de s'éteindre peu à peu; et ceci s'applique non-seulement aux individus, mais aux nations. Le cigare a ôté aux Espagnols l'empire du monde, qu'ils possédaient à peu près sous Charles-Quint; la pipe a ravi aux peuples de la Hollande la domination des mers. S'il y a des exceptions à cette règle, elles ne font que la confirmer.

XXII. — LE COLLIER DE PERLES.

Cent francs au denier cinq, combien font-ils? — Vingt livres.
BOILEAU.

Un soir du mois de décembre de l'année 1618, par un de ces temps pluvieux où l'on ne distingue rien à dix pas, à l'heure où la nuit sombre étouffe si rapidement les restes douteux d'un triste jour, deux hommes d'assez mauvaise mine étaient accroupis auprès d'un énorme tilleul, dans ce bois de la Cambre, reste imposant des vastes forêts qui autrefois entouraient Bruxelles. Tout près de ce groupe fuyait un sentier tortueux qu'on appelait le petit chemin de Louvain. La ramure abondante de l'arbre dépouillé de toutes ses feuilles les garantissait mal de la pluie. Mais ils avaient des manteaux de laine pesante, munis de capuchons; et, soit pour se conforter à l'égard de l'humidité et du froid, soit pour exciter leurs esprits, ils se passaient de temps en temps une gourde de cuir qui contenait de l'eau-de-vie de grain ou de genièvre. L'un de ces hommes avait le nez fendu par une ancienne balafre, et le menton si avancé que ses dents inférieures servaient de soutien à la lèvre d'en haut. Sa barbe rousse, mêlée de poils gris, augmentait, par le désordre qui la hérissait, la bizarrerie de sa figure de bouledogue. C'était le vieux *Knops à l'œil gris,* ancien gueux des bois (1), qui n'avait jamais fait sa soumission et qui

---

(1) Dans les Pays-Bas on donna le nom de *gueux* aux bandits de la réforme, comme on leur donna en France le nom de *huguenots,* qui

menait la vie errante, en dépit de tous les drossards ruraux.

Il avait plusieurs fois infesté le Brabant; et son signalement donné partout, facile à vérifier, eût compromis un autre. Mais lui, il habitait les forêts, n'entrait jamais dans les lieux habités, et on n'avait pu encore mettre la main sur lui. On le disait Frison d'origine. Sa force inouïe, son audace et son habileté lui avaient donné quelques affidés solides, qui le renseignaient sur les coups à faire, qui lui apportaient des vivres et allaient vendre à la ville la plus voisine les objets de ses vols. Son compagnon actuel était un de ceux-là. C'était un bossu à la figure joviale, qui, de plus, était boiteux, et que cette infirmité mettait à l'abri de tout soupçon. On l'appelait Fritz. Il pouvait avoir trente ans; il habitait à Bruxelles un retrait de l'allée des Chats, dans la rue de Six-Jetons.

— Vrai! dit-il à Knops en recevant de sa large main la gourde de cuir, j'ai plaisir à travailler avec vous, vieux; vous faites bien les choses.

— Mon garçon, répondit l'autre, il n'y a que les

---

n'a guère meilleure signification. Les calvinistes du Nord acceptèrent le surnom et s'en firent un titre. Il y eut le même élan d'orgueil singulier chez les sans-culottes en 1793; d'une injure ils tirèrent un motif de vanité. Les gueux, parmi lesquels se trouvaient des chefs de grande famille, mais de petite conscience, se divisèrent en *gueux de mer* (ceux qui faisaient la piraterie contre les Catholiques), en *gueux des bois* (ceux qui faisaient la guerre d'embûches et les coups de main dans les forêts), en *gueux sans désignation spéciale* (ceux qui vivaient dans les villes et qui formaient de gré ou de force une société publique). L'histoire de ces temps est encore à faire. Voyez, dans les *Légendes des Commandements de Dieu,* Une scène des gueux.

couards et les rien-du-tout qui tuent les gens. Les voler, n'est-ce pas assez? Les voler, c'est juste, quand ils ont et que je n'ai pas. Il faut que tout le monde vive. Aussi ma méthode, comme disent les dominés (1) de Franeker, m'a toujours porté bonheur. On ne m'a jamais pris.

— Est-ce que, vrai, vous n'avez jamais tué ?

— Il y a de mauvaises passes dans la vie. J'ai dérangé deux hommes, malheureusement. C'est peu de chose dans deux ou trois cents rencontres. J'ai eu la main forcée; je tombais sur des gens sans raison qui résistaient, et je devais me défendre. Aujourd'hui sois tranquille, si l'homme est seul, comme tu dis, je ne le maltraiterai pas.

— Il est seul. Il a quitté Louvain ce matin. Il devrait déjà être ici.

— C'est que les chemins sont mauvais.

— Mais il est à cheval.

— Raison de plus. Tu dis qu'il est gros et lourd.

— Et très-fort, dit-on. C'est le messager de confiance de l'Archiduc. Le dépouillerez-vous entièrement?

— Tu deviens fou, mon pauvre Fritz : c'est comme cela que les autres se perdent. Que veux-tu que je fasse de ses nippes? Un vol bien exécuté doit laisser le moins de traces possible. Je ne lui prends que sa bourse et le collier.

— On dit que c'est un bijou précieux, un collier de perles magnifiques, que l'archiduc Albert veut donner, le jour de l'an, à l'infante Isabelle.

(1) On appelle *dominés* en Hollande (de *Dominus*) les ministres calvinistes.

— Il lui donnera autre chose. Mais qu'est-ce que valent les perles ? Et comment vendras-tu cela ? Car je marche sur tes indications. Pour mon compte, je préfère l'or monnayé ; cela ne se reconnaît pas.

— Je vous ferai du collier une belle somme ; un collier d'infante vaut beaucoup, et j'ai une ressource pour en tirer le profit demain matin. Ci-devant nous vendions à ceux qu'on appelle les recéleurs, gens périlleux, qui nous volaient indignement. Puis j'ai mis en gage, pour mon compte, chez les usuriers, autres gredins. Les lombards ne sont pas contents s'ils n'ont que moitié. S'ils prêtent dix florins aux pauvres gens, il en faut rendre au bout du mois vingt ou trente. S'ils prennent un gage de cent florins, c'est avec peine qu'ils en avancent vingt-cinq, et on ne revoit jamais le reste. Mais l'Archiduc, qui, vrai, est un digne prince, je dois le dire, vient de faire bâtir à Bruxelles, dans la rue des Foulons, une maison de prêt, où l'on vous donne honnêtement les trois quarts de votre valeur, où l'on prend petit intérêt ; et quand vous ne retirez pas le gage au bout de trois mois, au bout de six mois, selon le terme que vous avez fixé, on le vend publiquement et on vous rend ce qui vous revient.

— S'il vous revient quelque chose. Tu porteras donc là le collier ; et tu ne l'engageras que pour trois mois, afin que nous ayons meilleur compte. Mais l'idée de ton Archiduc est bonne. J'aime son lombard ; et je ne le volerais pas, cet homme, si j'étais aussi riche que lui.

— Ils appellent ce lombard un mont-de-piété,

singulier nom, n'est-ce pas? Déjà depuis longtemps il y en a un à Gand. On en fait un à Liége...

Et pendant que les deux voleurs, en attendant le messager de l'Archiduc, devisent savamment sur la matière, il ne sera peut-être pas déplacé de donner ici quelques notes sur l'établissement des monts-de-piété. On les doit, dit-on, dans le nord de l'Europe, à Pierre d'Oudegherst, auteur des *Vieilles Annales de Flandre*. Cet homme de bien, dont Louis de la Cerda vante la grande vertu et les belles qualités, cherchait un remède aux maux publics que l'usure enfantait. Il trouva, dans l'expérience de ses longs voyages, une ressource douce et facile; c'était l'établissement de caisses publiques ou de monts-de-piété (1), qui devaient parvenir à détruire les usuriers sans qu'il fût besoin d'avoir recours à aucune loi rigoureuse. Il alla en Espagne, communiqua son projet à Philippe II, prince qui n'est pas encore jugé. Philippe eut là-dessus avec lui plusieurs conférences, à la suite desquelles il lui donna les pouvoirs nécessaires auprès du prince de Parme pour essayer les monts-de-piété dans les Pays-Bas catholiques. Il paraît que le premier fut fondé à Gand en 1589. Le modèle venait de l'Italie; car il y avait depuis bien longtemps des maisons de prêt charitable à Rome; il y en avait à Avignon, et dans toutes les principales

---

(1) Les monts-de-piété sont dus à Rome, source de toutes les nobles institutions. Son nom lui vient de ce fait, que la première banque de prêt gratuit fut ouverte sur un monticule de la ville éternelle. On allait au mont-de-piété ou de générosité quand on se trouvait dans l'extrême besoin d'argent. On voit les monts-de-piété florissant à Rome en 1515, et à Avignon, le siècle précédent.

villes des États du pape; on y prêtait gratuitement. Ceux qui parlent de nos progrès peuvent encore à ce sujet se montrer fiers.

Mais tant que durèrent les troubles, les efforts des usuriers ne permirent pas d'étendre rapidement le bienfait des prêts honnêtes. Ce ne fut qu'en 1617 que les archiducs Albert et Isabelle purent fonder l'établissement de la *rue des Foulons,* appelée depuis lors *rue du Lombard;* c'est le nom que le peuple du Brabant et de la Flandre a laissé au mont-de-piété (1). Il s'en éleva peu de temps après dans la principauté de Liége, et une brochure intitulée *Mont-de-piété du pays de Liége et comté de Looz* (Liége, 1628) témoigne du vif intérêt qui s'attacha immédiatement à cette louable institution.

Pendant que les Pays-Bas catholiques entraient dans cette grande voie d'amélioration, on prêtait encore en France à quarante pour cent. On ouvrit pourtant un lombard à Paris en 1626; mais il ne tint qu'un an, parce que, destiné à combattre l'usure, le mont-de-piété parisien prêtait à usure lui-même. Ces établissements ne furent légalement constitués en France qu'en 1777, par lettres patentes du Roi; et pendant cinquante ans ils ont prêté à douze pour cent, plus les frais, infamie qui n'a pas besoin de commentaire. Depuis quelques années, que l'argent se trouve si aisément à quatre, les monts-de-piété ne prêtent plus qu'à neuf, sur bon et solide gage. Aussi, pour-

---

(1) On donnait le nom de *lombards* aux prêteurs, parce qu'à défaut des juifs bannis, c'étaient des Lombards qui avaient relevé en Europe la petite banque et l'usure.

quoi êtes-vous pauvre dans des pays constitués par des mathématiciens? Ces neuf pour cent, avec les accessoires, montent à dix-huit, trente, quarante, cinquante pour cent, et plus encore dans certains cas, ainsi qu'on l'exposait assez récemment dans les journaux. C'est de la philanthropie.

Retournons à nos deux solitaires.

La nuit était devenue si sombre, qu'il fallait es yeux de chat de Knops pour voir à un pas. On entendit dans les flaques d'eau bourbeuse le trot d'un cheval fatigué. Le gueux, que la prudence n'abandonnait jamais, rabattit sur son visage une frange de crêpe attachée à son capuchon, s'avança à pas de loup, et se dressant devant le cheval, dont il saisit la bride :

— Bonsoir, monsieur! dit-il.

— Bonsoir! répondit le cavalier d'une voix troublée.

— C'est lui, souffla du pied de l'arbre le bossu en changeant sa voix.

Il était convenu qu'il épierait l'organe du voyageur et qu'il donnerait ce signal; le vieux bandit ne voulant pas se compromettre en arrêtant un passant inutile. Il reprit :

— Vous êtes le messager de l'archiduc Albert... Ne craignez absolument rien... Mais retirez votre main droite de l'arçon que je vous vois entr'ouvrir, car si vous en sortez le plus petit bout de pistolet ou de poignard, je vous casse le poignet d'un coup de ce gourdin; et j'en aurais regret. — Vous portez un collier de perles dont vous saurez que j'ai absolument besoin, et vous avez une bourse avec laquelle je désire faire connaissance. Je vous demande ces deux objets; pas autre chose.

Ces paroles étaient dites avec une fermeté si calme, que le messager intimidé ne songea plus à faire résistance. Il chercha d'autres sauvegardes.

— Songez, dit-il, que le collier appartient à l'Archiduc, et que, si vous m'en dépouillez, il sera fait de grandes recherches.

— On peut me rechercher, répondit Knops; mais on ne me trouve pas.

— Vous ne ferez rien de ce collier. Contentez-vous de ma bourse, qui est garnie encore de soixante florins. Je vous la donne de bon cœur...

— C'est d'autant mieux de votre part qu'il y a dans cette bourse plus que je n'attendais. Mais je ne peux pourtant pas me passer du collier.

— Faites attention, reprit le cavalier en avisant un stratagème, que deux hommes d'armes me suivent de près et me font escorte.

— Ils remplissent mal leur devoir, car je ne les entends pas. Point de subterfuge. Vous voyez que je fais les choses sans violence. Mais trois hommes ne m'effrayeraient pas, et vous en seriez persuadé si vous saviez qui je suis. Donnez le collier.

Le triste messager tira sa bourse et défendit encore de son mieux le collier de perles; il dut pourtant s'en décharger aussi, ce qu'il fit avec un grand soupir.

— Maintenant, dit-il, je suis un homme perdu. Si je conte que j'ai été détroussé, on ne me croira point. On concevra sur moi d'odieux soupçons. Nous vivons dans un temps où les mauvaises rencontres sont assez fréquentes pour que d'infidèles serviteurs volent leurs maîtres, en protestant qu'ils ont été volés.

— Je sais qu'on nous calomnie, répondit Knops avec calme. Mais je ne vous exposerai pas. Pour notre sûreté comme pour la vôtre, vous ne rentrerez que demain à Bruxelles. A présent que l'affaire est faite, soyez sans peur. Vous allez venir avec nous; et demain matin, en vous remettant dans le sentier, je vous dirai l'expédient que je compte employer pour vous blanchir.

Sans attendre la réponse du cavalier, le bandit fit faire au cheval un demi-tour et le conduisit à travers les taillis, mis à nu par l'hiver, dans des clairières non frayées. Après une demi-heure de marche sinueuse, il s'arrêta à l'entrée d'une étroite cabane, faite de claies et de terre et couverte de mousse. Plus d'une fois, dans ce parcours silencieux et lent, le messager d'Albert effrayé avait eu l'idée de se glisser à terre et de s'échapper. Mais où aller par une nuit noire, dans une partie du bois dont il ignorait les issues? D'ailleurs il lui semblait voir derrière lui, toutes les fois qu'il se retournait, une forme humaine qui suivait son cheval et qui allait d'un pas balancé sans dire un mot. C'était le bossu, dont la démarche clochante avait dans l'obscurité quelque chose d'étrange. Il s'abandonna donc à son guide.

En arrivant, Knops fit descendre le cavalier, entra le cheval dans la cabane et dit à son maître :

— Otez-lui le mors; il y a là de l'herbe et du foin; il n'est pas juste que la pauvre bête souffre plus que nous. Je vais battre le briquet; et vous jugerez notre palais. Il est moins brillant que celui du Prince. Mais il ne loge pas des archiducs. Je dois seulement vous prévenir que, comme les hommes se déplacent et peuvent se retrouver, vous ne devez pas chercher à connaître nos visages. Vous êtes ici en sûreté, comme si une escouade de dragons d'Isabelle veillait sur vous. Nous ne sommes que deux pour vous faire compagnie; mais à un léger signal nous aurions du renfort en cas de péril, s'il pouvait s'en trouver ici.

Le messager, un peu remis de sa frayeur, était moins surpris qu'on ne pourrait le croire de ces manières et de ce langage; il reconnaissait qu'il était tombé dans les mains d'un gueux des bois; et on lui avait conté tant d'histoires récentes de l'espèce de la sienne, qu'il prit enfin son parti.

Quand le brigand eut battu le briquet, il alluma une petite lampe, et Jean Brinck, le messager, se vit dans un taudis à l'aspect misérable, mais assez bien clos. Il remarqua avant toute autre chose deux énormes chiens, qui tournaient joyeusement autour de Knops, et qui, dressés par lui, n'avaient pas aboyé à son approche. Les deux hommes avaient la figure cachée par leur capuchon frangé d'un crêpe noir.

— Du feu, marquis! dit alors Knops en s'adressant au bossu; et vous, notre hôte, occupez-vous de votre cheval.

Pendant que le bossu approchait une allumette de

l'ouverture d'un mauvais poêle de terre rempli de bois sec et de houille, qui s'enflamma vivement avec ce bourdonnement si gai par un temps pareil, Jean Brinck débridait son cheval, qui, de lui-même et comme un vrai philosophe, s'était approché d'une botte de foin, aussi agréable à sa dent en cette cabane que dans les écuries de Leurs Altesses.

— Marquis, mettons la table! dit alors le voleur.

Et il sortit, laissant son manoir sous la garde du bossu et de ses deux chiens.

Il rentra au bout de quelques minutes, chargé d'un jambon, d'un pain frais et d'une énorme bouteille, qui pouvait contenir quatre pots de Brabant. Elle était pleine de vieux lambic.

La table était une large planche, que le bossu, au moyen de deux piles de briques, avait élevée d'un pied au-dessus du sol, devant le poêle. Les deux bandits furent bientôt mollement assis sur la terre jonchée de paille; le voyageur, invité à en faire autant sans façon, céda à la faim et à la soif, nécessités qui ne capitulent guère; et, malgré son inquiétude, il vit peut-être avec plaisir le gueux des bois lui offrir poliment un des trois gobelets d'étain qu'il venait de remplir.

— A votre santé, monsieur, dit le bandit; bannissez les soucis pour ce soir et même pour demain; reposez-vous sur moi pour vous tirer de toute peine. Je vous prie de croire que j'en voulais à votre collier, mais qu'à votre personne je souhaite toutes sortes de choses prospères. A votre santé!

Jean Brinck, le cœur encore serré, but et mangea

En buvant et en mangeant, il se remit peu à peu ; et voyant l'humeur singulière du bandit, il revint à son collier de perles.

— Mais, dit-il, pourquoi m'avez-vous retenu ici pour la nuit?

— Vous le comprendrez demain matin, répondit Knops.

— Mais vous m'avez pris ce collier; ce n'est sans doute pas à l'objet que vous tenez, c'est à sa valeur?

— Comme vous dites.

— Alors, l'Archiduc faisant grand cas de ce joyau, puisque vous me semblez franc et honnête..., ne pourriez-vous pas faire une composition? Je vous apporterais une somme d'argent et vous me rendriez...

— Vos perles? c'est possible. Je ne vous demanderais pas ce qu'elles coûtent; vous estropieriez la vérité. Mais demain en effet, nous pourrons consommer l'arrangement qui vous convient. Pour ce soir, soupez avec l'esprit tranquille; soupez lentement et posément, vous en digérerez mieux. Nous avons le temps d'ailleurs; les nuits sont longues dans ce mois; et nous n'attendons pas de visite.

Le souper fut long en effet; le bossu, qui avait soin, ainsi que son compagnon, de tenir toujours sa frange de crêpe noir devant son visage, mangeait énormément sans dire un mot; les deux chiens recevaient leur part avec une certaine régularité. Knops cherchait à distraire son hôte par toutes sortes de propos divers.

Il pouvait être neuf heures lorsqu'il lui souhaita

le bonsoir, en lui montrant un coin de la cabane où un lit de paille l'attendait; et il éteignit la lampe. Le messager, accablé de fatigue et d'émotions, sommeilla, mais ne dormit point. Il lui sembla que cette énorme nuit ne devait jamais finir.

Le jour ne revint le lendemain qu'à huit heures; le temps était toujours sombre et le ciel plein d'eau.

— Casse une croûte, marquis, dit Knops au bossu; et vite où tu sais.

Le bossu prit un gros morceau de pain, qu'il couvrit d'une lourde tranche de jambon, et, s'approchant du gueux, lui dit quelques mots à l'oreille.

— Certainement, répondit tout haut Knops, tu en seras plus tôt revenu. Mon compagnon, poursuivit-il en s'adressant au messager, demande à user de votre cheval pour sa petite course, de sorte qu'au lieu de vous retenir ici jusqu'à midi, je vous remettrai en liberté dans une heure; ne le trouvez-vous pas bon?

— Mon cheval!... répondit Jean, intrigué de nouveau, il emmènerait mon cheval!... Et s'il ne revenait pas?

— Pour qui nous prenez-vous? dit vivement le voleur.

— Ce n'est pas de vous que je me défie à ce propos, répliqua le messager. Mais votre compagnon pourrait être arrêté...

— Arrêté, lui! jamais, ni à pied ni à cheval. Pars, marquis, et, sans forcer la bête, va bon train, mon garçon. Nous t'attendrons; et monsieur est pressé. Tu rapporteras du tabac; prends aussi une bouteille d'eau-de-vie de France, cela te retardera peu; et je veux en quittant notre hôte lui offrir le coup de l'étrier. Tu nous rejoindras à l'arbre aux pies.

Le bossu partit lestement.

— Maintenant, reprit le bandit, nous allons aussi déjeuner en tête-à-tête; je ne vous laisserai pas partir à jeun. Nous avons devant nous la matinée, et comme je vous vois peu à votre aise, nous rallumerons le poêle...

Le messager déjeuna du bout des dents; ses esprits étaient fort agités; son cœur battait, et son inquiétude ne se calmait pas. Il ramena sa proposition de la veille de racheter le collier.

— Nous nous entendrons, répondit Knops; mais je ne puis vous rien dire avant le retour du marquis. Déjeunez; après quoi je vous conduirai à l'arbre aux pies, où vous retrouverez votre cheval.

Lorsqu'il jugea qu'il était temps de partir, le brigand banda les yeux de son hôte et l'emmena à travers les bois par une marche qui dura une demi-heure. Il ne lui rendit la lumière que près du vieux chêne qu'on appelait l'arbre aux pies, et qui n'a été abattu qu'au dernier siècle. Brinck aperçut bientôt son cheval qui ramenait le compagnon de son voleur. Le bossu glissa à terre, dit tout bas deux mots à Knops et lui remit la bouteille d'eau-de-vie.

— Voici donc ce qui vous touche, fit le bandit en se tournant vers le messager. L'Archiduc peut, si c'est votre désir, ravoir son collier de perles. Mais ce n'est pas vous, notre hôte, qui devez en payer le rachat; ce serait injuste, et je suis pour l'équité. Vous trouverez le bijou au lombard du Prince. En comptant là mille florins de Brabant, qui viennent de nous être avancés sur ce gage, vous verrez qu'on s'empressera de vous le rendre. Du moins l'affaire est nette, ronde; il n'y a là ni à marchander ni à chicaner. Voici la pancarte qu'on a remise au marquis; elle établira votre droit. A présent, poursuivit-il en débouchant la bouteille, à vous les honneurs! buvez le coup du départ et portez-vous bien!

Pendant que Jean avalait une gorgée, le voleur ajouta :

— Nous ne nous reverrons peut-être jamais; sachez seulement que je suis Knops.

A ce nom redouté, le messager salua; puis ayant remis la bouteille au bandit, il piqua son cheval et partit au galop, heureux d'en être quitte sans plus de méchef.

Lorsqu'il eut exposé à l'Archiduc son aventure, on fit battre le bois de la Cambre; mais on ne retrouva personne. On reprit le collier en payant les mille florins, sans regret; car il en coûtait quarante mille; et Albert se félicita d'avoir établi un lombard à Bruxelles. Mais il ordonna que désormais on n'y recevrait de gages que de gens notoirement connus; ce qui n'empêche pas qu'il ne s'y porte encore fréquemment des objets volés.

Nous pourrions terminer cette chronique par de beaux aperçus qui n'auraient pour objet que les monts-de-piété. Qu'il nous suffise d'en avoir indiqué l'origine. Un brillant écrivain, qui a fait ses preuves, M. P. de Decker, a publié sur cette matière un ouvrage complet. Comme nous ne vivons pas dans les bois, et que nous n'avons pas l'œil gris, nous ne voulons pas le dévaliser.

XXIII. — LES PREMIERS IMPRIMEURS.

> Honneur à ces savants que nous devons bénir !
> Dans le palais superbe et dans l'humble chaumière,
> L'art qu'ils ont inventé doit porter la lumière,
> Si Satan, de nos maux l'origine première,
> De ses subtils poisons ne vient pas la ternir.
>
> *Monument aux inventeurs de l'imprimerie.*

I. — ORIGINES GÉNÉRALES.

Un savant qui est en même temps un élégant littérateur a tracé en ces lignes rapides les origines de l'imprimerie :

« L'imprimerie est née, non pas en dépit de la religion catholique, mais dans son sein même et bercée par elle. Comme premiers monuments, comme atomes élémentaires et primitifs de cette découverte, on trouve des légendes grossièrement sculptées, des reproductions de prières sur des blocs de bois, des fragments bibliques, livres d'éducation rédigés par les moines. Cela devait être. Le clergé était seul instituteur des âmes et des esprits. Que l'on explique la naissance de l'imprimerie par les petits donats de Hollande, ou par les jeux de cartes du quinzième siècle, on ne peut échapper à l'influence du clergé. Les philosophes des derniers temps, assez peu dévots, comme chacun sait, ont caché de leur mieux cette source ecclésiastique. Que n'ont-ils pas dit contre les moines augustins, dominicains et bénédictins! Ces moines sont les premiers promoteurs de l'imprimerie, ou plutôt les premiers imprimeurs. Ils avaient fait les cathédrales, les avaient ornées, sculptées, festonnées et chargées de vitrages transparents et accompagnés de légendes. Tous les arts s'étaient développés sous leur main. Pas de belle église qui ne fût ornée de ses verrières, enchâssées et brillantes comme des diamants, tachant çà et là le pavé de pourpre, d'azur, d'orange, et présentant toute l'histoire de la Bible resplendissante au soleil. C'était là Bible du pauvre. Il ne savait pas lire, mais il voyait.

» Quand le clergé vit les cartes à jouer courir entre les mains de tout le monde, il essaya d'appliquer les cartes à des usages plus nobles et plus pieux. On y perdait de l'argent; il voulut qu'on espérât y gagner son salut.

» Le clergé s'avisa donc de conseiller aux fabricants la création de feuilles de parchemin séparées, portant, au lieu de César et de Didon, de beaux saints et de belles saintes avec des légendes et quelquefois leurs noms. L'œuvre n'était pas difficile; il suffisait de copier les vitraux de toutes les églises. On jouait aux cartes avec les fidèles; et quand même ils n'auraient pas su lire, il n'y avait pas moyen de fermer les yeux et de ne pas se rappeler Moïse, Pharaon, Joseph ou Jacob. Bientôt ces nouvelles cartes, grandes comme la main, furent recherchées; on les assembla pour en faire des recueils de gravures. Les vitres et les fenêtres des couvents déteignirent sur ces petits volumes primitifs. Toutes les verrières du couvent d'Hirschau (1) se trouvent, dit Lessing, dans le vénérable bouquin nommé *Biblia pauperum*. Cette fécondité de l'idée est le plus profond et le plus admirable des prodiges.

» Ces cartes étaient gravées sur bois, comme les anciennes cartes à jouer. Point de perspective, de proportion, de dégradation de lumière. Cependant l'étude des vitraux perfectionna ces graveurs sur bois; ils formèrent deux confréries, celle des tailleurs de bois et celle des peintres de lettres ou imagiers, toutes deux fort riches. Ainsi le dessin, la gravure, la peinture, l'empreinte imitée du cachet antique, avaient déjà contribué à former cet art, qui n'était encore qu'une ébauche.

» Tout cela se passait dans le moment où fermentait une singulière exaltation, où le roi cherchait des livres, où le pauvre voulait déchiffrer une inscription, où l'on retenait un copiste six mois à l'avance, où Alphonse de Naples faisait la paix avec Médicis, qui lui avait prêté un manuscrit. Puisque l'on gravait déjà des légendes de saints sur des blocs de bois, pourquoi ne pas y graver des mots, des phrases et des paragraphes? Pourquoi ne pas se servir du même moyen pour tirer beaucoup de copies? Le clergé ne pouvait que gagner à cette popularisation des légendes et des psaumes.

» Ces grossières images de saints que l'on voit

(1) Abbaye sur la Fulde, en Allemagne.]

suspendues au foyer de nos chaumières sont précisément semblables aux informes essais de l'imprimerie. Elle débute par de petits *Specula humanæ salvationis*, par des grammaires à l'usage des couvents, par des fragments de cantiques qui remplaçaient économiquement les livres. Je ne chercherai pas ici quand finit l'époque de la gravure en bloc ou xilographie, quand et par quelles mains heureuses se mobilisèrent les caractères de l'alphabet, auxquels ce fractionnement donna tant de pouvoir; si ce fut à Harlem en 1400, à Strasbourg en 1440, à Mayence en 1460, à Bamberg en 1461, que le prodige s'opéra. Chaque opinion compte de grandes autorités; il ne serait pas impossible qu'elles eussent toutes raison, que des essais incomplets, des tentatives avortées, nombreuses, disséminées, eussent précédé la découverte définitive qui devait remplacer le manuscrit par le livre imprimé. »

Dans tous les cas, les Hollandais affirment que l'imprimerie est due à leur compatriote Laurent Koster, de Harlem; et cette ville depuis longtemps a consacré par un monument sa prétention contestée. Strasbourg enfin s'est émue; elle a presque en même temps que Mayence érigé solennellement une statue à Guttenberg, qui essaya dans ces deux villes et peut-être aussi à Bamberg et ailleurs l'art typographique.

II. — L'ESPIÈGLE D'ALOST.

C'est, dit le vulgaire, à la démence d'un roi qu'il faut attribuer l'immense révolution que l'imprimerie a si rapidement opérée dans le monde, et dont les effets sont loin d'être épuisés. Qui eût dit à celui qui faisait le jeu de cartes pour amuser Charles VI qu'il était, sans le savoir, la cause d'une puissance destinée à devenir la première? La presse est déjà ce que nous disons. L'imagier n'eût pas compris peut-être tout ce que ses cartons peints allaient produire. Le jeu de cartes, en effet, créé pour divertir un fou, ne tarda pas à séduire ceux qui se disent sages. Tout le monde voulut jouer au piquet; et la lutte des petites images de Jacquemin Gringoneur fut bientôt une passion telle, si vive, si ardente, si générale, qu'il fallut la frapper de censures. Prohibées, on rechercha les cartes avec plus de fureur; les copistes enlumineurs ne pouvaient suffire à les multiplier assez pour toutes les demandes. Un industriel, qui avait voyagé, se souvint d'avoir vu en Asie des planches de bois taillées avec lesquelles on reproduisait cent fois, mille fois, le même dessin sur les étoffes. Il appliqua son observation au jeu de cartes, que l'on grava sur bois, que l'on imprima, et qui ne fit plus disette. Mais cet art resta en Europe un secret connu seulement de quelques adeptes. On l'appliqua bientôt à des sujets de piété; les curieux ont encore quelques-unes de ces grossières images, gravées sur bois et imprimées. Peu à peu on ajouta des lettres, d'abord le nom du saint, puis une courte prière ou un précepte religieux; l'imprimerie était là.

Guttenberg, à Strasbourg, en 1439, avait déjà établi une presse; les premières feuilles qu'il imprima étaient des pages gravées sur une planche. Ce ne fut qu'un peu plus tard, à Mayence, qu'il imagina les caractères de fonte, avec les poinçons et les matrices, aidé par le génie de Schœffer et les écus de Jean Fust. Les caractères mobiles étant trouvés, tout était fait (1).

Cette grande découverte, comme toutes les vastes innovations, comme les machines, la vapeur, les chemins de fer, allait déplacer une foule de petites industries. Une multitude de clercs vivait à copier des manuscrits, lentement et péniblement, tandis que les pères de la typographie produisaient des livres élégants et corrects, comme par miracle. On vendit donc les premiers livres sans parler de l'art qui les enfantait; on les rechercha parce qu'ils surpassaient le travail ordinaire de la main. On remarqua bientôt, comme un phénomène surnaturel, leur extrême ressemblance. On accusa les vendeurs de sorcellerie. Le parlement de Paris (on le lira plus loin) eût brûlé comme magiciens les premiers imprimeurs qui voulurent se poser dans la capitale, sans l'appui de la Sorbonne et l'aide du roi Louis XI, qui aimait les inventions et l'industrie.

Le rival formidable de ce roi, dont on s'est efforcé de faire un tyran, Charles le Téméraire, qui régnait sur la Bourgogne et sur les Pays-Bas, ne se doutait guère, lorsqu'il détruisait si inhumainement la ville de Liége, en 1468, qu'un art nouveau croissait à

(1) Cependant l'imprimerie était exploitée en Chine, non pas en caractères mobiles, mais sur planches de bois gravées; et on raconte qu'il y a dans cet empire du milieu un journal imprimé en caractères qui n'ont jamais varié et dont la collection remonte à mille cinquante ans, c'est-à-dire au huitième siècle.

quelques pas de lui pour le flétrir, pour conserver et pour répandre sa sanglante histoire. Déjà pourtant autour de lui les hommes instruits et les hommes de commerce en avaient ouï dire quelques mots.

Un soir de l'année suivante, une réunion de spéculateurs, de copistes et de savants s'entretenait chez Mathias Van der Goes, à Anvers, de l'art de Guttenberg, dont ils n'avaient que des idées confuses. Il y avait là Michel Van Hoogstrate, ami de Van der Goes, Gérard Leen de Gouda, qui déjà gravait des figures sur bois, Colard Mansion, le lettré, et Jean Britoen, le calligraphe de Bruges, Louis de Ravescot, Jean Veldener de Louvain, enfin Arnold de Keyser, d'Audenarde. Tout à coup on entendit à la porte les éclats d'une voix bruyante.

— Je suis sûr que c'est notre espiègle, dit le maître du logis.

Et l'on vit entrer joyeusement Thierry Martens, d'Alost. C'était le cousin de Van der Goes; il avait dix-sept ans et revenait déjà de la guerre. Son humeur enjouée et malicieuse l'avait fait surnommer l'Espiègle d'Alost. Mais Van der Goes, qui l'aimait, avait toujours prétendu qu'avec un bon cœur on pouvait d'ordinaire faire excuser ses malices, si elles étaient pures de méchanceté; qu'il fallait lui laisser jeter sa gourme; et que, doué de tant d'esprit, Thierry Martens ne manquerait pas de faire bientôt un habile homme.

L'Anversois avait deviné juste; la gourme était jetée, une année de campagne avait suffi pour faire de Thierry un homme. Avec son activité il en valait deux. Ses parents l'avaient retrouvé toujours gai, mais comprenant que la vie n'est pas une plaisanterie, et qu'il faut qu'un homme s'occupe de choses sérieuses.

— J'ai assez de la guerre, mon bon Mathias, dit-il à son cousin en entrant; j'ai vu le sac de Liége; je ne l'oublierai de ma vie.

— Mais n'êtes-vous pas allé en Allemagne? demanda Colard Mansion.

— Oui, répondit Thierry, j'ai suivi Charles le Hardi à Aix-la-Chapelle; de là je me suis rendu à Cologne.

— A Cologne? dit Ravescot; avez-vous entendu parler de cette nouvelle manière de faire les livres?

— Non-seulement cela, mais j'ai vu la presse et les lettres de fonte. C'est un prodige.

— On pense, ajouta Veldener, que cette découverte peut devenir un commerce excellent.

— Aussi, répliqua le jeune homme, j'ai jeté ma lame, et je me fais imprimeur.

— Est-ce encore une espièglerie? demanda en riant Van Hoogstraté.

— Non plus, dit Thierry; je repars dans quinze jours avec une petite ceinture de ducats; j'irai visiter à mon aise les établissements dont Guttenberg est le créateur. Je verrai Mayence, Strasbourg, Paris et quelques autres villes. Je débaucherai des ouvriers; j'apprendrai l'art moi-même, je veux en doter mon pays, et qu'on dise dans l'avenir que Thierry Martens fut le premier imprimeur de la vieille Flandre.

— Mais, dit Arnould de Keyser, il me semble que l'affaire est belle, et que nous pourrions, si ces messieurs le trouvent bon, faire ensemble une société.

— Nous n'aurions les mêmes idées ni sur la forme des lettres ni sur le choix des livres à publier, répliqua Thierry. Ainsi, messieurs, faisons chacun pour nous.

— Toujours espiègle, dit Van Hoogstrate.

— Mais non, interrompit Gérard Leen, ce n'est pas de l'espièglerie, c'est de la raison.

— Tout ce que nous pouvons faire, dit alors Van der Goes, c'est de proposer au petit cousin, si nous nous intéressons tous à cette nouveauté, de participer tous, tant que nous sommes, à ses frais de voyage, à condition qu'il nous fera part à son retour de ses découvertes.

— Pour cela, je le veux bien, répondit Martens. Je prétends cependant commencer le premier, monter dans Alost la première presse, faire paraître le premier livre imprimé. J'emmène avec moi Colard Mansion, qui est un savant. Il nous faut deux ans.

On fut bientôt d'accord sur les faits. Quinze jours après, Thierry Martens et Colard Mansion partirent. Colard exerçait à Bruges l'honorable profession d'écrivain. Il était depuis 1454 de la confrérie de Saint-Jean l'Évangéliste, à laquelle s'affilièrent par la suite, avec les copistes et les enlumineurs, les imprimeurs et les libraires. On remarque son absence sur les registres de la confrérie dans les années 1469 et 1470, qu'il employa à son voyage.

Jean Britoen, l'habile calligraphe, était le seul de la société que nous avons vue chez Van der Goes qui n'eût pas voulu être de part dans le voyage des deux futurs imprimeurs. Il ne pensait pas que rien pût surpasser la beauté de sa main, et il continuait à faire des copies à Bruges.

III. — LA PRESSE A PARIS.

La Sorbonne, avant les magnifiques bienfaits du cardinal de Richelieu, méritait réellement sa vieille dénomination, un peu mélancolique, de *pauvre maison*. On y recevait exclusivement des écoliers indigents; la maison n'était pas dotée; et, au quinzième siècle, les docteurs alors si dévoués de ce *concile perpétuel des Gaules* vivaient dans un dénûment qui justifiait de la manière la plus absolue leur titre officiel de pauvres maîtres, *pauperes magistri*. Cette pauvreté évangélique n'empêchait pas les savants professeurs de faire du bien tous les jours, et de vivre dans la sérénité; — c'est que l'homme *ne vit pas seulement de pain* : paroles que nous ne comprenons plus guère.

Le 27 mars de la même année 1469, deux pauvres maîtres de Sorbonne étaient assis devant une petite table, dans une chambre nue de la maison, en ce temps-là très-modeste; il était huit heures du soir, et ils préparaient leurs leçons pour le lendemain. L'un était Guillaume Fichet, savant distingué, qui amenait à Paris l'étude la rhétorique, invention des Grecs parleurs, dont l'invasion chez nous était due à la prise de Constantinople par Mahomet II. Pendant dix-huit ans Fichet donna deux leçons par jour à la Sorbonne. L'autre prêtre, et aussi l'autre savant, était Jean de la Pierre; il professait la grammaire et la théologie, sciences plus exactes; et il allait succéder à son ami Fichet dans le rectorat de l'université de Paris.

Comme ces deux hommes, si simples à la fois et si laborieux, repliaient leurs cahiers pour regagner leurs cellules, car c'était le temps où ils se retiraient, ils entendirent heurter vivement à la porte du collége. Surpris de cet incident à une heure si tardive, ils ne le furent pas moins de voir amener devant eux, par le portier de la Sorbonne, un Allemand qui demandait asile pour la nuit.

— Messires, dit-il, j'ai nom Martin Crantz; je suis venu de Mayence avec Michel Friburger, accompagnant notre maître, Ulrick Géring, imprimeur de livres, élève de Jean Guttenberg. Un des docteurs de cette maison nous est bienveillant, du moins on nous l'a dit à Mayence, en nous engageant à venir établir ici une imprimerie. Déjà quelques-uns de nos amis ont monté des presses à Venise et à Milan. Rome et Cologne en possèdent depuis trois ans. Paris est une ville si savante, que nous pensons y être utiles. Mais nous n'y avons encore séjourné que trois jours, et il nous faut regretter notre voyage.

— Que se passe-t-il donc? demanda Jean de la Pierre. Vos premières paroles m'avaient fort réjoui; car c'est moi qui, en écrivant dans votre patrie, ai témoigné le désir que quelque habile artiste dans l'art merveilleux qui vient d'être inventé à Strasbourg vînt nous seconder un peu; attendu que les livres sont trop chers et que les pauvres écoliers ne s'en peuvent procurer. Mais soyez sûr que tous les maîtres et tous les écoliers de cette maison vous seront favorables; expliquez-nous votre embarras, et remettez-vous d'une alarme qui, je l'espère, n'est pas fondée.

— Vous allez en juger, messires; vous verrez si mes craintes sont des chimères. Pendant que j'allais en quête d'un logement assez grand pour y dresser notre atelier, Géring et Michel s'occupaient d'examiner et de reconnaître si notre presse avec ses outils était arrivée en bon état; et ils visitaient les lettres et les encres. Dès qu'on eut su dans notre auberge que nous amenions une imprimerie, il se fit une rumeur de curieux autour de nous; chacun voulut voir nos instruments, quoique personne, sans être initié à notre art, n'y puisse rien comprendre. Nous nous prêtions de notre mieux à ce que prescrivent la civilité et la complaisance. Mais, il y a deux heures (quelques instants avant la nuit), quatre sergents sont venus, avec un ordre de messieurs du parlement : ils ont emmené en prison Ulric Géring et l'autre compagnon.

— En prison ! s'écria Guillaume Fichet; et pour quel motif?

— L'hôte, quand je suis rentré, en me conseillant de me mettre à l'abri — car l'ordre est donné de m'arrêter aussi — m'a dit ce qu'il suppose. C'est que les copistes, écrivains, libraires jurés et enlumineurs prétendent que nous allons ruiner leur profession.

— Ce n'est pas possible, dit encore Fichet. Les moines copistes de tous les couvents désirent ardemment, depuis le jour où l'on a parlé pour la première fois de la presse de Guttenberg, qu'il s'en établisse en ce royaume pour les soulager; ils sont accablés de tant d'écritures, qu'ils ne peuvent vaquer à leurs autres devoirs. Partout, d'ailleurs, où des imprimeries se sont montées, ce sont les moines qui les ont demandées instamment.

— Mais il y a d'autres copistes, répliqua Jean de la Pierre; les écrivains jurés de messieurs du parlement, qui transcrivent les ordonnances et les lois, dont ils tirent si grand profit, peuvent bien avoir tendu quelque piége. Et puis, vous savez que le parlement s'oppose toujours à tout avancement en toutes choses. Ne vous était-il pas contraire quand vous avez établi dans l'université de Paris l'étude de l'art de parler? Les avocats semblaient prétendre qu'à eux seuls appartient le droit de raisonner un discours; on eût dit qu'ils craignaient que leurs clients ne les vainquissent en éloquence.

— Eh bien, reprit Guillaume Fichet, nous ne nous endormirons pas. Nous savons que messieurs du parlement sont très-prompts à faire les arrêts qui condamnent. Vous avez ici un asile, mon fils; restez en paix. Nous verrons demain le Roi lui-même, s'il le faut.

— Quoi! le roi Louis le Onzième! On le dit tyrannique; et le mandat du parlement s'exécutait en son nom.

— Ceci n'est qu'une formule, mon fils ; et quant au jugement que vous portez du Roi, c'est une erreur très-malheureuse. Louis le Onzième est un prince venu dans de pénibles circonstances, qu'il surmontera, mais qui lui feront de nombreux ennemis. Aussi soyez sûr que son histoire sera déformée. Avant lui, il y avait en France autant de maîtres absolus que de seigneuries. Il travaille de sorte qu'il n'y en aura plus qu'un seul ; et le peuple respire. Il en est chéri. Quand, dernièrement, les Bourguignons revinrent aux portes de Paris et qu'il fit un appel aux bourgeois, sur trois cent mille âmes que renferme cette capitale, il sortit de terre quatre-vingt mille volontaires, qui s'armèrent, et que le Roi passa en revue entre le faubourg Saint-Antoine et Conflans. Ne trouvez-vous pas que c'est de l'attachement et du zèle ? Un roi que l'on accueille avec des cris et des transports de joie comme ceux qui se manifestent autour de lui, un roi que l'on aime si chaudement après huit ans de règne, dans notre pays si prompt à l'inconstance, a sûrement mérité ce bonheur par quelques qualités.

Il est vrai qu'il traite un villageois aussi bien qu'un gentilhomme. On l'a entendu dire à son huissier (ou bedeau) qui annonçait deux personnages : « Celui-ci est un homme important qui vient demander une grâce ; qu'il attende ! Mais cet autre, un pauvre manant, vient sans doute réclamer justice ; qu'il entre ! »

Et quand, pour sauver Paris, profitant de la bonne volonté de ses bourgeois dévoués, il établit l'édit qui ordonnait à tout habitant de la ville de se faire enrôler depuis l'âge de seize ans jusqu'à soixante, il nous suffit de représenter que les études seraient malheureusement interrompues, si les enfants de l'université quittaient leurs classes. Il nous accorda à l'instant leur exemption. Dormez en paix, mon fils; si le parlement nous refuse raison, le Roi nous la fera : « Justice, après Dieu, émane du sceptre! »

Qu'il nous soit permis de suspendre un moment notre récit, pour ajouter quelques mots à cette défense de Louis XI. On a tellement défiguré ce prince, au physique et au moral, qu'on est allé jusqu'à l'inconséquence ; car avec les vices, les manières et les façons de faire que l'ensemble des écrivains modernes lui suppose, il n'eût jamais tenu dans l'histoire la place importante qu'il y occupe. Ce roi ne fut ni si trivial ni si féroce. Jamais l'homme qui, en vingt années, fit de la France misérable un royaume florissant, qui protégea constamment le peuple, qui jugea tous ses sujets par des lois égales, qui agrandit ses États sans guerres déastreuses, qui dès la première année de son règne réhabilita la mémoire de Jacques Cœur et força les juges de Jeanne d'Arc à brûler de leurs propres mains la sentence de l'héroïne; qui, honorant le courage de Jeanne Hachette, ordonna que les femmes, à Beauvais, auraient le pas sur les hommes dans les processions; jamais cet homme qui fit tant de grandes choses à travers tant d'obstacles, qui ne négligea rien, qui porta dans tout une main habile et qui fonda si solidement la monarchie française, ne ressembla au personnage niais, absurde et révoltant que nous présentent les romanciers et les poëtes, égarés par certains historiographes.

Montesquieu, cet homme qui ne se laissait pas entraîner à la remorque des jugements tout faits, avait écrit une histoire de Louis XI. Malheureusement ce livre est perdu. Tout ce qu'on en sait, c'est qu'il contenait des aperçus entièrement neufs. Il est donc permis de croire qu'il ne faisait pas de Louis XI la caricature pittoresque, mais fausse, que l'on rencontre dans le *Quentin-Durward* de Walter Scott, dans la *Notre-Dame de Paris* de Victor Hugo, dans le drame de Casimir Delavigne, dans l'Histoire d'Alexis du Mesnil, et partout.

Pour reconstituer ce règne, il nous faudrait étudier rigoureusement les pièces officielles du temps, les actes publics, les écrits des contemporains *désintéressés*, et partir de ce fait que, parmi les crimes attribués à Louis XI, plusieurs sont des inventions dénuées de preuves.

Les peintres, qui peuvent se procurer chez Delpech la figure historique de Louis XI, lithographiée d'après un portrait authentique, avec sa tête droite et ferme, son œil animé, sa physionomie avisée, pourraient aussi se dispenser de profaner leur pinceau par des charges comme nous en avons vu dans les tableaux les plus sérieux.

Les Allemands ont une très-vieille légende de Faust (le héros du célèbre drame de Goethe) qui, pour eux, est le Fust, l'associé de Guttenberg. On lit dans ce vieux récit que Fust, avec quelques compagnons, traversa la France en 1460, une année avant l'avénement de Louis XI. Il la vit désolée outre mesure. Les villes étaient dépeuplées, les campagnes nues et désertes. Les paysans labouraient péniblement quelques coins de terre, en s'attelant eux-mêmes à de vieilles charrues; ils n'avaient plus de bestiaux. Ils se retiraient dans les bois et les cavernes; ils n'avaient plus de cabanes. Les loups entraient dans les villes; et il en venait jusqu'à Paris en hiver, quand la Seine gelée leur offrait un passage.

Vingt ans après, en 1480, le même Fust revient en France; il trouve un pays partout florissant; partout de gais villages et de belles chaumières neuves; partout de joyeux villageois frais et bien portants. Et cependant de nombreux griefs s'élèvent dans l'histoire autour du nom de ce roi. N'est-ce pas là matière à quelques études?

Au reste, si nous sommes entraîné peut-être par des témoignages contemporains favorables, nous ne sommes pas seul dans la défense de Louis XI. Il y a très-peu de temps que M. Th. Bénazet le jugeait « un des plus habiles princes qui aient jamais paru, roi qui releva de son déclin la couronne, rendit stables les victoires de son père, affranchit de tutelle ses successeurs, et qui, ayant reçu un État demantelé, laissa une monarchie compacte, nerveuse, lancée enfin vers ses grandes destinées, plus puissant par le conseil que ses ennemis par les armes, et le premier qui ait montré, après la barbarie du moyen âge, le triomphe de l'intelligence sur la force... »

Revenons en Sorbonne.

Le lendemain matin, Guillaume Fichet et Jean de

la Pierre se rendirent au parlement, pour réclamer les deux imprimeurs incarcérés. Ils trouvèrent les conseillers qui s'en allaient à leurs siéges et qui se disposaient à interroger les deux prisonniers, puis à les *questionner*, comme on disait, s'ils n'avouaient pas volontiers ce qu'on voulait savoir d'eux.

Il ne s'agissait pas du motif banal qui avait troublé Martin Crantz. Les deux captifs étaient retenus sous le poids d'une accusation plus sérieuse.

Le parlement, qui, malgré tous les pompeux éloges qu'on lui a donnés et qu'il a su se faire donner, ne s'est pas toujours montré favorable aux découvertes, aux progrès, aux établissements utiles, le parlement avait *attrait* les deux imprimeurs, les estimant coupables de sorcellerie...

Certains conseillers soutenaient que l'encre rouge des imprimeurs était du sang, dont le diable seul maintenait la couleur fixe...

D'autres prétendaient que ces artistes ne parvenaient que *par magie* à faire que tous les exemplaires de leurs copies se ressemblassent...

Quelques années plus tard, les conseillers de parlement, honteux de leurs préjugés, les mirent sur le dos des moines, qu'on a chargé de bien d'autres.

Mais alors ils s'apprêtaient à juger; et, sans les deux docteurs de Sorbonne, la première presse amenée à Paris allait être brûlée avec ceux qui l'avaient apportée.

Jean de la Pierre resta dans la salle d'audience pour aider, au besoin, les deux accusés, pendant que Guillaume Fichet se rendait en hâte au palais des Tournelles, où se trouvait heureusement le roi Louis XI. Il fut introduit sur-le-champ, et il exposa au Roi ce qui se passait.

— Il est dur, répondit le monarque, de penser que ces hommes procèdent pourtant en notre nom (1); et il en fallait de tels pour troubler la joie que nous cause l'arrivée d'un art merveilleux, qui nous donnera le moyen d'avoir des livres !

Il fit signe aussitôt à un archer, écrivit à la hâte quelques mots qu'il lui remit et ajouta :

— Prends à l'instant vingt hommes, porte cet écrit de notre main ; on te remettra deux prisonniers qu'il faut traiter avec honneur et comme gentilshommes, car nous les honorons. Tu les conduiras à la maison de Sorbonne.

— Je les envoie sous votre asile, messire, poursuivit le Roi — pendant que l'archer s'occupait d'obéir — parce que je crains encore quelque émotion, suscitée par l'ignorance et la malice des gens de notre cour de parlement. Chez vous, au moins pour quelques jours, ils seront en sécurité.

— Sire, répondit Fichet, nous pouvons faire plus. Une de nos grandes salles est vacante ; il nous est loisible de l'offrir à ces artistes pour installer leur atelier.

— Faites-le, messire ; vous nous serez très-agréable. Dans deux jours j'irai voir chez vous ces habiles ouvriers. J'espère que l'imprimerie n'oubliera jamais

---

(1) Sur les faits singuliers du parlement de Paris, voyez aussi, dans les *Légendes des sept péchés capitaux*, le Pamphlet, et, dans les *Légendes des saintes images*, Notre-Dame de Bonne-Délivrance.

qu'elle doit aux pauvres maîtres de la Sorbonne son établissement dans notre royaume.

Guillaume Fichet se retira satisfait.

Il fut rejoint dans la rue Saint-Jacques par Jean de la Pierre et par les deux imprimeurs délivrés, qui marchaient joyeusement au milieu de leur noble escorte.

En arrivant à la Sorbonne, Ulric Géring, instruit par Martin Crantz de ce qu'il devait aux deux docteurs, les remercia cordialement, bénissant aussi le roi Louis XI. Après quoi il témoigna de l'inquiétude au sujet de sa presse et de ce qu'il appelait ses outils. Mais le chef des archers, comprenant les intentions du Roi, se hâta d'offrir ses vingt hommes, à l'aide desquels tout le précieux bagage des imprimeurs fut transporté sans méchef, ce même jour, dans la salle qui leur était offerte.

Louis XI vint le 30 mars, comme il l'avait dit. La presse était montée; on conte même, dans quelques mémoires, qu'il fut imprimé devant lui plusieurs exemplaires d'un feuillet volant, où on lisait ces mots :

> Ludovici undecimi, regis augusti,
> Artium protectoris,
> Extendatur arte nostra laus et nomen!

« Que la louange et le nom de l'auguste roi
» Louis XI, protecteur des arts, se propage par l'im-
» primerie. »

Mais ce fait a paru romanesque à certains critiques; et, comme rien ne l'appuie, nous le donnons sans le garantir.

Le premier ouvrage imprimé à Paris, en beaux caractères ronds, et qui parut en 1470, quoiqu'il ne porte aucune date, est le Recueil des lettres latines de Gasparin de Pergame, éditées par Fichet et dédiées à Jean de la Pierre.

Les trois associés imprimèrent, l'année suivante, la Rhétorique du bon Fichet, en trois livres. C'est, dit-on, le premier cours de rhétorique qui ait été fait méthodiquement à Paris; et il présente cette particularité, qu'il a été composé, écrit, dicté et imprimé dans la même maison, *in Parisiorum Sorbona.*

Ne terminons pas sans ajouter que Martin Crantz et Michel Friburger, en 1477, se retirèrent en Allemagne; que Géring, toujours protégé par la Sorbonne et par Louis XI, resta seul à la tête de son imprimerie. Mais déjà ces habiles ouvriers avaient fait d'excellents élèves qui devinrent nos premiers imprimeurs, et parmi lesquels nous devons citer Pierre Cæsaris et Jean Stol, qui établirent un atelier à leur compte, avec les bons conseils de Géring, dès l'année 1473; Pasquier Bonhomme et Jean Bonhomme, son frère; Antoine Vérard; Guillaume Maynval, Jean du Pré, Antoine Caillaut, Geoffroi de Marnef, Louis Martineau, Denis Janot, Georges Mittelhus, Guyot, Philippe Pigouchet, Robinet Macé, Pierre Caron, Michel Lenoir, Claude Jammar, dont les noms sont chers aux bibliophiles.

Géring mourut en 1510, dans la maison de Sorbonne. Comme il n'était pas marié, il laissa tous ses biens à la pauvre maison. Cette succession fut employée à fonder une chaire, la première chaire rétribuée de ce pieux collége. Ainsi les bienfaits s'échangeaient; et la mémoire ne s'en effaçait pas vite.

Mais, dans le dernier siècle, l'imprimerie française — qui doit quelque chose à la Sorbonne — ne s'en est peut-être pas assez souvenue.

IV. — DE JEAN BRITOEN.

Revenons à Jean Britoen. Une singulière opinion a été émise à la gloire de cet homme; et il est vrai qu'elle se présente d'une manière qui pourrait séduire. « Il est probable, dit M. Delepierre dans un fragment qu'il a publié de sa *Biographie des Brugeois célèbres,* que Jean Britoen fut sinon le premier, du moins un des premiers inventeurs de l'imprimerie. Le savant Meerman possédait un petit in-quarto de soixante pages, que Ghesquière et d'autres croient imprimé en caractères fondus à Bruges en 1450. Ils s'appuient sur la suscription du livre, où Britoen se vante d'avoir trouvé un art qui faisait l'étonnement de ses concitoyens. La voici :

> Aspice presentis scripture gracia que sit.
> Confer opus opere, spectetur codice codex.
> Respice quam munde, quam terse, quamque decore,
> Imprimit hec civis Brugensis Brito Johannes,
> Inveniens artem nullo monstrante mirandam,
> Instrumenta quoque non minus laude stupenda.

» Ce livre est intitulé *C'est cy la coppie des deux grands tableaux attachiez au dehors du chœur de l'église de Notre-Dame de Terewane* (Térouenne), composé par Jean Gerson, chancelier de Notre-Dame de Paris.

» Ghesquière prétend même, ajoute M. Delepierre, que, dès l'année 1445, on vendait à Bruges des livres imprimés. Il se fonde sur un mémorial de l'abbé de Saint-Hubert, de Cambrai, écrit de sa propre main et portant, au mois de janvier 1445, qu'il avait dépensé vingt sous tournois pour un doctrinal, *jeté en moule*, acheté à Bruges en Flandre. »

Nous répondrons que Bruges, en 1445, habitée par la cour splendide de Philippe le Bon, faisait un commerce immense; qu'elle avait des relations très-bien établies avec l'Allemagne, et que probablement elle tirait ses livres de Mayence, de Strasbourg ou de Cologne. Peut-être aussi ces livres jetés en moule n'étaient-ils que des recueils de pieuses gravures enluminées; et on en faisait sur bois, à Bruges, avant 1440.

Quant aux six vers latins qui ont embarrassé Ghesquière, Van Praet et M. Delepierre, outre que le livre qui en est décoré ne porte pas de date, puisque l'on ne connaît aucun livre daté avant le psautier de 1457, voici la réponse, à notre avis satisfaisante, que fait là-dessus M. de la Serna-Santander, dans sa *Bibliographie du quinzième siècle* :

« Jean Britoen de Bruges ne doit être regardé que comme un calligraphe habile. Les caractères employés dans le livre qu'on lui attribue sont absolument conformes à ceux des *Epistelen en Evangelien* et du *Fasciculus temporum*, imprimés par Jean Veldener, à Utrecht, en 1478 et 1480. Il est évident que ces vers latins faits par le calligraphe lui-même, Jean Britoen, pour relever la beauté et la netteté de sa copie, n'ont aucun rapport à l'impression faite dans la suite sur cette copie par Jean Veldener, qui y laissa subsister lesdits vers. Les premiers mots : *Voyez la grâce de la présente écriture* démontrent cette vérité ; car de quel front pourrait-il se vanter, ce Jean Britoen, de la beauté et de la netteté de son impression, qui n'est rien moins que belle, et qui est exécutée en très-laids caractères gothiques ? Les instruments merveilleux dont il s'attribue l'invention, dans les deux derniers vers, sont certainement ceux de l'art calligraphique, qui avait aussi ses instruments dont les écrivains se servaient pour faire de belles copies, témoin les petites feuilles de cuivre, percées à jour, représentant dans leurs vides les lettres de l'alphabet. J'ai vu un religieux minime se servir de ces feuilles pour écrire des livres de lutrin. C'est avec de pareilles feuilles de cuivre que, chez les Romains, on apprenait à écrire aux enfants. Reste le mot *imprimit*, employé par Jean Britoen ; mais on sait que ce mot est d'un usage fréquent, dans le quinzième siècle, pour signifier écrire. Enfin si Britoen, qui est mort en 1492, a été un si habile artiste qu'il ait trouvé l'art de l'imprimerie, d'où vient que, dans l'espace de quarante ans qu'il a survécu à sa prétendue découverte, il ne nous a pas donné une seule impression ? Et pourquoi a-t-il abandonné de suite un art qui faisait l'étonnement de ses concitoyens ? »

Plaçons donc Jean Britoen à côté de ce Coster que les Hollandais se sont imaginé, et qui imprimait, disent-ils, avant tous les autres, dans Harlem, où la première presse ne roula qu'en 1483.

v. — L'IMPRIMERIE EN FLANDRE.

Aux fêtes de Pâques de l'année 1471, ce fut dans sa maison d'Alost, ou plutôt dans la maison de son père, que Thierry Martens convoqua ses amis. Jean Britoen n'y fut pas appelé. Mais à sa place Colard Mansion avait demandé que l'on admît deux frères de la maison de Nazareth de Bruxelles. C'étaient de bons et pauvres religieux qui copiaient pour vivre. En leur ôtant le pain bis, on voulait leur donner du pain blanc.

Thierry et Colard avaient parcouru l'Allemagne. Ils rapportaient des caractères, des matrices, des dessins, des modèles de presses, des secrets pour la composition des encres. Ils avaient eux-mêmes travaillé un an à Cologne, compositeurs et pressiers, chez Arnoldus Thernoeren, l'un des premiers imprimeurs de cette ville. Ils avaient trempé le papier, délayé les encres, manié les balles, car les rouleaux sont une amélioration de nos jours, et dans le commencement on noircissait les formes avec des tampons. Ils avaient corrigé les épreuves et s'en revenaient complétement instruits. Ils rapportaient quelques livres imprimés par Thernoeren; ils les firent vendre avec profit à Bruxelles et dans les autres villes. De plus, ils ramenaient deux bons ouvriers, Jean de Westphalia, de Paderborn, et Conradus son père, qui possédait quelques planches de bois, contenant, comme nos clichés d'aujourd'hui, de petites livres usuels.

On se mit à l'œuvre sur-le-champ. Gérard Leen, qui était habile à dessiner et à graver, se chargea de faire des caractères et des vignettes. On établit des presses; on prépara les encres et les tampons, les auges de pierre pour laver les formes. Arnold de Keyser et Michel Hoogstraten élevèrent des fabriques de papier; la nouvelle industrie occupa, longtemps déjà avant de produire, une foule de mains.

On avait apporté un assortiment de caractères de Thernoeren, le seul imprimeur qui eût consenti à en vendre. Comme ils n'étaient pas fort beaux, et que Thierry et quelques autres en voulaient de faits sur leurs dessins, on les donna aux bons frères de la maison de Nazareth.

En 1473, le premier livre imprimé en Flandre parut, sortant des presses de Thierry; c'était le *Speculum conversionis peccatorum, impressum Alosti in Flandria, anno* 1473. L'Espiègle, qui en était l'éditeur, avait vingt ans. Il en vécut quatre-vingts, eut à la fois des établissements typographiques à Alost, à Anvers et à Louvain, fut le premier qui imprima des livres grecs, mérita le surnom de l'Alde des Pays-Bas, devint l'ami d'Érasme, qui lui fit une glorieuse épitaphe, et repose dans un tombeau monumental, devant lequel on s'incline encore aujourd'hui dans la grande église d'Alost.

Tous ses amis s'établirent imprimeurs; Jean Veldener fit des livres ornés de figures sur bois exécutées par lui-même, à Louvain et à Utrecht; il monta même une presse à Culenbourg dans la Gueldre, où il publia le *Speculum salvationis humanæ*, traduit en flamand.

Van der Goes, à Anvers, fit paraître les visions de Tondal, *Tondalus vysioen*, en 1482; pour faire une malice à son cousin d'Alost, il supprima un X dans sa date en chiffres romains, de façon qu'on croirait que ce livre a paru en 1472, un an avant Thierry Martens. Mais les recherches des bibliographes ont découvert la vérité. Le premier livre qui parut à Anvers est le *Thesaurus pauperum*, in-folio, imprimé par Van der Goes en 1476.

Gérard Leen, voulant illustrer son pays natal, mit en mouvement sa première presse à Gouda, en 1477; il vint sept ans après se fixer à Anvers.

Michel Van Hoogstraten, occupé à fabriquer du papier, n'imprima qu'en 1495.

Les frères de la maison de Nazareth publièrent un *Arnoldus Gelhoven* en 1476; c'est la première impression faite à Bruxelles; leur maison prospéra tellement, qu'ils eurent bientôt aussi un établissement à Cologne. Ils n'ont mis leur nom qu'à une légende célèbre, imprimée, comme ils disent, dans la fameuse ville de Bruxelles : *Legenda SS. Henrici et Kunegundis; impressum in famosa civitate Bruxellensi, per fratres communis vitæ in Nazareth. Anno Domini* 1484.

Arnold de Keyser fit paraître son premier ouvrage à Audenarde, en 1480; c'étaient les *Hermanni de Petra sermones;* on voit qu'il avait des associés, à ces mots de la signature : *Pressum Aldenardi per me Arnoldum Cæsaris, meosque sodales.* Il publia des livres français, comme le *Traité des quatre novissimes* (ou *Dernières fins de l'homme*); on lit sur ce petit in-quarto cette recommandation :

> Priez pour l'impresseur de ce livre excellent,
> Audenarde. Impressé pour instruire tout gent.

En 1483, Arnould de Keyser avait aussi une presse à Gand, où il mit au jour les *Consolations de la philosophie* de Boèce, *latine et belgice,* en 1485.

Mais nous allions oublier l'ami de Thierry Martens, le savant Colard Mansion, lequel mit en lumière de préférence des livres traduits en français, tels que le *Jardin de dévotion,* qui parut en 1473, selon l'opinion de M. Van Praet, à peu près en même temps que le premier ouvrage de Thierry. Pour ne pas vexer son jeune confrère d'Alost, Mansion publia sans date. Il ne commença à dater que pour son *Boccace; du Déchiet des nobles hommes et clères femmes,* livré au public en 1476.

Louis de Ravescot, à Louvain, n'imprima qu'en 1488. Jean de Westphalia et son père — ouvriers de Thierry Martens jusqu'au mois de janvier de l'année 1474 — élevèrent ensuite à Louvain deux imprimeries à leur compte. — Les caractères de leurs premières publications sont les mêmes que ceux de Thierry.

Ainsi l'imprimerie s'étendit. Au seizième siècle, elle acquit un grand éclat. Les Plantin et les Moretus à Anvers, les Elzévir à Leyde, les Vascosan et les Étienne en France, surent en faire une splendeur. Le dix-septième siècle la vit décroître au profit de la Hollande. Dans le siècle suivant elle ne jeta que des étincelles. Nous la voyons, de nos jours, renaître avec vigueur. Elle produit énormément comme industrie; mais comme art, beaucoup de typographes ont encore à faire.

Que les imprimeurs ne l'oublient pas, la première qualité d'un livre, même avant la beauté, est la correction. Leurs devanciers, les pères de la typographie, le sentaient bien. C'était aux premiers hommes du pays qu'ils s'adressaient pour cela. Juste-Lipse occupait, avec de riches honoraires, le plus bel appartement de la maison de Plantin; on le montre encore aux visiteurs d'Anvers. Les Elzévir avaient Scaliger pour correcteur d'épreuves. Érasme ne dédaignait pas ce haut emploi.

Vous savez aussi ce que faisaient les Elzévir : lorsqu'une épreuve avait été corrigée cinq fois, ils en exposaient dix exemplaires à leur porte, sous des grillages de laiton; un poinçon attaché par une chaînette pendait à chaque châssis; un demi-ducat (environ six francs) était le prix promis à celui qui découvrirait une faute. Le savant qui la rencontrait piquait le poinçon sur la correction à faire et tirait le cordon d'une sonnette. On enlevait tous les châssis, on corrigeait la faute, on remettait dix nouveaux exemplaires; et ce n'était qu'après huit jours de soins semblables que la feuille allait sous la presse. Ces typographes étaient des artistes.

XXIV. — L'ÉTERNUMENT.

Une politesse n'appauvrit pas.
BACHAUMONT.

Les docteurs juifs nous disent, sur la parole du rabbin Éliézer, qui florissait au septième ou au huitième siècle, que le patriarche Jacob est le premier homme qui soit mort de maladie; qu'avant lui tous les humains mouraient en éternuant, et qu'après Jacob ceux qui vinrent au monde ne mourant plus de cette secousse, on s'est mis à faire pour eux, quand ils éternuaient, un bon souhait comme *Dieu vous bénisse!*

On lit ailleurs que, dans une épidémie qui frappa surtout l'Italie, toutes les personnes qui en étaient atteintes mouraient en éternuant; c'était au sixième siècle; et que de là vient l'usage de faire des souhaits à ceux qui éternuent. Mais c'est trop rajeunir cette coutume, qui existait chez les anciens les plus reculés et qui existe toujours, même chez les sauvages.

Un savant agréable, qui n'a signé qu'avec l'initiale T un article assez curieux dans le *Magasin catholique* de 1854, nous permettra de le citer ici :

« Les physiologistes, dit-il, expliquent l'éternument en nous disant le comment de la chose, mais non pas le pourquoi. Ainsi une certaine impression est faite sur les nerfs distribués à la membrane qui revêt l'intérieur des narines; le cerveau reçoit cette impression; puis, par une sympathie particulière et singulière, la renvoie le long du nerf diaphragmatique au diaphragme, grand muscle qui joue un rôle capital dans la respiration. Le diaphragme, lui, se met aussitôt à secouer convulsivement les poumons et tout le corps et à produire cette *expiration* brève et complète, cette espèce de toux que nous appelons sternutation ou éternument.

» Je dis que voilà le *comment* du phénomène, qui est simple, les physiologistes se sont arrêtés là. Il était naturel que les philosophes, qui se sont cassé la tête à tant de choses, se tourmentassent ici pour chercher le *pourquoi*, la *raison spéciale* de la sternutation. Un enfant vient au monde, l'air frappe ses narines, cet enfant éternue : c'est bien; on dit que la nature a voulu éveiller cet enfant, annoncer sa venue au monde et donner, par une vive expiration, une grande et subite liberté à ses organes respiratoires. Passe; mais un homme à propos de rien éternue, il éternue, il éternue à propos du tabac plutôt qu'à propos d'une chandelle qui lui brûle le nez, et qui pourtant stimule bien plus fort son organe olfactif; à propos du poivre, ou du gaz dégagé par le soufre enflammé, plutôt qu'à propos d'une autre poudre ou d'un autre gaz; en regardant le soleil, plutôt qu'en lui tournant le dos : pourquoi s'il vous plaît? C'est là qu'est le difficile, le délicat, l'insurmontable de la question. La nature, qui ne fait rien sans but, a un but en faisant ceci. Est-ce signe de quelque chose? Si c'est un signe, en est-ce un bon ou un mauvais? Se porte-t-on mieux auparavant ou après? Fait-on mieux fortune? Est-on plus sage? Graves questions vraiment, et qui méritaient toute l'attention de la plus profonde philosophie. Ne nous étonnons pas que les philosophes aient remué ces choses! Qu'on se figure, au milieu de la plus calme conversation des premiers temps, le premier homme qui ait éternué! Quel événement cela dut être! quel foudroyant phénomène! d'autant plus qu'alors cet homme dut éternuer avec tout l'abandon de la nature, sans cette réserve que l'esprit des convenances sociales est venu imposer aux hommes d'aujourd'hui.

» Si loin qu'on puisse remonter le cours des âges, on voit l'éternument revêtu, en quelque sorte, d'un caractère extraordinaire. Du temps d'Homère, l'éternument était honoré d'un salut, ou tout au moins il fixait l'attention des assistants. Dans l'*Odyssée*, Télémaque, causant avec Pénélope et Eumée, se mit à éternuer de manière à ébranler les voûtes du palais. Cela fit beaucoup rire Pénélope, et le bon Eumée lui dit : « Madame, un étranger se présentera ici. Voici » votre fils qui nous en donne le présage. » De là à remercier Télémaque et à invoquer sur sa tête les bénédictions du Ciel, il n'y a qu'un pas; car la venue d'un étranger était alors regardée comme un heureux événement. Je ne sache pas que les héros d'Homère aient éternué autre part : du moins le poëte n'en fait pas mention.

» Aristote parle plus catégoriquement, comme cela devait être, des souhaits qui suivent l'éternument, et en cherche l'origine avec une certaine anxiété. Dans son problème VII, dont je ne pourrais en vérité lui donner la solution, le philosophe de Stagyre se pose cette question : *Pourquoi voyons-nous dans l'éternument un avertissement divin ?* Il se demande encore pourquoi l'éternument est quelque chose de sacré, et, de plus, pourquoi certains autres bruits ne le sont pas ? La réponse à cette dernière partie de la question nous semblerait plus facile. Ce grand homme assure que de son temps on s'inclinait avec respect devant une personne qui éternuait. « Car, ajoute-t-il, » c'est là une preuve de bonne santé de la plus noble » partie de nous-mêmes. » On pourrait assurément contester que le cerveau ne se porte jamais mieux que dans les rhumes de cerveau.

» Que ne pourrions-nous pas dire encore en faveur du caractère spécial et respectable de l'éternument ? Tibère voulant que le public s'inclinât à la promenade quand il éternuait; Pline trouvant plus poli et plus convenable d'appeler l'éternueur par son nom; Xénophon ralliant par un bon éternument ses soldats dispersés, qui voient tout à coup dans cet acte spontané de leur chef un gage de la victoire; l'éternument même converti en dieu, ayant, je ne sais plus chez quel peuple, ses autels où l'on venait fort sérieusement éternuer en procession... Il est vrai que la découverte du tabac a dû promptement renverser ces singuliers autels. Parlerons-nous du souverain du Monomotapa, qui, selon Godignus, à chaque éternument est salué des vœux des courtisans, vœux prononcés assez haut pour faire retentir l'enceinte entière du palais et se propager de proche en proche jusque dans les plus petits coins de la capitale, et aller avertir le moindre des habitants que

Sa Majesté a éternué et se porte bien? O humanité!

» Deux médecins célèbres, Sprengel et Schnurrer, ont fait de nombreuses et longues recherches sur l'origine des souhaits qui nous occupent : ces recherches ont été sans fruit. M. Rosembaum a repris le même sujet sans beaucoup plus de succès. Si l'Allemagne ici a échoué, que fera la France? Car ce n'est pas avancer la question que de citer Cassius, qui croyait au caractère divin de l'éternument, parce qu'on éternue quelquefois en regardant le soleil; et que de découvrir qu'à leur arrivée dans la Floride les Espagnols furent très-étonnés et émerveillés de voir les Indiens s'incliner à chaque éternument du cacique de Guachoia, se croiser les bras sur la poitrine et prier le soleil d'éclairer leur seigneur et maître de sa bienveillante lumière et de le protéger contre ses ennemis.

» Quoi qu'il en soit des différentes opinions émises sur l'origine des souhaits que l'on adresse à ceux qui éternuent, qu'il nous soit permis, en terminant cet article, de donner la nôtre personnelle sur cet objet; nous avons ouï dire quelque part, et il est constant en effet, d'après ce que nous tenons d'hommes qui ont étudié le corps humain et les différentes fonctions de ses organes, que rien n'est plus extraordinaire que les révolutions qu'opère l'éternument dans toute l'économie de notre organisation : cette révolution et la violence de la secousse qu'elle occasionne sont telles, qu'il est étonnant que de graves lésions et la mort même ne surviennent pas chaque fois qu'un éternument se déclare. Or ne serait-ce pas la pensée du danger auquel notre existence est exposée chaque fois qu'une sternutation se manifeste, qui aurait frappé ceux qui les premiers ont remarqué ces singuliers symptômes, et qui aurait motivé les souhaits qui nous occupent? Nous sommes assez porté à en juger ainsi.

» Il résulte de tout cela que les souhaits d'éternument datent de très-loin, qu'ils remontent à la plus haute antiquité, et que, dans l'état actuel de la science, leur origine est un mystère. »

XXV. — LA BOUSSOLE.

La navigation, mère du commerce ;
Le commerce, père de la fortune.
C.-F. DE GRAVE.

Peu de nations présentent des peuples navigateurs dès leur origine. Les Gaulois cependant, aussitôt qu'ils paraissent dans l'histoire, ont des marins qui sont remarqués. Depuis les Romains jusqu'au moyen âge, leurs vaisseaux bravent les mers; et il a fallu de longs efforts et des circonstances compliquées pour amener le littoral des Gaules au point de découragement où ses hommes de mer sont tombés dans le dernier siècle. Ils s'en relèvent.

Les Égyptiens, avant de naviguer à pleines voiles, avant de creuser, à travers l'isthme de Suez, ce canal que l'on nous rend enfin, avaient vécu longtemps comme nation. Les Perses, avant l'invasion d'Alexandre, ne naviguaient pas sur les mers, puisque ce conquérant fit détruire les barrages qui fermaient les embouchures du Tigre et de l'Euphrate. Les Grecs et les Romains étaient des peuples guerriers avant de tenter les océans. Une des plus anciennes flottes est celle qui porta les destructeurs de Troie. Chez les Hébreux, on n'en aperçoit guère avant celles de Salomon.

Chez les Gaulois, qui entrent dans l'histoire pour lutter avec les Romains, les vaincre et s'établir des colonies dans la Grèce, qui luttent ensuite dix ans contre Jules César, on voit des hommes habiles déjà dans la marine. « Leurs vaisseaux, dit César, sont plus grands et plus solides que les nôtres. » On trouve, dans la description qu'il en donne, non pas de légères et frêles embarcations comme celles des Romains, mais d'énormes vaisseaux, construits par une vaste charpente, fortement chevillés de fer, avec de bons cordages et de grandes voiles de lin. « Ces navires, plus propres que les nôtres à surmonter les tempêtes de l'Océan, dit-il, étaient si élevés, que les soldats romains, sur le haut des tours de bois de nos galères, n'étaient que de niveau avec les bords des vaisseaux gaulois. »

Un peu plus tard, quand les Romains ne peuvent se maintenir sans alarmes dominateurs de la Gaule-Belgique, ils enlèvent de leur sol natal certain nombre de Morins et de Ménapiens insoumis; ils les transplantent sur les rives du Pont-Euxin. Là ces hommes trouvent une flotte de l'empire, s'en rendent maîtres, traversent la Propontide, parviennent à la Méditerranée, franchissent le détroit de Cadix, arrivent dans l'Océan et regagnent les bouches de l'Escaut, d'où on les voit faire aussitôt la piraterie et le commerce.

Marseille dès lors courait toutes les mers connues.

C'était encore un marin que Carausius, ce Gaulois qui sut s'affranchir du joug de Rome, enleva l'Angleterre aux empereurs, s'y fit proclamer auguste et battit quatre fois sur mer les maîtres du monde.

Charlemagne faisait construire à Boulogne, à Calais et à Gand les flottes qui devaient repousser les Normands; Gand alors était port de mer; et dans les invasions des hommes du Nord, Baudouin Bras de fer défend ses côtes avec ses marins.

Sous Philippe d'Alsace, le commerce par eau est très-étendu en Flandre. On voit les Francs du Nord et du Midi, pendant les croisades, partager avec les Génois l'empire de la mer, faire les transports de l'Europe à l'Asie, étendre immensément leur commerce, à la faveur des guerres saintes. Dès la première expédition, sous Godefroid de Bouillon et ses frères, on rencontre des pirates de nos contrées qui depuis dix ans écument la Méditerranée; et nos navigateurs nous rapportent, au douzième siècle, le luxe et les arts de l'Asie.

En enlevant les produits du pays, le commerce maritime encouragea immensément la production. Toutes les industries se fondèrent. On fabriqua des draps, des toiles, de la dentelle et des velours, des tapis, des meubles, des armes. Des navires flamands partaient chargés de légumes, qu'ils allaient vendre en Angleterre. Tout prospérait dans leur pays;

l'agriculture était riche, la main-d'œuvre bien payée. Car la navigation, c'est la fortune des peuples. L'Angleterre n'est devenue opulente que depuis qu'elle a une immense marine. La Hollande, lorsqu'elle était reine du commerce maritime, était aussi reine du monde. Elle a perdu sa couronne; mais il lui en reste bien des lingots.

Il y eut un temps où le vieux sol des Francs voisins de la mer était le premier pays du monde pour la richesse, où tout habitant de ces heureuses contrées avait de l'or. Au quatorzième et au quinzième siècle, à Marseille, à Bordeaux, à Bruges, à Anvers, le dernier des citoyens avait sa ceinture garnie; et les guenilles ne servaient d'habit à personne. C'est qu'alors, comme les historiens le remarquent, les Francs du Nord et du Midi commerçaient avec dix-neuf royaumes, et que leurs navires traversaient hardiment toutes les mers connues.

La terre qui nous porte est riche et favorisée de Dieu. Mais il y avait alors des pays plus riches encore de leur nature et plus féconds, avec des hommes laborieux et des industries persévérantes. Néanmoins ces pays restaient pauvres et le sont toujours, parce qu'ils n'ont pas de commerce, c'est-à-dire pas de marine.

Avec trois navires que lui donna la grand'mère de Charles-Quint, Christophe Colomb s'en alla découvrir l'Amérique. Le commerce prit une nouvelle étendue; on vit les marchands d'Anvers prêter des millions à Charles-Quint et lui faire présent de la quittance au dessert d'un dîner.

Pour la navigation de long cours qu'exigea la découverte du nouvel hémisphère, on remarque plus spécialement l'indispensable emploi de la boussole, ce guide heureux des nautoniers, dont les Italiens ont jusqu'à nos jours réclamé l'invention.

Ils en donnent une raison plaisante. Boussole, disent-ils, vient de bossola, qui veut dire boîte, et de bosso, qui veut dire buis, parce qu'on met quelquefois la boussole dans une boîte qui n'est pas toujours de buis; et ces mots sont italiens.

Il est possible que les Italiens aient inventé la boîte; mais les anciennes boussoles, dont Klaprott a retrouvé plusieurs descriptions, consistaient uniquement en une aiguille aimantée, soutenue sur de l'eau dans un vase, au moyen d'un morceau de liége. Brunetto Latini en vit une de ce genre chez le moine Bacon, pendant le voyage qu'il fit en Angleterre en 1290. Flavio Gioja, qui passe pour avoir inventé la boussole à Amalfi en 1300, est donc tout au plus, ainsi que nous le disons, l'inventeur de la boîte et peut-être du pivot.

Quant au nom, malgré l'assentiment de M. Éloi Johanneau, qui s'est égaré comme il arrive volontiers aux linguistes, ce nom n'est pas italien. Boussole vient tout bonnement de moussola ou boussola, qui en arabe signifie aiguille; et c'est de l'Asie que vient la boussole.

Des savants ont cru que les Égyptiens et les Phéniciens connaissaient l'aiguille aimantée. Le P. Kircher prétend que les sujets de Salomon s'en servaient pour aller à la terre d'Ophir : c'est ce que nous ne déciderons point. Mais Bailly et Klaprott sont convaincus et donnent leurs preuves de ce fait, que la boussole était connue à la Chine plusieurs siècles avant qu'on en eût idée chez nous.

On voit l'aiguille aimantée citée dans quelques-uns de nos écrivains du douzième siècle; Guyot de Provins la décrit dans sa Bible et l'appelle aimanière ou amanière, nom qui venait de l'aimant; il paraît donc très-évident que la boussole fut rapportée en Europe, avec les moulins à vent, les pigeons messagers et le sucre, par les premiers croisés (1).

XXVI. — LES ÉCHASSES DE NAMUR.

> Il fallait bien que Philippe II fût moins absolu qu'on le dit, puisqu'il aimait beaucoup son fou, qui lui répétait sans cesse : Que feriez-vous, Philippe, si tout le monde disait non, quand vous dites oui? — et autres choses semblables.
>
> (*Histoire anonyme de Philippe II.*)

Je plains les princes, gens qu'on abuse et qu'on trompe. On leur dit que le peuple rit, quand le peuple n'a pas de souliers; que la nation chante, quand la nation grogne; et ils le croient. On leur dit que

---

(1) Il paraît que l'origine de la boussole, que l'on croyait ne remonter tout au plus qu'au douzième siècle, se perd dans la nuit des temps. M. Duteil, conservateur du musée égyptien du Louvre, a retrouvé la boussole égyptienne qu'on peut voir osciller dans une des vitrines du musée; ce qui pourrait enfin justifier la fameuse circumnavigation de l'Afrique accomplie par les Tyriens qu'avait envoyés Néchao. On sait que Montesquieu traitait de fable cette expédition, justement parce qu'il était impossible de l'effectuer sans l'aide de la boussole, qu'il ne soupçonnait pas avoir été connue des Égyptiens.

leurs sujets sont heureux d'obéir; ils donnent des ordres, et ils ne conçoivent pas la résistance. La femme du roi Louis XV, mangeant une bonne croûte de pâté, disait ingénument, dans des jours de famine : — « Mais si le peuple manque de pain, que ne lui donne-t-on des croûtes de pâté? » Pauvre femme qui hors sa cour ne connaissait rien !

L'histoire que nous allons rapporter est d'un prince qui savait et qui ne savait pas; exigeant sur un point, tolérant sur un autre : mauvais mélange. Un prince est trop en vue pour être variable; on ne règne estimé que lorsqu'on est constant. Le prince dont nous parlons était Jean Ier, comte de Namur, de la maison de Dampierre. Il avait épousé Marie d'Artois, bonne princesse sans doute — car pourquoi une princesse serait-elle méchante? — mais qui avait le malheur d'être née aussi en dehors de l'espèce humaine. C'était du reste un heureux ménage, quoiqu'un peu dans les hauteurs.

Jean et Marie tenaient à Namur une cour assez brillante. Ils avaient le sire de Gosnes pour chambellan, le sire de Marbais pour grand maître, le sire d'Atrive pour grand maréchal, le sire de Fumal pour maître d'hôtel, le sire de Balâtre pour grand panetier, le sire de Dave pour grand veneur, le sire d'Oultremont pour grand guidon ou gardien de la bannière. Ils avaient un grand écuyer ou conservateur des forêts, un gouverneur de la ville, un grand aumônier, qui était le prévôt de Saint-Pierre, un archiconfesseur, qui était l'abbé de Floreffe, un grand bailli et d'autres dignitaires.

Ils vivaient des revenus de leurs domaines particuliers et des impôts qui déjà alors frappaient les villes et le commerce : droits de tol ou de barrière, de thonlieu ou d'étape, de foire et de marché, droits d'entrée aux portes de Namur, droits de navigation sur la Sambre, droits de justice, haute, moyenne et basse, droits de cens, dîmes, épaves, aubaine. Toutes ces petites redevances, malgré leur modération, faisaient au bout de l'an un capital que le comte de Namur dépensait joyeusement, aidé de sa femme et de sa cour, ne songeant pas que quelquefois ils dissipaient en choses vaines les sueurs du pauvre.

Quand ils manquaient d'argent, sans mauvaise intention et sans malice, mais élevés à regarder la masse des bonnes gens comme une machine à produire, ils établissaient un nouvel impôt. Toute la peine était de l'imaginer, d'en supputer les résultats et de l'affermer ou d'en vendre l'exercice.

Ces choses se passaient au commencement du quatorzième siècle, époque de fermentation, moment où les nations partout rompaient leurs langes.

Jean de Namur avait accompagné en Italie l'empereur Henri VII, son suzerain, dans son expédition contre les Guelfes. En son absence, Marie d'Artois avait gouverné le comté de Namur; elle avait chargé ses sujets d'impôts récents et de petites vexations toutes nouvelles. Mais comme ils n'avaient pas encore dit non, lorsqu'elle disait oui, elle suivait sa marche.

Cependant, en l'année 1313, pendant que Jean

de Namur était à Paris, occupé à négocier un traité d'alliance entre le roi Philippe le Bel et l'Empereur, Marie d'Artois ayant inventé de nouvelles taxes, ce fut la goutte d'eau qui fit déborder le vase. Entourés de voisins qui regimbaient contre le joug, ayant sous les yeux l'exemple des Brabançons, des Liégeois et des Flamands, qui venaient tout fraîchement de se révolter avec profit pour leurs franchises, les Namurois, las de trop de patience, s'agitèrent ; et un beau matin la foule tumultueuse s'amassa avec confusion, en groupes mécontents, à la place Saint-Aubain, au marché Saint-Pierre, à la Piconnette.

Rapidement les murmures devinrent des plaintes vives, les plaintes des grondements, les grondements des cris, les cris des hurlements. Des hommes armés parurent, et dans cette ville appauvrie l'émeute devint en quelques heures une pleine insurrection. La souveraine, étonnée de voir le peuple d'un autre avis que le sien, voulut d'abord s'opposer au torrent ; mais on lui rappela qu'en 1256 (il n'y avait pas encore soixante ans) le peuple de Namur, opprimé par sa comtesse Marie de Brienne, l'avait chassée de la ville, quoiqu'elle fût impératrice. Marie d'Artois ne put croire un tel récit ; ce qu'on lui disait lui paraissait tout nouveau et par conséquent impossible.

Le peuple murmurait contre un impôt onéreux ; elle crut l'apaiser en improvisant un autre impôt et le faisant proclamer sur-le-champ.

Son bailli fut poursuivi ; la colère du peuple redoubla : on criait auparavant et contre la Comtesse qui inventait des taxes, et contre les collecteurs qui les levaient, et contre les privilégiés qui en étaient exempts; on ne hurla plus que contre Marie d'Artois; toute la fureur publique se concentra sur elle. Le flot populaire se lança contre le palais; la Comtesse se réfugia au château avec ses enfants; elle y fut immédiatement assiégée.

Le peuple, maître de la ville, supprima, abolit, mit au néant tout ce qui lui était hostile, se choisit des magistrats et s'organisa en république provisoire.

Après qu'elle eut été quelques jours étroitement bloquée, assez mal à son aise, la comtesse de Namur, reconnaissant enfin qu'elle pourrait bien s'être trompée, parla de capituler.

Le peuple devint fier. Il demanda la suppression des impôts, le rétablissement de certaines franchises altérées, le changement des magistrats odieux, le maintien des fonctionnaires élus par les masses. Les princes alors croyaient que céder était une faiblesse, et Marie rejeta les pourparlers. Elle fut assiégée plus vivement; mais elle savait que son mari arrivait de France.

Jean de Namur parut en effet le lendemain aux portes de sa capitale. Il les trouva fermées. Il n'avait en ce moment ni armée, ni alliés, ni trésors; il se montra modéré. Mais quand il sut à quelles conditions les Namurois consentaient à le recevoir (c'étaient les mêmes qu'on avait faites à sa femme), il ne crut pas devoir les accepter. Il fit un appel à tous ses fidèles vassaux et rassembla quelques hommes d'armes. Il lui fallait des machines pour livrer l'assaut et faire brèche au murs de la ville insurgée; il s'en fut à Huy, cité avec laquelle il avait toujours vécu en bon voisinage; il pria les bourgeois de cette ville de lui prêter leurs engins et machines de siége. Les Hutois, aussi honnêtement qu'ils le purent, firent réponse qu'ils tenaient encore un peu plus à l'amitié des bourgeois de Namur qu'à celle de leur Comte; et ils lui refusèrent tout secours.

Le comte Jean se voyait dans un grand embarras, lorsque enfin il trouva de l'aide dans un petit prince du pays, Arnold, comte de Looz, lequel vint avec des troupes, des machines de guerre, des vivres et des armes. Namur fut investi; et le peuple qui assiégeait sa princesse se vit assiégé par son prince.

Une escalade fut tentée de nuit, aux remparts, du côté de Saint-Aubain; le tocsin sonna; le peuple accourut en masse; les assiégeants furent repoussés. Les Namurois, enflés de cet avantage, vains de leur nombre, prirent l'air triomphant, air qui ne va longtemps à personne.

Ils étaient bloqués étroitement; leurs vivres s'épuisèrent; et, pendant que leur Comtesse pouvait prendre patience avec une bonne table, ils reconnurent qu'ils allaient mourir de faim. Toute communication leur était coupée; les approvisionnements n'arrivaient plus de nulle part; la faim, qui ne donne pas de joyeux conseils, leur fit entendre qu'il fallait transiger.

Plaignez aussi le peuple dans les anciens jours; car s'il subit de rudes servitudes, il fit aussi bien des sottises et comprit rarement ses vrais intérêts.

On leva le siége du château; on ouvrit les portes de la ville; chaque citoyen de Namur rentra chez lui, inquiet du lendemain et craignant les poursuites qu'allait exercer la justice du Comte.

Le comte de Looz avait mis à chaque porte des détachements d'hommes d'armes. Les chefs de l'insurrection, rassemblés à l'hôtel de ville, discutaient avec agitation sur l'ordre qu'on suivrait en allant au-devant de Jean pour lui crier merci, sans pourtant abandonner les griefs dont on sollicitait le redressement, lorsque vint un héraut qui annonça pour le jour suivant la solennelle entrée du seigneur Comte dans sa ville. Mais ayant à punir, il défendait à tout Namurois de sortir à sa rencontre; il ordonnait que toutes les portes des maisons fussent fermées sur son passage; il interdisait sans réserve aux habitants de la ville coupable d'aller au-devant de lui, ni à pied, ni à cheval, ni en charrette. C'étaient les termes.

Une telle mesure jeta la consternation dans l'assemblée des bourgeois.

— Le Comte, dit un vieux marchand, est un homme qui entend encore la raison; nous aurions pu l'empêcher de nous mal faire en lui exposant convenablement notre cause. Tout est perdu, si nous ne pouvons lui parler. Les gens qui l'entourent lui persuaderont de sévir.

— Il faut braver l'ordre, dit un maître chaudronnier, et l'aller trouver en son camp.

— Nous l'irriterons ainsi, répliqua un échevin; cherchons quelque moyen plus ingénieux.

On en proposa plusieurs; on parla d'écrire, d'envoyer les bons religieux, toujours prêts à se dévouer ; on mit en avant d'autres idées qui ne rassurèrent personne. Enfin un jeune garçon des Prés-Fleuris, qui était l'espiègle de son quartier, avisa une ressource puisée au cœur de la question.

— Il nous est défendu, dit-il d'un air déterminé, d'aller au-devant du seigneur Comte à pied, à cheval, ou en voiture, nous irons sur des échasses.

Ce mot ne fut pas plutôt dit qu'il circula dans la ville, couvert des applaudissements universels. Le reste de la journée fut employé à construire des échasses. Ceux qui ne pouvaient s'affermir sur la traverse, à trois pieds, à six pieds, à dix pieds de hauteur, se soutenaient avec des perches aiguës ou de longues béquilles; et le lendemain matin, cinq cents Namurois partirent ainsi à la rencontre de leur seigneur.

Le comte Jean, prévenu du mouvement qu'on apercevait au loin, sortit pour voir cette troupe élevée, qu'il prit pour un détachement de géants. Il trouva le stratagème original, rit un peu du spectacle de ces hommes, qui se disposèrent en amphithéâtre sur quatre lignes, s'approcha pour les écouter, entendit leurs raisons et voulut bien entrer au milieu d'eux.

Ou Jean de Namur était bon prince, ou il sentait qu'il faut que l'autorité sache quelquefois s'arrêter dans de certaines limites. Il ramena le calme dans Namur en pardonnant. Il se contenta d'une légère amende, supprima les impôts vexatoires et borna toute sa vengeance à de pieux pèlerinages qu'il ordonna aux chefs des troubles.

Ce bon résultat, qu'il était permis d'attribuer à l'heureuse pensée des échasses, les rendit chères aux Namurois. Une fête annuelle en conserva le souvenir. Tous les ans encore, les jeunes gens de la vieille et de la nouvelle ville se réunissent à certaines époques, hissés sur des échasses; ils se forment en bataillon et se mettent en marche au son d'une musique militaire, se dirigeant à la place Saint-Aubain. Là il se fait une joute. Les *mélans* et les *abresses* (tels sont les noms que prennent les deux partis, les premiers représentant la ville vieille et les seconds la ville neuve) emploient toute leur agilité à se repousser mutuellement. Ils n'ont d'autres armes que leurs coudes; les mères et les sœurs sont à pied dans les rangs et les encouragent; les dames de la ville, rangées des deux côtés de la place Saint-Aubain, animent chaque parti du geste et de la voix. La lutte dure souvent tout le jour, sans qu'aucun des partis soit vaincu.

L'origine de cet usage est du reste contestée. Quelques-uns ne le font remonter qu'à un passage de Charles-Quint. Mais on le voit établi dans les chroniques, bien longtemps avant ce règne. Galiot, qui a fait en six grands volumes l'histoire de Namur, cherche la trace de ce jeu jusque dans les temps romains et s'efforce de prouver, ce que tout le monde sait, que les Grecs connaissaient les échasses. D'autres voient leur origine dans les inondations de la Meuse, qui a parfois envahi les rues de Namur. Je vous ai rapporté la tradition la plus répandue; elle est aussi la plus agréable.

XXVII. — LES BALLONS.

Ad sidera tollere vultus.
OVIDE.

Nous allons vous reporter à une époque peu lointaine, où quelques-uns de vous, en assez petit nombre, ont fait acte de présence, où beaucoup d'autres, moins riches en années (opulence qu'on n'envie point), retrouveront leurs pères.

L'estaminet de la Cour de Vienne, dans la rue de la Fourche à Bruxelles, était, le 16 mai 1785, plus rempli que de coutume. Quelque chose d'extraordinaire et d'inouï se préparait dans son voisinage; toute la ville accourait à l'enceinte que l'on appelle aujourd'hui le marché aux Peaux, place nouvelle, où se faisaient des apprêts qui bouleversaient bien des têtes. — Depuis une douzaine de jours, l'aéronaute Blanchard était à Bruxelles; il préparait un ballon, avec lequel il devait s'élever pour retourner à Paris à travers les airs.

Nous lisons froidement aujourd'hui le récit de ces tentatives hardies; mais alors il n'y avait pas deux ans que l'aérostatique était née, et c'était la grande affaire de l'époque. La guerre de la Marmite (1) s'y absorba même tout entière. On ne parlait que de Montgolfier, qui avait lancé à Annonay le premier ballon vu dans les nuages, et de Blanchard, qui

---

(1) Petite guerre de Joseph II avec la Hollande, pour la liberté de l'Escaut, ainsi nommée parce qu'il s'y tira sur l'Escaut un seul boulet, qui ne fit d'autre dégât que de crever une marmite.

avait osé faire, par cette voie de locomotion, le trajet de Calais à Douvres.

Il y avait surtout de l'agitation à une grande table entourée de plusieurs employés de la cour, qui s'humectaient de faro et de louvain (1). Le lieutenant Pannasch, ingénieur, flanqué de M. Schlick et de M. Busschman, secrétaire du cabinet de Leurs Altesses (2), interpellait Néron, maître de latin des pages, et Maleck de Werthenfels, fourrier de la chambre, gens, disait-on, fort entendus. Bisschop et Mouchette, les officiers de cuisine, se bornaient généralement à écouter, aussi bien que Pollack, le postillon. Mais Sontag, appelé aussi Dimanche, maréchal ferrant de la cour, se permettait quelques observations.

— Cela n'empêche pas, dit-il, que, si on réussit à naviguer par les airs, la poste aux chevaux portera plainte. De quoi vivrons-nous ? Et mon grand-père, qui menait la barque à Vilvorde, ne serait pas content non plus, s'il y était encore.

— Ne dis pas de bêtises, Sontag, s'écria Néron ; apprends qu'on ne fera de tort à personne. Quand on s'élève dans les nuages, on est au-dessus des petites rivalités de la terre. La poste aux chevaux ne peut pas nous mener dans la lune. Eh bien, nous voulons y aller.

— C'est différent, grommela Pollack.

— Ce que vous voyez, reprit Néron, n'est encore

---

(1) Deux sortes de bières renommées.
(2) Albert de Saxe et Marie Christine, qui gouvernaient les Pays-Bas catholiques pour Joseph II.

qu'un essai. Blanchard, il y a trois ans, se proposait de monter dans une nacelle volante. Cet homme a étudié le mécanisme de tout ce qui vole, depuis le moucheron jusqu'à l'aigle. Sa première machine, la nacelle volante, avait presque la forme du corps d'un oiseau de bonne taille, ou plutôt d'une immense navette de tisserand. Elle était en carton vernissé; il s'y logeait, s'y enfermait et la faisait mouvoir dans l'espace, moyennant six grandes ailes. *Sic itur ad astra.* Malheureusement, elle ne voulut pas s'enlever. Là-dessus, Montgolfier imagina son ballon, qui partit le 5 juin 1783; les Parisiens, goguenards et impatients, firent jouer aux Italiens *Cassandre mécanicien, ou le Bateau volant,* farce qui tuait la nacelle. Si bien que Blanchard se jeta dans les ballons.

— N'importe, interrompit Mouchette; si ces choses-là viennent à prendre, et qu'on crée une marine aérienne, voilà de nouvelles dépenses, et voilà de nouveaux impôts.

— Et il faudra, dit M. de Schlick, un ministère des relations *extra nubes.*

M. Himmelbauer, chirurgien du corps de Leurs Altesses Royales, ajouta : — Pourvu que l'Angleterre ne s'empare point de l'empire des airs; comme elle s'est emparée des mers! Je viens de rencontrer le ministre plénipotentiaire de la Grand-Bretagne, milord Torrington; il avait l'air triomphant.

— Les Anglais ont toujours cet air-là, dit le procureur Coomans. Mais on ne prend pas la lune comme on a pris Gibraltar.

Tout le monde alors parlant à la fois, l'ingénieur Pannasch réclama le silence : — Je suis fort content, dit-il, des apprêts de Blanchard ; plusieurs aéronautes se sont élevés déjà, Joseph Montgolfier, Charles et Robert, et Pilâtre des Rosiers, qui viendra bientôt aussi à Bruxelles. Mais Blanchard est celui qui jusqu'ici a fait le plus grand voyage. En Allemagne, en Italie, en Angleterre, on prépare des ballons. Il faut pareillement, puisque la découverte est acquise, que l'on encourage chez nous les hommes de science et de dévouement. Savez-vous si Marie Christine honorera la fête de sa présence ?

— Certainement, dit Maleck, elle vient d'arriver tout exprès de Marimont.

— Thérèse Graindor, la servante de garde-robe, me l'a dit aussi, ajouta Sontag ; — pourvu qu'on ne m'empêche pas de ferrer mes chevaux !...

— Et je viens de voir, dit Pollack, les cors de chasse de Leurs Altesses Thurschmid et Rubisch ; Witzhum le timbalier était avec eux ; — j'espère qu'on ne me fera pas monter sur la selle d'un ballon !... — Et la preuve, reprit-il, que la cour est arrivée, c'est que voila nos amis.

La porte s'ouvrait en effet, pour laisser passer les cochers de la cour Rochack, Funck, Prochaska, Scheibenreiter, et les palefreniers Buxbaum, Braun et Pohur.

A la suite de ces noms inhumains, entrèrent Lechien et Mouton, valets de pied, Lassemblée, Labruyère, Laramée, Labranche, Labrisée, Lespérance, et Larosée, valets de chiens, qui amenaient de Marimont les jardiniers Pierchant et Kinogel, curieux, comme tout le pays, de voir un homme dans les airs.

Un estaminet, vous le savez, est ouvert à tout le monde. Mais à l'aspect de cette fournée de gens inférieurs, les secrétaires, les ingénieurs, les chirurgiens désertèrent dédaigneusement la Cour de Vienne, pendant que le cuisinier Mouchette disait à ses amis :

— Je ne demande qu'une chose, c'est qu'on ne m'oblige pas à faire la cuisine en l'air, à éplucher mes légumes dans les étoiles et à laver ma vaisselle dans les nuages...

Nous ne recueillerons pas les conversations bruyantes et confuses des nouveaux venus. Ils ne s'entretinrent que du ballon et firent sur ce sujet toutes les suppositions imaginables et burlesques qui s'enfantaient alors. Un des docteurs de l'assemblée démontra qu'avec une nacelle aérienne on pouvait en douze heures aller aux antipodes. — On s'élève jusqu'au-dessus de l'atmosphère, dit-il; on s'est muni d'une provision d'air pour la journée; la terre tourne comme de juste pendant ce temps-là, puisqu'on dit qu'elle tourne; on est parti de Paris ou de Bruxelles après déjeuner, à six heures du matin; — à six heures du soir on se laisse descendre pour souper en Chine.

Il découlait de là, pour la liberté du commerce, pour les découvertes prodigieuses, pour les guerres lointaines, pour les invasions audacieuses, mille raisonnements magnifiques (1).

(1) Il n'est pas hors de propos de faire remarquer que, tandis que partout en Europe on se réjouissait de l'invention des ballons, les

Aussitôt que le ballon de Blanchard fut prêt, toute la ville se mit en mouvement. Les diligences qui arrivaient de Gand, d'Anvers, de Louvain et de Liége tous les jours; celles de Tournay, de Namur, de Maëstricht et de Paris, qui ne partaient que trois fois par semaine, avaient rempli tous les hôtels. Le lieu où se préparait le ballon était l'emplacement du couvent de Sainte-Marie-Madeleine de Béthanie, que

Anglais, qui ne les avaient non plus inventés, en faisaient des quolibets dans leurs journaux, et leur société royale de Londres se moquait avec morgue des aérostats. Mais Montgolfier, sans le savoir assurément, avait été devancé de soixante ans au moins. Voici ce qu'on a pu lire assez récemment dans le savant et précieux journal intitulé *les Mondes* : « C'est à Lisbonne, au commencement du dix-huitième siècle, qu'eut lieu la première ascension en ballon. Elle fut opérée par un père de la compagnie de Jésus nommé Guzmão, qui s'était adonné particulièrement aux sciences physiques et était doué d'un grand esprit d'investigation. On raconte que, se trouvant un jour à sa fenêtre, il aperçut un corps sphérique et concave très-léger qui flottait dans les airs à une certaine hauteur. Il voulut alors imiter ce phénomène dans des proportions plus grandes. Il arriva à construire un ballon en toile légère, fit une première expérience suivie de plusieurs autres et voulut enfin produire sa découverte sur un plus grand théâtre. Il partit donc pour Lisbonne. Arrivé dans cette capitale, il fabriqua un ballon de très-grande dimension, qu'il installa sur une place contiguë au palais du roi, et, en présence du roi Jean V, de la famille royale et d'une foule de spectateurs, il fixa sous son ballon un petit brasier, se plaça au-dessous, s'éleva dans les airs et atteignit la corniche d'une des maisons environnantes. Le ballon était encore rattaché à terre par des cordes, et une fausse manœuvre des hommes qui le retenaient le rapprocha violemment de la corniche; il s'entr'ouvrit et tomba, mais assez lentement, et Guzmão ne reçut aucune blessure. — L'inquisition, nous dit le journal que nous citons, prit ombrage de cet essai trop audacieux; Guzmão proposa alors d'enlever dans les airs le grand inquisiteur avec son tribunal. La proposition fit l'effet d'une mauvaise plaisanterie; elle suscita à Guzmão de puissants ennemis. On ameuta contre lui le peuple, qui, par dérision, l'appelait l'homme volant, et il fut emprisonné. Les jésuites réussirent à lui faire recouvrer sa liberté et le firent passer en Espague, où il mourut en 1724. »

Joseph II, dans ses innovations, avait supprimé deux ans auparavant. Dans cette cour devait s'élever l'aérostat; les places de l'enceinte n'étaient occupées que par les souscripteurs, car il fallait payer pour voir de près.

En tête de ces curieux privilégiés venaient l'archiduchesse Marie Christine, son noble époux le prince Albert de Saxe, et tous les éminents personnages de la cour.

L'ascension de Blanchard réussit parfaitement; et, riche de florins et de suffrages, il quitta Bruxelles pour aller répéter son expérience à Rotterdam.

L'intérêt que portaient aux aérostats toutes les classes de la société n'était pas partout une curiosité frivole. Les hommes distingués voyaient là un avenir pour les sciences et pour la civilisation; on faisait des vœux en faveur de ces hardis conquérants de l'air; on sentait que, si quelque accident (et on en prévoyait beaucoup) venait à arrêter l'élan des esprits intrépides, les espérances que l'on fondait sur les ballons seraient longuement reculées. On suivait donc avec anxiété les expériences des Blanchard, des Pilâtre et des Charles. Les autres événements, comme nous l'avons dit, paraissaient légers. Le 16 mai, jour où nous avons montré tant de curieux rassemblés à la cour de Vienne, on apprit dans la soirée qu'un violent incendie, dont la cause fut ignorée, venait de dévorer la ville d'Arlon; de la vieille cité réduite en cendres on n'avait pu sauver que deux couvents, et Arlon ne s'est pas encore relevé entièrement de ce désastre épouvantable. La charité s'en émut; tous ceux qui le pouvaient donnèrent des secours; les abbayes et les maisons religieuses de toutes les contrées de la Belgique s'imposèrent surtout de fortes sommes pour réparer un si grand dommage et venir en aide à tant de pauvres chrétiens tombés dans la misère. Mais on ne s'en occupa pas autrement.

En ce même temps, la Pérouse, muni d'instructions écrites de la main de Louis XVI, partit avec les deux beaux navires *la Boussole* et *l'Astrolabe*, pour son voyage autour du monde. On l'eût trouvé bien plus intéressant s'il se fût lancé dans la barque d'un ballon.

La guerre dite *de la Marmite*, qui avait lieu pour la libre navigation de l'Escaut, ne paraissait plus importante, lorsqu'on songeait que bientôt on allait naviguer par les airs.

Enfin, à Paris même, malgré la mobilité des idées, on restait préoccupé des ballons. C'est en l'année 1785, pendant que Blanchard et ses émules faisaient leurs ascensions, que l'on bâtit l'enceinte de Paris, ce triste mur haut de vingt pieds, qui enferma les Parisiens bien malgré eux, et contre lequel ils eussent poussé toutes les clameurs que nous avons entendues à propos des fortifications, s'ils n'eussent pas eu d'autre distraction. Le mécontentement des Parisiens se révèle toutefois dans une suite de lettres que reçurent Néron et Panasch. Nous en citerons un fragment publié dans le *Courrier de l'Escaut*, numéro du 13 juin 1785.

« De Paris, le 9 juin 1785.

» Nous voyons continuer avec indignation cette muraille qu'élève ici le despotisme des fermiers généraux. Louis XIV disait que la capitale d'un vaste empire n'avait pas besoin de remparts. Le Parisien en tirait vanité; et à la honte de la nation, ce qu'un grand roi avait abattu est relevé par d'avides publicains. — Cette muraille ne remédiera pas aux désordres que l'on veut empêcher, etc. »

On avait décidé cette clôture contre les fraudeurs, qui se consolaient en disant : — Un peu de patience! dans six mois nous ferons la contrebande en ballon.

Or, le 18 juin 1785, M. le comte de Mérode, M. le chevalier de Robiano, M. Desroches, M. Lesbroussart, M. Hody, M. Navez, le P. Ghesquière et quelques autres, toujours occupés des aérostats, se rencontrèrent au soir dans le cabinet de M. Dotrenge, chez qui ils venaient savoir des nouvelles. On avait annoncé que Pilâtre des Rosiers, qui avait déjà fait de petites ascensions, devait s'enlever courageusement à Boulogne-sur-Mer et traverser la Manche, accompagné d'un de ses amis. Les préparatifs avaient duré plusieurs mois, et le départ avait dû illustrer la matinée du 15 juin. Un correspondant de M. Dotrenge s'était engagé à lui adresser la relation de cette grande fête. On y prenait d'autant plus d'intérêt qu'après le succès de Boulogne on espérait que Pilâtre viendrait à Bruxelles. Hélas! l'infortuné fut, comme on sait, la première victime des aérostats. Voici la lettre que le chargé d'affaires du prince-évêque de Liége communiqua à ses visiteurs consternés.

« De Boulogne-sur-Mer, le 15 juin 1785.

» Vous gémirez sans doute avec nous, mon cher monsieur, sur la catastrophe dont nous avons été témoins ce matin. Pilâtre des Rosiers était revenu d'Angleterre depuis le 6 ; tous ses apprêts étaient terminés, et il voulait s'élever comme il l'avait dit. Nous avons donc été réveillés ce matin à cinq heures par le bruit du tambour. Le peuple s'est empressé de sortir, et j'ai couru comme les autres au bord de la mer. On préparait le ballon au chantier ; j'y ai trouvé tous les habitants de Boulogne ; les plus intelligents étaient déjà occupés à donner leurs soins pour hâter les derniers apprêts. Les marins s'accordaient à soutenir que le vent était favorable ; M. Pilâtre ne pensait pas comme eux. Son ami, M. Romain l'aîné, qui devait partir avec lui, assurait aussi que les vents étaient contraires. On lâcha un petit ballon, qui prit sa direction vers le sud. Alors l'activité du travail diminua ; on reconnaissait que Pilâtre avait raison. A six heures et demie, le temps parut changer ; les gens de mer, sans doute impatients de voir partir le ballon, soutinrent de nouveau qu'on pouvait partir. Un second petit ballon fut lâché ; en effet il a traversé le canal, et on l'a perdu de vue dans l'horizon.

» Ce succès a encouragé les aéronautes, et leur grande machine n'a pas tardé à être prête ; ils sont entrés dans la fragile nacelle, aux applaudissements unanimes; plusieurs coups de canon ont annoncé leur départ; et les cordes ont été coupées à sept heures et demie.

» L'aérostat s'est élevé au souhait de tous les spectateurs, prenant la route de la pleine mer et se dirigeant du nord au sud-est.

» Mais les vents n'étaient pas aussi bons que les marins l'avaient dit. Il a fallu que les deux aéronautes louvoyassent une demi-heure au-dessus des flots qui baignaient la plage située entre Boulogne et Calais. Un coup de vent les a ensuite repoussés vers la terre. Ils planaient au-dessus du rivage, quand tout à coup le ballon parut s'ouvrir dans sa partie verticale; et toute la machine, avec les infortunés voyageurs, se précipita de douze cents pieds sur le galet, qui formait au lieu de leur chute un petit monticule.

» Me trouvant à cheval, j'y courus et j'arrivai près d'eux en quelques minutes. Romain rendait le dernier soupir; Pilâtre était déjà mort. Tous deux ont été fracassés; Romain a l'épine du dos rompue en plusieurs endroits; Pilâtre a la poitrine enfoncée et une jambe séparée en deux. Ce qui a causé ce malheur, c'est que le tissu du ballon, exposé tout l'hiver aux variations du climat, et durant les mois d'avril et de mai à l'extrême sécheresse, était rongé en quelque sorte, n'offrant qu'une vaine et dangereuse apparence, que l'air inflammable a fait éclater.

» Romain laisse une veuve et trois enfants; Pilâtre, une fiancée qu'il devait épouser au retour de ce voyage funeste. Toute la ville regrette ces deux hommes honnêtes, d'un caractère affable, et qui s'étaient acquis l'estime publique.

» Agréez, etc.

» DE MAISONFORT. »

Il est inutile que nous ajoutions nos réflexions à ces faits. Nous dirons seulement que, quelques jours après, à Paris, un poëte de quelque renom, dont on vantait l'âme sensible, publia, sur la mort de Pilâtre, ces vers qui prouvent que les poëtes ont souvent la sensibilité dans la tête :

> Ci-gît qui périt dans les airs,
> Et, par sa mort si peu commune,
> Mérite, aux yeux de l'univers,
> D'avoir son tombeau dans la lune.

L'affreux accident de Boulogne effraya beaucoup d'amateurs, mais ne troubla pas Blanchard. Après de nouveaux succès à Rotterdam et ailleurs, il s'éleva encore d'une manière triomphante, le 4 octobre de la même année, à Francfort. Là, il avait fixé le prix des places à un louis, et sa recette fut de trente mille francs....

Ce n'est pas ici le lieu d'écrire l'histoire des aérostats, ni de dire qu'à leur naissance on les enlevait avec la fumée d'un réchaud, auquel on substitua la lampe à l'esprit-de-vin. A présent le ballon s'emplit de gaz. Mais il nous est permis de déplorer l'espèce d'abandon où cette science nouvelle était tombée, et de féliciter les cœurs vaillants qui maintenant la relèvent. Il est incontestable qu'elle offre un grand avenir; le voyage aérien de Biot et de Gay-Lussac a présenté trop d'intérêt aux savants pour qu'on ne désire pas qu'il s'en fasse quelques autres. Dans le domaine de l'air tout reste à étudier.

Disons encore que la navigation par les airs, dont on peut calculer les immenses résultats pour les voyages et pour le commerce, n'est pas plus dangereuse que toute autre manière de voyager. Depuis quatre-vingts ans que les ballons sont inventés, il s'est fait plus de quatre mille voyages; et nous pourrions citer des aéronautes qui se sont élevés plus de cent fois. De tous ces hardis voyageurs, neuf seulement ont péri, par imprudence ou par incurie.

Un jour viendra très-certainement où les ballons auront leur règne. Alors il n'y aura plus ni guerres, ni persécutions, ni douanes, ni sauvages; un bourgeois de Paris aura sa maison de campagne à la colonie de Guatemala, et, faisant d'une caricature connue une vérité, nous dirons réellement en dédaignant les chemins de fer qui se traîneront au-dessous de nous : — Voilà pourtant comme on voyageait encore en 1864.

XXVIII. — LE ROBINSON FLAMAND.

> Si la vie matérielle suffisait à l'homme, il aurait moins horreur de la solitude.
>
> DANIEL DE FOÉ.

Nous n'oserions affirmer qu'Alexandre OExmélin soit né à Dunkerque, à Flessingue ou à Anvers. Plusieurs prétendent qu'il reçut le jour dans un simple village. Mais il paraît certain que la Flandre fut sa patrie, et qu'il vit le jour aux bords de l'Océan, vers l'année 1640.

Accoutumé de bonne heure à la mer, il conçut, jeune enfant, un goût très-vif pour les voyages. Son père était pêcheur; mais il s'éloignait trop peu des côtes pour l'ambitieuse curiosité d'Alexandre. N'ayant pas les moyens d'entreprendre le commerce de long cours, et ne pouvant pas attendre de sa famille une fortune qui lui permît de voyager en amateur, Alexandre profita de la bonne volonté d'un oncle qu'il avait, et qui se chargea de l'instruire dans la chirurgie. Le vieillard, dans les guerres passées, avait tant bien que mal exercé sur plus d'un navire la profession de chirurgien.

— Par là, dit-il à son neveu, vous saurez, mon enfant, vous rendre nécessaire à quelque bâtiment qui, au lieu d'exiger de vous le prix du passage, vous payera un bon salaire; et vous pourrez à votre gré, puisque vous le désirez si vivement, faire quelques grandes courses au loin, dans les pays du nouveau monde, qui ne vaut peut-être pas mieux que l'ancien, mais qui a ses curiosités et ses merveilles. D'ailleurs, il y en a de moins ardents que vous qui ont eu le talent d'y faire fortune. Nous verrons si vous serez aussi habile. Que Dieu surtout, dans vos voyages, vous trouve toujours digne de son regard!

Encouragé de la sorte, OExmélin étudia avec zèle. Il devint bientôt plus adroit et plus savant que son maître. Il se procura des livres, perfectionna son éducation; et au mois d'avril de l'année 1665, il fut engagé, avec un traitement convenable, en qualité de chirurgien, sur un beau bâtiment de la Compagnie des Indes occidentales, qui venait d'être établie par Colbert. Il s'embarqua et partit pour l'Amérique. Il avait vingt-cinq ans.

Sa jeune imagination s'exaltait dans la vie poétique et aventureuse du navigateur. La mer, qui était bienveillante, lui paraissait d'heure en heure plus majestueuse et plus belle. Entre le ciel et les flots, il pensait avec une sorte de dédain à la terre qu'il ne voyait plus; il voguait, le cœur gonflé de joie, vers l'autre hémisphère. Il admirait l'immensité des œuvres de Dieu et leur magnificence. Il était toujours devant lui; et il priait l'Étoile de la mer, la Vierge sainte, de bénir ses projets, quoiqu'ils fussent pourtant un peu trop humains.

Pendant deux mois, ce fut un splendide voyage. Les vents semblaient avoir oublié leurs tempêtes; les vagues se balançaient dans une joyeuse mollesse; le tonnerre ne s'était pas fait entendre une seule fois; le navire filait à pleines voiles; jamais traversée n'avait été plus favorable.

Mais le 5 juillet, comme on se flattait sur le navire d'aborder bientôt à Saint-Domingue, les vents changèrent tout à coup. L'atmosphère s'était chargée de nuages. On commençait à serrer les voiles. En peu d'instants une tempête surgit, grossit, gronda, s'étendit comme un torrent et envahit l'Océan, si serein la veille. La nuit fut affreuse; le jour qui la suivit redoubla d'horreur;

les mâts brisés, les voiles emportées, les cordages rompus, tous les désastres lugubres d'une tempête furieuse, toutes ces terribles circonstances qu'on a décrites tant de fois, vinrent donner à la curiosité du jeune Flamand un de ces spectacles dont on se souvient toujours.

Après avoir lutté trois jours et trois nuits contre un ouragan qui resta le maître, le navire heurta avec violence sur des rochers à fleur d'eau. Il fit eau de toutes parts et s'enfonça si rapidement que l'équipage eut à peine le temps de mettre les chaloupes à flot. Il y en avait deux, que l'on emplit des provisions qui purent être sauvées; tout le monde s'y jeta, à l'exception du pilote, d'Œxmélin et de trois bons marchands de Cambrai. Le pilote, un hardi Dunkerquois, les avait retenus auprès de lui.

Par un si gros temps, leur dit-il tout bas, dans ces dangereux parages, nous nous tirerons mieux avec le canot que voici.

L'égoïsme, hélas! parle presque seul dans les périls. Telle est notre pauvre nature. Le pilote fit descendre Œxmélin et les trois marchands dans le canot, s'y mit avec eux, et prit sa direction vers les rochers.

Les deux premières embarcations étaient déjà hors de vue; et jamais plus on n'en eut aucune nouvelle.

Le canot, cependant, se faisant chemin à travers les récifs, avançait vers une masse noire de rochers, que le pilote appelait la terre, et dont les écueils qui avaient brisé le navire semblaient être les sentinelles avancées.

— Mais, dit OExmélin, quelle est cette contrée si triste où nous allons?

— C'est, répondit le pilote, l'île de la Tortue, l'une des Antilles. Elle n'est pas stérile partout. Nous y vivrons de fruits, de gibier et de coquillages; et, quand le mauvais temps aura passé, nous ne sommes qu'à trois lieues de Saint-Domingue, où nous trouverons un comptoir de la Compagnie.

— Est-elle habitée, cette île? demanda encore le jeune Flamand.

— Quelquefois, et en certains lieux, l'île de la Tortue est habitée. J'aime autant que le lieu où nous aborderons ne le soit pas; car les seuls hôtes que nous puissions y rencontrer sont les flibustiers.

— Mais ils ne sont ennemis que des Espagnols. Oublieraient-ils à notre égard leur origine (1)?

— Tout est bon à prendre pour des pirates; et le moins qui nous puisse arriver, c'est qu'ils nous forceraient à partager leurs courses.

— Au reste, ajouta un marchand, cette île, dit-on, n'a que six lieues de long et deux de large, et les flibustiers n'y ont pas de domicile fixe.

— Seulement des repaires, où ils viennent de temps en temps.

---

(1) On croit que Piet-Hein, ce fameux marin hollandais, ayant organisé des courses contre les Espagnols, excita surtout à ces périlleux coups de main les petits bateaux pêcheurs, utiles par leur légèreté. On les appelle en Hollande flibots, d'où est venu le nom de flibustiers. Leur autre nom de boucaniers vient aussi du flamand et voulait dire étrilleurs, ou assommeurs, ou exterminateurs.

Ces paroles se disaient entrecoupées par les soins impérieux et les terreurs multipliées d'une navigation pleine de dangers.

On approchait néanmoins. Le canot n'était pas à un quart de lieue des rochers fermes. On distinguait parfaitement une petite anse bien abritée, vers laquelle l'habile pilote dirigeait tous ses efforts. Il ramait seul, posté au milieu du canot sur une large planche. Le chirurgien, assis dans l'anxiété en face du pilote, avait sa trousse dans sa ceinture: une petite hache était pendue à son côté, avec un long poignard dans sa gaîne. Il portait en bandoulière son fusil, sa poire à poudre, et une énorme gourde pleine d'eau-de-vie, précautions qui lui avaient été conseillées lorsqu'il avait abandonné le navire.

A l'instant où les cinq hommes qui occupaient le canot se réjouissaient de l'espoir de prendre terre, quoique cette terre parût horrible, une vague violente poussa si brusquement la légère embarcation sur un petit roc caché que le canot chavira. Tout disparut en une seconde.

Dans un tel moment, la première pensée, dit-on, la pensée qui règne seule, est le désir de la conservation personnelle.

OExmélin, revenant sur l'eau, trouva sous sa main la planche qui, un instant auparavant, servait de siége au pilote. Il s'en saisit et fut poussé avec elle dans la petite anse. Il parvint, meurtri, épuisé, à grimper dans les fentes des rochers, jusqu'à un lieu où il put se reposer et s'asseoir, hors des atteintes de la vague en furie. Là il rendit grâces à

Dieu de son salut, et il contempla dans l'épouvante cette mer qu'il avait tant aimée, et qu'il voyait effroyable. Il chercha ensuite avec angoisse à distinguer si quelqu'un de ses compagnons surnageait. Aucun ne reparut.

Il passa comme anéanti un espace de temps qui lui parut une heure. Alors le sentiment de sa situation rendit à son esprit quelque énergie.

— Je suis seul, pensa-t-il.

Puis, regardant autour de lui et ne voyant que des rochers escarpés, il se demanda s'il pourrait les franchir. Il grimpa plus haut et ne vit toujours rien que la tempête. Il but un coup à sa gourde; et, déposant son fusil et sa hache dans une cavité que formait le roc, il s'y accroupit pour se réchauffer; car la nuit était rude, et il avait froid surtout de toute l'eau qui emplissait ses habits. Il les ôta, les tordit; il se sentit obligé de les remettre. La fatigue néanmoins l'endormit, quoique la voix de l'orage semblât redoubler ses hurlements.

Il ne s'éveilla que le lendemain; — et le soleil était déjà haut. — Il lança ses regards devant lui. La tempête avait cessé; tout était calme; la mer pompeuse n'avait plus rien de menaçant.

Il descendit; il courut sur le rivage pour se réchauffer. Il aperçut quelques objets rejetés par la mer, qu'il s'empressa de recueillir, des souliers déchirés, des fragments de paniers, de rames et de planches, des lambeaux de vêtements, et, parmi un amas disséminé de débris inutiles, d'écume et d'ordures, il reconnut avec bonheur un petit baril goudronné, qui contenait de la poudre, et qui lui parut inestimable. Il le transporta péniblement, avec tout ce qui lui parut de nature à lui servir, jusqu'à l'espèce de caverne qui avait été pour lui un gîte. Mais il ne trouva pas la moindre provision de vivres. Il avait faim; il se jeta sur les huîtres et les coquillages qui adhéraient aux rochers. Il passa le jour ainsi, cherchant quelques traces humaines, poussant des cris pour appeler quelqu'un de ses compagnons, si par hasard, aussi heureux que lui, il en était un qui eût pu comme lui se réfugier dans les récifs du rivage. Ne recevant aucune réponse, il se retira encore pour la nuit dans sa cavité, en se demandant si c'était là que devait le conduire son ardent désir de voyager.

Le jour suivant, après avoir fait sa prière, il acheva de monter les rochers pour aller à la découverte. Au bout d'une demi-heure de marche, par d'abominables chemins que n'avait jamais foulés le pied de l'homme, il aperçut devant lui une petite vallée sauvage, semée de grandes herbes et coupée de bouquets d'arbres d'une verdure malingre.

Il mourait de soif, n'ayant bu depuis deux jours que de l'eau-de-vie, qui s'épuisait. Il crut distinguer un taillis, dont la verdure plus fraîche annonçait un marais ou du moins un sol plus humide. De gros oiseaux palmipèdes, qui lui semblaient des canards, dirigeaient vers cet endroit leur vol pesant. Il tressaillit et courut, en marquant son chemin, dans la même voie.

Il trouva en effet de l'eau assez mauvaise, mais

qui lui parut bonne; il la but et n'en fut pas incommodé.

Le temps était beau; il se décida provisoirement à fixer là sa demeure. Il retourna dans sa caverne, fit son repas avec des coquillages et se chargea d'une partie de ses richesses. A midi on l'eût vu, ayant auprès de lui son petit baril de poudre et son fusil, taillant de sa hache les jeunes arbres, et commençant une cabane construite de claies, qui fut élevée en trois jours. Il la couvrit de feuillages; puis, à la manière flamande, il la crépit en dehors de boue mêlée de mousse.

Il avait sauvé des planches, avec lesquelles il se fit une table et un siége; des débris de voile qu'il étendit sur des feuilles sèches et dont il se façonna un lit.

Las de ne vivre que d'huîtres, il se mit en chasse. A défaut de plomb, il chargea son fusil de petits cailloux et tua un oiseau aquatique à large bec, qu'il fit rôtir, et qui lui eût semblé succulent s'il avait eu du pain. Les rochers lui fournissaient du sel. Ce fut le 15 juillet 1665 qu'il fit ce premier festin.

Deux jours après il trouva une tortue; il la grilla, s'en fit un régal et garda précieusement l'écaille, qui devint pour lui un plat, une assiette, un vase à tout usage. Il le trouvait commode.

Il rencontra par la suite plusieurs de ces animaux et les recueillit avec joie; car, ne sachant pas combien de temps il devait rester dans son désert, il ménageait extrêmement sa poudre. Il bénissait d'autant plus la découverte qu'il avait faite de son précieux baril, ou plutôt la bonté du ciel qui le lui avait conservé, que sans cette ressource il n'eût pas su comment allumer du feu.

Après quinze jours de cette vie très-occupée, il se décida à faire la visite de tout son domaine. Il marcha à la découverte. Mais une chaîne de rocs abrupts, qu'il ne put franchir, ne lui permit pas d'explorer la partie méridionale de l'île de la Tortue: il ne trouva, dans le tiers à peu près de cette île qu'il lui fut possible de parcourir, qu'un désert, où seulement il reconnut en quelques endroits des traces de stations humaines. Il espéra pourtant, en songeant à la protection signalée que la main de Dieu avait manifestée sur lui, que le jour de la délivrance lui serait aussi accordé. Il priait tous les jours la sainte Vierge, que sa mère lui avait appris à invoquer. Cependant déjà la solitude lui pesait. Il se résolut à passer une partie de ses journées au bord de la mer, dans l'attente de quelque navire qui consentirait à le recevoir.

Il coupa un bout de sa voile, en sépara les fils, parvint à façonner un filet et occupa ses loisirs sur le rivage par les travaux de la pêche, qui de temps en temps lui produisait quelque ressource. Mais il avait beau soupirer après les hommes; aucun ne paraissait.

Un jour, néanmoins, il trouva un reste de feu, qui annonçait qu'un équipage, la veille, le matin peut-être, avait relâché sur l'île de la Tortue. Il chercha des yeux le navire dans toutes les directions, et ne distingua rien.

Un autre jour, il aperçut au loin un bâtiment qui voguait à pleines voiles: il s'épuisa de signaux, tira des coups de fusil et ne fut pas remarqué.

— Il est probable, dit-il en lui-même, que de l'autre côté de ces rochers qui m'arrêtent il y a des hommes; et Saint-Domingue n'est qu'à trois lieues. Il me faut un canot. S'il va bien à la mer, j'irai à Saint-Domingue; sinon je pourrai au moins tourner cette masse de rocs et entrer dans l'autre partie de mon île.

Il se mit à la besogne avec persévérance. Mais il lui fallut passer dans son désert plus de six mois à ce travail; et comme il avait presque fini, il tomba malade. Ce fut pour lui un grand découragement. La peur de mourir dans une solitude si absolue redoubla sa fièvre. Il sentait qu'il s'épuisait de jour en jour, et il ne possédait aucun remède. Il se ressouvint qu'il lui restait dans sa gourde un peu d'eau-de-vie; avec cette liqueur, de l'eau et du sel, il fit un médicament qui le sauva. La santé lui revint; il retourna à son canot, qu'il retrouva dans l'état où il l'avait laissé; il le termina.

Une année s'était écoulée. Il avait supporté les pluies, et l'hiver, et le changement des saisons. Il était fort amaigri et n'avait plus que des vêtements en lambeaux, lorsqu'un matin qu'il était assis, triste et pensif, au bord de la mer, priant et gémissant devant son canot presque achevé, il vit tout à coup paraître devant lui, alerte et rapide, une grande chaloupe à deux mâts, qui côtoyait l'île à la distance de trois portées de fusil. Il se leva, comme s'il eût vu le bonheur, s'agita avec énergie, poussa de grands cris et faillit s'évanouir de joie en reconnaissant qu'on l'avait aperçu, et qu'on détachait le canot vers le rivage.

Sans songer à aller prendre les ustensiles qu'il s'était fabriqués depuis un an, il se jeta dans l'embarcation avec un empressement qui semblait indiquer la peur de n'être pas reçu; il embrassa les genoux de ses libérateurs et tomba, épuisé d'émotions, dans le canot qui l'emmena au bâtiment, lequel était monté par des Espagnols, de qui Œxmélin ne put se faire entendre. Mais sa joie lui suffisait.

La grande chaloupe, poussée par un bon vent, aborda le même jour, 29 juillet 1666, à l'île de Saint-Domingue.

Le pauvre Œxmélin ne s'attendait pas au sort qu'on lui préparait. Les Espagnols le vendirent, le soir même, moyennant le prix de trente écus, à un habitant qui le fit travailler comme son esclave. Mais, malgré la dureté de sa nouvelle position, il avoua qu'il la préférait encore à son isolement dans l'île de la Tortue; car, disait-il, l'homme n'est pas fait pour vivre seul.

Au bout de trois ans de captivité, il s'échappa et prit la fuite. Mais il tomba au milieu d'une bande de flibustiers. Ceux-ci l'obligèrent à s'engager dans leur troupe. Pendant cinq ans, il dut combattre avec eux les Espagnols, à qui les flibustiers faisaient beaucoup de mal, tant sur les mers que sur les côtes.

Ce ne fut qu'en 1664 qu'il revint en Europe, et qu'il put revoir son cher pays, remerciant Dieu, dit-il, de l'avoir tiré de tant de misères (1). Il écrivit ses mémoires; et en repassant dans son esprit le souvenir de tout ce qu'il avait souffert, il sentit que le goût des voyages n'était pas éteint en lui.

Il s'embarqua derechef pour l'Amérique, espérant une meilleure fortune, et laissant son manuscrit à un de ses parents, qui le confia à Frontignières. Cet écrivain en publia tout ce qui concernait les flibustiers et les boucaniers, alors l'effroi des mers du nouveau monde. Le livre eut un grand succès (2).

Œxmélin, dans trois autres longs voyages qu'il fit, eut d'autres aventures moins connues. On n'est pas instruit de l'époque précise, ni du lieu de sa mort; mais on sait qu'en 1697, alors âgé de cinquante-sept ans, il assistait à la prise de Carthagène.

(1) On a dit que Daniel de Foë avait pris l'idée de son Robinson dans l'aventure d'Alexandre Selkirk, matelot écossais, qui fut trouvé, le 1er février 1709, dans l'île Juan-Fernandez, île déserte où il vivait seul depuis quatre ans et quatre mois. Mais on voit que le séjour solitaire d'Œxmélin dans une île déserte est antérieur de quarante ans.

(2) Il parut sous ce titre : Histoire des aventuriers qui se sont signalés dans les Indes, contenant ce qu'ils ont fait de remarquable, avec la vie, les mœurs et les coutumes des boucaniers et des habitants de Saint-Domingue et de la Tortue. Paris, 1686, 2 vol. in-12. Frontignières, on ne sait pourquoi, publia d'abord ce livre comme traduit de l'anglais. Il a été réimprimé en quatre volumes, avec des cartes et des planches.

XXIX. — LES VOYAGES DE PIERRE QUIRINO.

> Il avait un cœur solide et cuirassé d'un triple airain, celui qui, le premier, confia son fragile esquif à la mer impitoyable.
>
> HORACE.

Je ne sais pas si vous aimez les voyages. Il me semble que cette lecture est pourtant d'un grand attrait, lorsqu'ils sont à la fois instructifs et semés d'aventures intéressantes. L'une des plus anciennes relations remarquables dans ce genre est sans contredit le voyage de Pierre Quirino, entrepris comme expédition de commerce, mais dont la fortune de la mer fut une série d'événements qu'on ne peut lire avec indifférence.

C'est dans le récit de ce voyage qu'on trouve la première peinture de quelques contrées de la Norvége, où le Christianisme avait déjà adouci les mœurs, où la pêche de la morue au Lofoden et le commerce de stockfisch (1) et de harengs étaient déjà très-considérables en 1431. Ce voyage eut lieu longtemps avant Christophe Colomb et ses hardis imitateurs, par conséquent à une époque où la connaissance des mers lointaines et la science de la navigation étaient peu avancées.

Pierre Quirino était un négociant vénitien qui faisait le commerce dans l'île de Candie. Cette île appartenait alors à la république de Venise. En 1431,

---

(1) Espèce de morue séchée.

pressé par le désir d'augmenter sa fortune et par le besoin de visiter la Flandre, où ses concitoyens commerçaient alors, il résolut de charger un vaisseau pour Bruges. C'était en ce temps-là une longue course. Il fit faire un bon navire, qu'il chargea de coton, de vins et d'étoffes précieuses, et il mit à la voile le 25 avril. Il se flattait de l'espoir qu'en quelques semaines il pourrait parcourir les belles et riches contrées flamandes. Mais les mauvais vents, s'étant emparés de lui dès le lendemain, l'empêchèrent de passer le détroit de Gibraltar avant le 2 juin. Il fut contraint de relâcher à Cadix, puis à Lisbonne; et bientôt il se vit repoussé sur les côtes de l'Afrique, que son pilote connaissait peu. Après une navigation périlleuse et longue, et en quelque sorte au hasard, il se trouva, à la fin de l'été, dénué de vivres et rejeté par le vent dans des parages tout à fait ignorés. L'usage de la boussole ne datait guère que d'un siècle; et alors elle était peu perfectionnée.

Dans sa course vagabonde, plusieurs jours d'une tempête violente avaient endommagé très-gravement le vaisseau. En lisant la relation que Quirino a publiée, et qui est fort exacte, on croirait lire une histoire des *Mille et une Nuits*.

C'est que la vérité, dans certains cas, a pour le moins autant d'intérêt que les fables. Le 25 novembre, ne sachant presque plus dans quelles mers il était égaré, l'équipage de Quirino, découragé, s'était jeté en prière; les matelots n'attendaient plus que la mort, quand les vents, qui semblaient se jouer d'eux, s'apaisèrent tout à coup. Mais une pluie qui ne cessait point avait mis les voiles en lambeaux, et on n'avait rien pour les remplacer. Le bâtiment, presque en débris, hors d'état d'être gouverné, flottait à l'aventure, ballotté de côté et d'autre, faisant eau de toutes parts et, avec les faibles ressources d'alors, sans que personne pût s'orienter. Le gouvernail était perdu aussi bien que les voiles. Bientôt encore sans vivres, l'équipage se livrait au désespoir.

Quirino jeta l'ancre pour donner à ses gens un peu de repos. On travaillait sans relâche aux pompes; car le vaisseau menaçait à chaque instant de s'enfoncer. Mais un matelot, effrayé de l'idée qu'on pouvait périr dans ces mers inconnues, coupa le câble secrètement; et le navire reprit sa course incertaine, s'enfonçant toujours de plus en plus.

Le 7 décembre (ce jour-là Philippe le Bon donnait une fête à Bruges, sans se douter que de pauvres gens, qui auraient pu y prendre part, étaient en angoisses dans les mers du Nord), les flots se soulevèrent avec une nouvelle fureur; le vaisseau se précipitait dans d'immenses abîmes et remontait ensuite sur des vagues qui ressemblaient à des montagnes. Les éclairs n'interrompaient que par de courts intervalles la triste obscurité d'une nuit affreuse; on avait jeté toutes les marchandises à la mer; les matelots, qui étaient sans cesse dans l'eau, coupèrent le grand mât pour achever de soulager le navire. Mais on reconnut bientôt qu'il fallait l'abandonner ou périr avec lui; car il coulait à fond.

On eût dit que la mort, ce squelette immense,

avait suivi sans relâche ce pauvre vaisseau, comme sa proie, planant toujours sur sa tige, et lançant contre lui les vents, les orages et les flots. Mais les hommes de l'équipage luttaient avec persévérance. Quirino fit mettre dehors la chaloupe et le canot; on y transporta le peu de provisions qui restaient. L'équipage se composait alors de soixante-huit personnes; vingt et une s'embarquèrent dans le canot; les quarante-sept autres montèrent dans la chaloupe. Le négociant donna des vêtements à ceux qui en manquaient, partagea les provisions en raison du nombre d'hommes; et il quitta avec regret son bon vaisseau, qui devint la proie des flots, ainsi que la riche cargaison qu'il lui avait confiée pour la Flandre.

Les deux troupes s'étaient séparées les larmes aux yeux. Dès le soir, un brouillard éloigna le canot de la chaloupe; on ne le revit plus le lendemain; et depuis on n'en a jamais entendu parler.

Cependant la tempête ne se calmait point. La chaloupe à chaque instant se remplissait d'eau. Pour comble de misère, Quirino, au bout d'une semaine, fut obligé de réduire chaque homme à un demi-verre de vin par jour.

Mal nourris, légèrement vêtus, le froid les accablait; depuis longtemps déjà ils n'étaient plus dans les contrées que le soleil échauffe.

Leur malheur les avait égarés, comme nous l'avons dit, dans les affreuses mers du Nord, où les nuits duraient vingt heures.

Plusieurs d'entre eux moururent de soif et de

froid; le 5 janvier, vingt-six avaient déjà péri; les vivres allaient manquer tout à fait, lorsqu'ils crurent apercevoir la terre. Ce fut pour eux une joie inexprimable; un reste de vigueur se ranima; mais les vents étaient si contraires que la chaloupe n'avançait point. La nuit survint, tout disparut, et au point du jour on ne vit plus rien.

Cependant, au milieu de ce qu'ils appelaient le jour, ils revirent les montagnes; et peu après, la chaloupe se trouva engagée dans des écueils où elle prit terre. Quelques matelots impatients d'apaiser leur soif se jetèrent sur des rochers et s'empressèrent d'avaler une grande quantité de neige; ils en portèrent à leurs camarades. Quirino raconte qu'il en avala autant qu'il en aurait pu porter. Il attribua à ce secours salutaire la conservation de sa vie.

Des quarante-sept hommes de la chaloupe, il n'en restait plus que seize, qui abordèrent sur une côte déserte de la Norvége.

Ils se couchèrent sur la neige, n'ayant pas d'autre lit, et rendirent grâces au ciel de leur salut. Ils n'avaient plus pour toute provision qu'un jambon et un morceau de fromage. Le sol était aride et glacé; leur chaloupe brisée venait de couler à fond; avec les avirons et les débris de voiles qu'ils avaient sauvés ils se firent deux petites tentes. Ils fendirent les bancs pour faire du feu, ils ne purent se procurer d'autres aliments que quelques herbes marines et de petits coquillages, qu'ils ramassèrent au bord de la mer. Leurs corps étaient si couverts de vermine, qu'ils la jetaient à poignée dans le feu ; le secrétaire de Quirino en mourut ; trois autres expirèrent pour avoir bu de l'eau salée.

Après qu'ils eurent séjourné onze jours dans cette contrée déserte, se croyant destinés à mourir, ils découvrirent une hutte abandonnée, qui leur procura un abri plus commode que leurs tentes, et qui leur donna l'espoir que le pays n'était pas tout à fait inhabité. Ils s'y établirent.

Deux jours après, un matelot trouva sur le rivage un poisson fraîchement échoué, qui pesait au moins deux cents livres. Ce fut pour des malheureux épuisés une importante ressource ; elle les nourrit plus de quinze jours. Ils sentirent d'autant plus le bonheur de cette découverte, que pendant ce temps un ouragan continuel, mêlé de pluie et de neige, ne leur eût pas permis d'aller à la recherche des coquillages et des moules.

Au commencement de février, un pêcheur qui habitait l'île de Rust, éloignée de quatre lieues environ, vint avec ses deux fils aux rochers déserts où vivaient Quirino et ses compagnons. Il y avait laissé quelques objets, qu'il voulait reprendre. Pendant qu'il gardait le bateau, ses deux fils montèrent à la hutte ; ils y virent avec surprise de la fumée. Ils s'effrayèrent d'abord à l'aspect des naufragés, dont la détresse ne tarda pas à les rassurer peu à peu. Ils firent comprendre par signes à Quirino qu'ils pouvaient lui porter secours. Mais comme le bateau était petit, deux matelots seulement purent partir avec le pêcheur. Quirino et les autres passèrent le reste du jour et toute la nuit suivante dans une anxiété qu'il serait difficile d'exprimer.

La petite île de Rust avait cent vingt habitants, logés en douze huttes, et tous pêcheurs. Quand le bateau y revint le soir, le curé de l'île, qui alla visiter les deux matelots, rassembla ses paroissiens et leur dépeignit si vivement la misère des naufragés, promettant les bénédictions divines à ceux qui les assisteraient les premiers, que le lendemain matin, à la pointe du jour, six bateaux, chargés de provisions, abordèrent au pied de la hutte où Quirino attendait avec ses compagnons. Leur joie fut grande. Le bon curé avait voulu lui-même accompagner les secours. Sachant le latin, il put s'entretenir avec Quirino, et à la suite d'un bon repas, tout le monde s'embarqua pour l'île de Rust, où les naufragés furent traités pendant trois mois avec la plus cordiale hospitalité.

Comme le blé ne croît pas dans ce pays froid, on ne s'y nourrit à peu près que de poissons. Les habitants, dit la relation, font avec l'Allemagne un grand commerce de stockfisch ; ils reçoivent en échange des vêtements et du bois de chauffage. Ces pêcheurs, honnêtes et doux, n'enfermaient rien sous clef et ne connaissaient pas la défiance. Leurs maisons étaient des huttes en bois, de forme ronde, qui n'avaient d'ouverture que dans le haut. Pour endurcir les enfants au froid, ils les mettaient sous la fenêtre, peu de jours après qu'ils étaient nés, afin que la neige tombât sur eux. On trouvait dans cette île quelques oies sauvages;

De novembre à février, l'île de Rust n'a presque pas de jour, mais seulement un crépuscule.

Cette île n'a guère qu'une grande lieue de tour.

Quirino et ses compagnons en partirent le 14 mai, sur un vaisseau qui allait à Drontheim, où ils reçurent de grands secours de l'archevêque, et après un nouveau voyage fort long, mais varié d'aventures moins pénibles, ce fut avec une vive joie qu'ils revirent leur pays. Mais ils ne se fièrent plus à la mer, qui en vérité n'est pas toujours commode.

A propos de ce voyage, qui n'a pas été poussé au delà du monde ancien, qu'il nous soit permis de faire remarquer que beaucoup d'autres navigateurs intrépides ont été entraînés dans le nouveau monde, longtemps avant que sa découverte à peu près complète soit venue étonner nos pères du seizième siècle.

On y trouve des traces et dans les monuments et dans les mœurs qui ont été implantées là par des hommes des temps anciens. Ce sont des juifs qui ont fondé le culte du Pérou. Lorsque les Espagnols ont découvert ce pays, ils y ont vu adoré un Dieu unique, dont le grand prêtre était le souverain, et dont les ministres étaient tous d'une seule famille révérée, la famille des Incas, qui rappelle complétement la tribu de Lévi. Ajoutez que la langue du Pérou avait le système grammatical de l'hébreu. Aussi présume-t-on, sur une foule d'indices, que le Pérou a pu être habité par les dix tribus d'Israël, qui ont un jour disparu de l'histoire (1).

(1) Voyez, dans les *Légendes de l'Ancien Testament*, la Légende de Samarie.

Le Mexique a des annales qui remontent à près de trois mille ans; et il est évident que dès les premiers siècles de notre ère des chrétiens sont entrés dans cette vaste et riche contrée (1). On y a rencontré la croix, la communion avec du pain consacré, et à côté de ces traces altérées on y a remarqué partout les invasions évidentes du démon, que des pères ont appelé le singe de Dieu, parce qu'il trouve son profit à contrefaire le culte vrai. Tout le monde sait que, chez nous, les misérables qui fréquentaient le sabbat y assistaient à une messe du diable où l'on consacrait une hostie abominable.

XXX.

LES DÉCOUVERTES ATTRIBUÉES AUX MODERNES.

> Les anciens ont radoté.
> Honneur aux temps où nous sommes,
> Nous avons tout inventé :
> Notre ère est l'ère des hommes.
> ÉMILE COTTENET.

Le savant Louis Dutens, dans un travail très-remarquable, a publié, en 1766, des *Recherches sur l'origine des découvertes attribuées aux modernes* (2). Ces recherches, dont l'exactitude est incontestable,

---

(1) Voyez sur le Mexique la grande histoire de ce pays depuis les temps les plus reculés, par M. l'abbé Brasseur de Bourbourg, 4 vol. grand in-8°, et aussi le livre de M. le vicomte de Bussierre sur le Mexique, 1 vol. in-8°, édité par Henri Plon.

(2) La quatrième édition a été imprimée à Paris en 1812, 2 vol. in-8°.

car elle est appuyée de pièces et de preuves, devraient nous donner un peu d'humilité et nous rendre ce respect pour les anciens qui est une des dignités du siècle de Louis XIV.

Nous nous bornerons à résumer ici les parties les plus importantes de ce livre.

« Il est à remarquer, dit Dutens dans son introduction, que ces grands hommes de l'antiquité, par l'effort seul de leur raison, avaient acquis des connaissances que toutes nos expériences, faites avec le secours des instruments que le hasard nous a procurés, n'ont pu que confirmer. Sans l'aide du télescope, Démocrite avait connu et enseigné que la voie lactée était un assemblage d'étoiles innombrables qui échappaient à notre vue, et dont la clarté réunie produisait dans le ciel la blancheur que nous désignons par ce nom. Il attribuait la cause des taches observées dans la lune à la hauteur de ses montagnes et à la profondeur de ses vallées.

» Depuis plus d'un siècle, poursuit Dutens (1), des hommes célèbres ont proposé, sur la logique et la métaphysique, des idées qui ont paru nouvelles. Descartes, Leibniz, Malebranche et Locke ont été regardés comme des innovateurs en ces sciences, quoiqu'ils n'aient rien avancé qui ne se trouve aussi clairement expliqué dans les ouvrages des anciens que dans leurs propres écrits; et il est aisé d'en juger d'après un examen de leurs principes rapprochés et comparés. »

Ces modernes doivent tout à Aristote, à Plutarque,

(1) Partie 1re, chap. 1er.

à Diogène Laërce, à Origène, à Sextus Empiricus. L'argument de Descartes : « Je pense, donc je suis, » est de saint Augustin.

Les idées innées de Descartes et de Leibniz sont tirées de Platon, de Pythagore, d'Héraclite et des Chaldéens. Le système de Malebranche sur les idées innées est de Platon et de saint Augustin (1).

Dans la partie consacrée à la physique et à l'astronomie, on reconnaît que le système de Buffon sur la matière universelle, la génération et la nutrition, est prise d'Anaxagore, d'Empédocle, de Lucrèce, de Plotin, d'Hippocrate et d'Aristote. Le système de la nature active et animée est dû à Timée de Locres, à Plutarque, à Platon, à Sextus Empiricus, à Pythagore et à Cicéron.

La philosophie corpusculaire de Newton et de Gassendi est d'Épicure, d'Aristote, qui l'a traitée savamment, de Plutarque et d'autres anciens.

Le mouvement, son accélération, la pesanteur et la chute des corps graves ont été compris par les anciens philosophes de manière à ne laisser aux modernes que le plaisir de les répéter.

La gravitation et les forces centripètes et centrifuges ont été connues de Plutarque et de plusieurs autres philosophes, mais sous d'autres noms. Les modernes n'ont eu que la peine de les désigner par des termes qui sentent la science des lexiques. La loi du carré des distances a été connue des mêmes anciens; et si Newton a pu apercevoir la loi inverse, il l'a rencontrée dans les fragments conservés de Pythagore.

---

(1) Saint Augustin, lib. LXXXIII, quæst. 46.

Galilée au moins a reconnu qu'il devait plusieurs de ses découvertes à Platon et aux anciens. Copernic avoue pareillement, dans sa préface adressée au pape Paul III, que c'est dans un passage de Cicéron qu'il a appris le mouvement de la terre. Enfin les anciens ont enseigné la pluralité des mondes. Anaximène croyait « que les étoiles étaient autant de soleils, autour desquels des corps terrestres, que nous ne saurions apercevoir, pouvaient accomplir, comme notre terre, des révolutions périodiques ». Il voyait ainsi que chaque étoile était le centre d'un monde comme le nôtre. Il tenait cette doctrine de Thalès, et c'était celle d'Orphée, des pythagoriciens et de plusieurs autres philosophes. Élien rapporte qu'Alexandre le Grand, ayant entendu dire ce que Démocrite enseignait de la pluralité des mondes, se mit à pleurer, se désolant de ce qu'il n'en avait pas encore conquis un seul.

Les tourbillons de Descartes ont été connus aussi des anciens. Leucippe et après lui Démocrite enseignaient « que le mouvement et la formation des corps célestes avaient été produits par une quantité infinie d'atomes de toutes sortes de figures qui, s'étant rencontrés et accrochés ensemble, formèrent des tourbillons, lesquels venant à s'agiter et à tournoyer en tous sens, les corps subtils qui en faisaient partie s'échappèrent vers les bornes de la circonférence de ces tourbillons; et les autres, moins subtils et d'un élément plus grossier, restèrent vers le centre et formèrent des concrétions sphériques qui sont les planètes, la terre, le soleil, etc. »

L'analyse des couleurs, qui a fait tant d'honneur à Newton, n'était encore qu'un retrouvé. Car le savant anglais avait été devancé par Platon et Pythagore. Le système de Copernic appartient à Pythagore, à Philolaüs, son disciple, à Timée de Locres. Aristarque voyait le soleil immobile dans le centre d'une orbite qu'il faisait parcourir à notre globe par un mouvement circulaire.

« L'opinion que la terre était ronde, habitée en tous sens, et que par conséquent il y avait des antipodes, est encore une des plus anciennes vérités enseignées par les philosophes grecs. Diogène Laërce dit que Platon était le premier qui eût nommé antipodes les habitants de la terre qui nous sont opposés. Il ne dit pas que Platon ait enseigné le premier cette opinion, mais qu'il a le premier employé le nom d'antipodes. »

On a écrit, d'Alembert principalement, que Virgile, le savant évêque de Salzbourg et l'apôtre de la Carinthie, canonisé par Grégoire IX, avait été condamné en 766 pour avoir enseigné qu'il y avait des antipodes. Mais c'est une fausseté, comme en ont tant émis les philosophes modernes. Il avait dit qu'il y avait d'autres hommes sous la terre, éclairés par un autre soleil et une autre lune. Le pape Zacharie le manda à Rome, où il reconnut qu'il était dans l'erreur, parce qu'on pouvait entendre dans sa supposition que ces hommes ne descendaient pas d'Adam et par conséquent n'avaient pas été rachetés par Jésus-Christ. Il reconnut son erreur, et c'est alors qu'il fut élevé sur le siége de Salzbourg.

Quant à la sphéricité de la terre, elle a été reconnue par saint Basile, saint Grégoire de Nysse, saint Grégoire de Nazianze, saint Athanase. Origène, saint Hilaire et d'autres Pères parlent aussi des antipodes.

Les télescopes étaient même, en partie du moins, connus des anciens, qui se servaient de tubes pour observer les astres. Avaient-ils des verres ou n'en avaient-ils pas? C'est ce que nous ne pouvons dire. Toujours est-il qu'Aristote expose qu'ils rapprochaient les objets. Strabon dit la même chose; et Mabillon, dans son voyage d'Italie, dit avoir vu, à la tête d'un manuscrit du treizième siècle, une figure, qu'il rapporte, représentant Ptolomée qui contemple les étoiles avec un tube composé de plusieurs différentes pièces; mais il n'est pas possible de juger si cette lunette avait des verres. On voit cependant qu'elle est composée de plusieurs pièces (1)...

Les modernes n'ont rien dit sur les comètes que les anciens n'aient enseigné avant eux. Sénèque remarque même que les Égyptiens pouvaient *annoncer les retours des comètes*. Kepler prétendait que les comètes se formaient dans l'air comme les poissons dans

(1) Buffon est d'avis que les anciens ont fait usage du télescope. Morand, s'autorisant d'un passage de l'*Opus Majus* de Roger Bacon, pense que César s'en servit. Qui plus est, d'après une note de sir David Brewster à l'Association britannique, une lentille de cristal trouvée dans les fouilles de Ninive aurait appartenu à un instrument d'optique. S'il faut en croire la *Chronologie chinoise* de P. Gaubil, cité par M. de Paravey, l'empereur Chan aurait, bien des années avant Jésus-Christ, recouru à des instruments de ce genre pour observer les planètes. (M. Edouard Fournier, qui cite ses autorités, le *Vieux neuf*, tome Ier, p. 368.) Le même savant ajoute que ce n'est pas à Newton, en 1666, mais au P. Mersenne, en 1639, qu'est dû le télescope à réflexion.

l'eau... Mais Anaxagore enseignait que « les comètes
» sont des astres qui ont un cours réglé autour du
» soleil, et qui ne paraissent que dans certaines
» parties de leurs orbites, après un temps considé-
» rable ». Stobée rapporte que les pythagoriciens
voyaient dans les comètes « des astres errants, qui
» ne paraissent que dans un certain temps de leur
» cours ». Sénèque, au septième livre de ses Questions naturelles, paraît adopter l'opinion d'Artémi-
dore, qui croyait qu'il y avait une quantité innom-
brable de comètes, lesquelles, à cause de la position
de leurs orbites, ne pouvaient pas toujours être
observées et ne se laissaient voir que lorsqu'elles
arrivaient à une des extrémités de ces orbites.
Lalande lui-même dit qu'on ne peut rien ajouter à
ce que dit là Senèque.

Les anciens savaient que la lune est éclairée par
le soleil. Orphée et beaucoup d'autres la croyaient
habitée. Pythagore la disait habitée par des êtres
vivants, dont il ne pouvait déterminer la nature.

Mais c'est assez nous arrêter dans ces hautes
sciences. Citons maintenant quelques petits faits.
M. Édouard Fournier a publié un ouvrage curieux
intitulé *le Vieux neuf,* histoire ancienne des inventions et découvertes modernes (1). Nous résumerons
quelques-unes de ses indications.

Nous avons parlé des aérostats. M. Édouard Fournier cite un passage d'Aulu-Gelle où l'on voit qu'Archytas de Tarente avait fabriqué, en légères feuilles
de bois, une colombe qui volait et agitait ses ailes,

(1) Deux forts volumes in-12, Paris, 1859.

grâce à un air subtil dont son corps était rempli. Or Archytas florissait en même temps que Platon, quatre cents ans avant Jésus-Christ. Nous ne parlerons pas du canard de Vaucanson, qui mangeait, digérait et s'envolait, parce que les documents nous manquent.

L'auteur du *Vieux neuf* établit ce fait que l'on connaissait au moyen âge les vertus de l'aimant et ses propriétés dans la médicamentation. Dutens rapporte des passages où l'on voit que Plutarque, Platon et d'autres anciens sages étaient à ce sujet aussi avancés que nous, et qu'ils comprenaient l'électricité.

M. Édouard Fournier nous apprend diverses choses curieuses, par exemple que les allumettes chimiques ont été inventées en 1680. Il rend à Louis de Collado, ingénieur en chef de Charles-Quint, l'invention des fusées dites à la congrève. Il restitue au seizième siècle la primeur du stuc, des fusils qui se chargent par la culasse, du blutoir mécanique. Il rend à Papin la machine à vapeur et la découverte du chloroforme; à Olivier de Serres l'eau-de-vie de betteraves; aux anciens le procédé qui rend l'eau de mer potable; au dix-septième siècle la lampe de Davy; à Léonard de Vinci le quinquet; aux vieux Romains l'enseignement mutuel, retrouvé par Pestalozzi dans Quintilien; aux Grecs la méthode de Jacotot; au premier tiers du dix-huitième siècle les rouleaux d'imprimerie, réinventés de nos jours; à la fin du dix-septième siècle la stéréotypie que Herhan a ressuscitée au commencement du dix-neuvième; aux vieux Romains le macadam; au vieil Avicennes la médecine de Raspail; le paratonnerre de Franklin aux Étrusques; la pisciculture aux Chinois; la vaccine aux Hindous et aux Géorgiens, pillés par Jenner.

Ce livre, plein de renseignements savants et curieux, peut être très-utile aux amateurs qui désirent réinventer, se produire et se faire breveter — sans garantie du gouvernement.

XXXI. — LES ORIGINES DES PEUPLES.

> TURLUPIN. — Notre famille descend de Noé.
> GROS GUILLAUME. — Nous sommes plus anciens;
> Car nous remontons à Adam, en droite ligne.
> *Les Parades du pont Neuf.*

Les nations, grandes ou petites, ont toutes leur vanité, comme les familles un peu posées. A les entendre, il semblerait qu'elles ont été créées à part. Chez nous, chrétiens, nous savons tous que nous descendons de Noé, qui descendait d'Adam. Mais, des nations, chacune a voulu être la première, et pour cela, dans les temps plus naïfs que le nôtre, chaque nation a construit sa généalogie. Nous ne pouvons ici, nous Français, nous occuper que de la nôtre.

Si nous ne connaissons avec certitude que les dates qui se rapprochent de nous, si notre vieille histoire est appuyée assez souvent sur des fables, ne devons-nous pas néanmoins leur conserver un certain intérêt? Les Grecs et les Romains, les Égyptiens et les Chinois, toutes les nations ont gardé les contes populaires qui forment leurs premières annales, et les temps douteux sont appelés temps héroïques, ce qui flatte toujours.

Nous ne dirons qu'un mot des peuplades dégénérées ou tombées que nous appelons les sauvages et qui, ayant perdu les vérités premières, se sont abaissées dans leurs origines jusqu'à la brute. Les trois principales familles des Iroquois se vantaient d'avoir pour souches, celle-ci un ours, celle-là une tortue, cette autre un loup. Les tribus sauvages du Canada descendaient, si on consentait à les croire, l'une d'un grand lièvre, qu'elle voyaient quelquefois dans la lune où il s'était transporté, la seconde d'une femme vaillante née d'une carpe, la troisième d'une ourse. Les Athéniens eux-mêmes croyaient descendre des fourmis d'une forêt de l'Attique, et les maisons qui se piquaient d'une plus vieille noblesse portaient dans leur chevelure une fourmi d'or.

Une des hautes castes du Maduré a pour tige un âne; et dans cette caste les ânes sont traités comme des frères. On poursuit en justice, et on fait condamner à de fortes amendes ceux qui les chargent trop ou les maltraitent.

Mais revenons à nous, qui, en général, avec nos froids historiens, restons, seuls parmi les peuples, ignorants de ce qui touche à nos temps héroïques. Nous devons combler ici cette lacune, pour les lecteurs qui n'aiment pas les recherches.

Ce n'est ni un roman ni une innovation que nous vous présentons. Nous ne ferons qu'extraire d'anciens livres qu'on ne lit plus; c'est de l'histoire, comme on l'entendait il y a deux siècles. Nous ressusciterons un moment des historiens tombés dans un oubli auquel ils ne s'attendaient certainement pas. Si leurs livres sont devenus fastidieux, n'oublions pas qu'ils travaillaient dans un but national. D'ailleurs ils avaient une extrême bonne foi. Dans la dédicace d'une histoire des rois français, abrégée de Jacques de Charron, seigneur de Mouceaulx, et publiée en 1630, l'éditeur Thomas Blaise dit à Louis XIII :

« Ce doit être un parfait contentement à vos peuples de se voir sous l'empire d'un monarque dont la race est connue, sans interruption, depuis le premier homme. J'ai mis en marge, Sire, ajoute-t-il, les auteurs confirmatifs de cette vérité, pour faire paraître aux ignorants et médisants que cette généalogie n'a point été fabriquée à plaisir comme beaucoup d'autres... »

On trouvera ici des étymologies singulières. Nous ne les garantissons pas. Notre tâche est de relater et et non de discuter. Nous ajouterons seulement qu'à la chronologie des rois anciens, Thomas Blaise a joint leurs portraits, même de ceux qui ont régné avant le déluge. Nous allons le suivre.

Adam, premier roi de France et d'autres lieux. Il fut fait de terre rousse prise, disent nos vieux chroniqueurs, dans les environs d'Ébron, à une journée de Jérusalem ; il vécut neuf cent trente ans, roi des Gaules et du reste de la terre. On verra que nos princes descendent tous de lui en droite ligne, et le lecteur aussi.

Seth, deuxième roi. Il naquit trente ans après la création du monde, inventa l'astronomie, bâtit en Asie une grande ville et ne visita point ses États des Gaules. Il mourut à neuf cent douze ans. On le représente avec une sphère.

Énos, fils aîné de Seth, troisième roi de France, habita les bords de l'Euphrate. Il vécut neuf cent cinq ans. On le peint avec une raquette. Aussi dit-on qu'il inventa quelques arts mécaniques. On lui attribue aussi l'alphabet hébreu.

Caïnan, successeur d'Énos par droit d'aînesse, fut simple en ses mœurs. On le représente avec une houlette et une robe de chambre fourrée. Il vécut neuf cent dix ans.

Malaléel, qui le suit, est armé d'un arc et d'une flèche, sans avoir été guerrier ni chasseur. Car il ne vivait, dit-on, que de châtaignes. Les géants étaient ses contemporains. Ce fils aîné de Caïnan vécut huit cent quatre-vingt-quinze ans.

Jared, fils aîné de Malaléel, vécut neuf cent soixante-deux ans. Il est peint avec un air vénérable et la canne à la main; il fut grand pontife aussi bien que roi. Mais on ne pense pas qu'il ait tenu cour plénière chez nous.

Énoch, le successeur de Jared, ne peut avoir ici que la place de son nom.

Mathusalem, fils d'Énoch, vécut neuf cent soixante-neuf ans. Aucun de ces princes n'a vécu mille années. On commença sous lui à bâtir des maisons régulières; on forgea le fer; on fit des instruments de musique, de la toile et des images sculptées.

Lameth, le neuvième roi, toujours fils aîné du précédent, vécut sept cent soixante-dix ans. Après lui, nous passons au déluge.

Noé se sauva seul dans l'arche, avec sa femme, ses trois fils et ses trois brus. Il paraît, d'après David Chambre, Pierre de Rivière, Mayerne-Turquet, le sieur de Mouceaulx et Thomas Blaise, que Noé est le premier roi des Français qui soit venu dans les Gaules.

Japhet est le premier de nos princes à qui les peintres aient mis le sceptre en main. Il était fils de Noé. Jusqu'à lui, le roi des Francs avait étendu son empire sur le reste du globe; les autres princes n'étaient que ses vassaux. Noé donna l'Europe à Japhet, l'Asie à Sem et à Cham l'Afrique. Les enfants de Noé peuplèrent prodigieusement la terre; cent ans après la sortie de l'arche, la tour de Babel s'élevait, quand vint la confusion des langues.

Noé, qui avait planté la vigne, couronna de pampres Gomer son petit-fils, lui donna pour armoiries un vaisseau et l'envoya par mer chercher fortune. Noé avait été surnommé Gallus, ce qui voulait dire, en ce temps-là, vainqueur des eaux, à cause du déluge. Gomer, qui s'embarqua, eut le même nom, et ceux qui l'accompagnaient furent appelés Galli ou Gaulois. Ils débarquèrent, vers l'an 2200 avant la naissance de Notre-Seigneur, dans le port d'Ostende, s'établirent dans le pays que de leur nom on a appelé les Gaules, y fondèrent Courtray, Chartres, Noyon, Bourges, Périgueux et envoyèrent des colonies au delà des Alpes.

Samothès, treizième roi, surnommé Dis, qui signifie riche et suffisant en toutes choses, était fils ou frère de Gomer; c'est le premier roi des Gaulois qui ait résidé sans interruption, et on croit qu'il régna cent quatre-vingts ans, car les hommes jouissaient encore de longue vie. On le représente avec une assez bonne face, une couronne radiale, une main de justice. Ses États s'étendaient de l'Océan aux Alpes et du Rhin aux Pyrénées. Il fonda Sens, Autun, Bayeux, donna des lois et cultiva les lettres. Des savants assurent que Samothès inventa la rime. Son nom demeura en si grande révérence, que les prêtres et philosophes gaulois prirent le titre de samothéens, selon la remarque de François Lepetit, jusqu'au moment que l'on verra bientôt, où ils s'appelèrent druides.

Samothès, oubliant Dieu sans doute, avait pour l'œuf de serpent une profonde vénération, qu'il inspira aux prêtres d'Autun. Les druides de cette ville prétendirent dans la suite que les œufs de serpent qu'ils vendaient aux capitaines et seigneurs avaient une puissance capable de dompter celle des plus malins démons.

Magus ou Magion, fils de Samothès, régna cinquante ans. Il bâtit Mayence, Worms, Rouen et plusieurs autres villes dont le nom se termine en magus, comme Rothomagus. Car il prenait un singulier plaisir à bâtir. Il paraît qu'il fut aussi roi des royaumes unis de la Grande-Bretagne; et ce qui rend le fait très-possible, c'est qu'autrefois, pourvu qu'on accorde à Nicolas Bertrand et à Jean Lebon la confiance qu'ils

méritent, « l'Angleterre et les Gaules, tout ainsi que
» l'Italie et la Sicile, n'étaient pas séparées par la
» mer, comme elles ont été depuis par grandes tour-
» mentes et impétueuses forces de l'eau ».

Sarron, fils de Magus, grand justicier, vaillant homme, toujours armé d'une javeline, bâtit Angers, le Mans et quelques bourgs, fonda des universités et donna son nom à la secte des philosophes sarronides, qui n'étaient guère que des magiciens. Il alla visiter en Arménie le lieu où Noé était descendu de l'arche, et au retour de ce pèlerinage il se noya près de Corinthe, dans le golfe qui a retenu son nom : *sinus Sarronius*.

Drivus ou Drijus, du moment où Sarron fut noyé, régent du royaume en son absence, se trouva roi par sa naissance. Il commença à régner 1895 ans avant Jésus-Christ. Il bâtit la ville de Dreux, ne régna que vingt-deux ans et laissa une haute réputation de sagesse. Les philosophes samothéens et sarronides voulurent en son honneur être appelés druides, nom qui leur est resté.

Barde Ier ou Bardus, fils de Drivus, lui succéda et régna cinquante ans en paix. Il inventa la rhétorique, enseigna la poésie à ses sujets et se fit peindre avec une harpe. Les poëtes gaulois ont pris son nom et l'ont rendu célèbre.

Longho ou Lango, fils de Bardus, monta sur le trône vers l'an 1818 avant Jésus-Christ et régna vingt-sept ans. On le représente armé d'un gourdin, car il fut grand observateur de justice. Il fonda Namur et Langres. Les Gaulois étaient en son temps fort ingénieux. Ils inventèrent les bluteaux et tamis, les chariots et camions, ainsi que les vilbrequins. Il y eut des teinturiers; on fit des matelas, et c'est même à ce règne que remontent les premières fabriques de coutellerie.

Barde II succéda à Longho 1791 ans avant notre Sauveur. Une colonie de Gaulois s'établit sous son règne en Lombardie; ils se nommèrent des noms réunis de Longo et de Barde, *Longobardi*. Barde II était contemporain de Jacob.

Luce ou Lucus, fils du précédent, lui succéda l'an 1754 avant notre ère. Il ne régna que onze ans. C'était un grand chasseur. Un jour qu'il s'était arrêté à l'endroit où est maintenant la rue de la Huchette à Paris, il aperçut l'île de la Cité. Cette île lui plut; il s'y fit bâtir une cabane, qu'on appela de son nom Lucoties, comme qui dirait repos de Lucus. Ce pays prit faveur et s'agrandit. Ptolomée en appelle les habitants Lucéens ou Lucenses. Par la suite ce devint un bourg marécageux qu'on appela Lutetia et plus tard Lutetia Parisiorum, le Marais des Parisiens. C'est aujourd'hui Paris, où les habitants de Lutèce auraient bien de la peine à se retrouver.

Lucus bâtit aussi Leuze, près de Tournay.

Celtès-Jupiter ou Jupiter-Celtès, car il n'importe guère, comme dit Scarron, que Celtès soit devant ou bien qu'il soit derrière, était fils du roi Luce. Il monta sur le trône 1743 ans avant la venue du Messie et régna vingt et un ans, si accompli en toutes choses, qu'une partie de ses sujets prit de lui le nom de Celtes. Il fut grand guerrier. On le représente l'épée à la main et le front ceint de laurier. Il fit des conquêtes en Scythie. Ceux de ses sujets qui s'y colonisèrent gardèrent le nom de Celto-Scythes, comme d'autres s'appelèrent Celtibères, après qu'ils se furent fixés en Espagne, ou Ibérie (1).

Hercules, surnommé *Ogmius*, à cause de sa grande taille, était, du sentiment le plus généralement suivi, neveu du précédent roi et fils de Salonius, frère de Celtès. La généalogie royale n'en souffre donc point; car si on adopte l'avis des savants qui soutiennent que le roi Hercule était fils de Jupiter, roi de Crète, voici quels furent ses aïeux : Jupiter, roi de Crète, était fils de Bélus II, surnommé Saturne, qui fut fils d'Arrius, qui fut fils de Ninias, qui fut fils de Ninus, qui fut fils de Bélus Ier, qui fut fils d'Assur, premier roi des Assyriens; lequel était fils de Sem, fils de Noé.

On peint Hercules-Ogmius avec un arc et une massue, car il fit des prouesses admirables. Il épousa Galatée, appelée encore Celtine, fille de Celtès-Jupiter, monta sur le trône avec elle 1722 ans avant la nativité de Notre-Seigneur, régna trente-quatre ans et s'en alla mourir en Espagne, laissant le royaume des Gaules à Galatas son fils.

Galatas, surnommé l'Ancien, fils d'Hercule et de Galatée, régna quarante et un ans avec gloire et vigueur. Il fit des conquêtes en Grèce, fonda Gallipoli dans le Péloponèse; et c'est depuis lui que les Grecs ont appelé les Gaulois Galates, à cause d'ice-

---

(1) . . . . Profugique a gente vetusta
Gallorum Celtæ miscentes nomen Iberis.

(Lucain.)

lui leur roi. Il mourut en l'an 1647 avant la Rédemption.

Narbon, vingt-quatrième roi, fils aîné de Galatas, et, comme Longho, armé d'un bâton d'épines, avec une couronne radiale, régna vingt-deux ans. Il fit son séjour de préférence dans cette partie de la Gaule qui depuis lui s'est appelée Narbonnaise. Il aimait beaucoup le miel. Il faut dire aussi qu'il bâtit la ville de Narbonne, dont plusieurs savants ont à tort attribué la fondation à un Romain nommé Quintus Marcius Narbo, lequel n'imposa jamais son nom à Narbonne, mais au contraire reçut d'un long séjour qu'il fit en cette ville le nom qui a causé l'erreur. De même nous appelons Christian de Troyes un poëte qui certainement n'a pas bâti la capitale de la Champagne.

Lugdon ou Lugdus, fils aîné de Narbon, monta sur le trône l'an 1625 avant Notre-Seigneur et gouverna quarante-cinq ans. Comme son père, il affectionna une partie de ses États; c'est celle qu'on a depuis nommée la Gaule Lyonnaise. Il fonda Lyon, dite en latin Lugdunum, du nom de ce monarque. Cette ville fut réparée sous la domination romaine et agrandie par Munatius Plancus, qui se garda bien de lui ôter son nom royal. Lugdon est aussi le fondateur de Leyde.

Belgus, Belgius ou Belge, vingt-sixième roi, fils de Lugdon, régna trente-quatre ans. Il fonda la ville de Belges, appelée depuis Bavay, et donna son nom à la Gaule-Belgique, où il habitait de préférence. Il portait, comme les Belges ont toujours fait depuis, un lion dans ses étendards, parce qu'on lui avait amené d'Espagne un de ces animaux apprivoisés, qui lui servait de garde.

Jasius Janigena est une espèce d'usurpateur, dont on ne sait trop comment découvrir la famille. Mais il descendait à coup sûr de Noé. Après la mort de Belgus, qui ne laissait pas d'enfants, il y eut de grandes guerres entre les princes gaulois pour la succession du royaume. Pendant que ces petits rois se battaient, Jasius, arrivant d'Italie, se jeta à la traverse, avec des recrues de Toscans, de Piémontais et d'Espagnols, mit tout le monde à la raison et se fit proclamer roi des Gaules et d'Italie. Il régnait depuis trente-trois ans, sans avoir rien fait, à ce qu'il paraît, que se maintenir au pouvoir, lorsque étant passé en Toscane, pour châtier son frère Dardanus, qui lui tenait lieu de vice-roi et qui se gouvernait mal, il fut assassiné en trahison par ledit seigneur son frère.

Sous Allobrox le pays rentra sous ses princes légitimes. Allobrox, fils de Cavarin, fils de Séguse, l'un des enfants du roi Narbon, sortit de la retraite où les druides le tenaient caché et monta sur le trône, dès qu'on eut appris la mort de Jasius, l'an 1513 avant l'ère chrétienne. On remarque qu'il vécut plus de cent ans. Il en régna soixante-huit en grande paix, bâtit la ville d'Embrun, embellit la Savoie et le Piémont et fonda beaucoup de cités en Provence, en Flandre et en Dauphiné. Les Savoyards, chez qui il avait été élevé en secret, s'appelèrent de son nom Allobroges, étymologie qui, à tout prendre, vaut bien celle de ces savants antiquaires qui prétendent qu'Allobroges n'est qu'une abréviation agréable des mots à *longues braies*, à cause des longues chausses, braies ou culottes que les Savoyards ont toujours portées, pour se garantir du froid, et que nous appelons aujourd'hui pantalons à la cosaque.

Rhomus ou Romans, fils d'Allobrox, bâtit les villes de Romans et de Valence en Dauphiné. Il agrandit Rouen, qui, suivant quelques-uns, n'avait porté jusqu'alors que le nom du roi Magus son fondateur, et s'appela depuis ce règne Rothomagus, de la confusion des deux noms. On ajoute qu'il envoya dans le Nord une colonie de Gaulois qui s'établit dans les contrées septentrionales de l'Europe et revint en Neustrie sous Charlemagne. Ce sont les Nords-Romans ou Normands, qui avaient sans doute oublié, quand ils reparurent en Neustrie, qu'ils étaient originaires des Gaules. Rhomus régna quarante ans.

Paris, son fils, lui succéda l'an 1405 avant Jésus-Christ. Il augmenta considérablement la ville de Lutèce, qui depuis porta le nom de Paris. C'est tout ce qu'on sait de ce monarque. Paris, en ce temps-là, n'avait qu'un pont fait d'un gros arbre renversé à l'endroit où est aujourd'hui le pont Saint-Michel (1).

(1) On pourrait rassembler aussi quelques notices sur l'origine de beaucoup de villes. Ainsi les historiens font bâtir Lierre, en Belgique, par le roi Lear réfugié. Lockeren, au même pays, a été fondé par un prince anglais appelé Locrius, ou selon d'autres par le Loke farouche des Scandinaves. Arlon doit son nom à ce fait ancien qu'il y avait là, sous le paganisme, un autel à la lune, *Ara Lunæ*. Braine a été la ville de Brennus. Paris, si on lui conteste son nom d'un roi aux temps héroïques, est l'abréviatif de Parisis, qui veut dire paroisse d'Isis. On sait que cette déesse y a eu un temple. Un savant gantois, qui a démontré en trois volumes in-octavo que les champs Élysées du paganisme n'étaient pas

Paris avait régné trente-trois ans. Léman, son fils, en régna soixante-deux. En visitant son royaume, il donna son nom au lac qui se trouve entre Lausanne et Genève, qu'on appelle aussi le lac de Genève, et que les romantiques appellent avec trop d'esprit l'Océan sur la montagne.

Les Gaulois helvétiques, se trouvant trop nombreux en leur pays, allèrent s'établir le long du Rhin et prirent le nom d'*A-Lemans,* depuis Allemands, comme qui dirait gens venant du lac Léman : *a Lemanno lacu.*

C'est prouvé par ces vers du poëte Gontier :

> Qua sibi vicinas Alemania suspicit Alpes,
> Nomen ab Alpino ducens ut fama Lemanno.

On représente le roi Léman avec une grande hache d'armes. Il était si brave que quelques chroniqueurs lui donnent le surnom d'Hercule.

Olbi, fils de Léman, prit le sceptre et l'épée l'an 1316 avant notre ère. Il porta la guerre jusqu'en Asie et fonda plusieurs villes qu'il appela de son nom. — Bibracte, son frère, régent des Gaules en son absence, bâtit Toulouse vers ce temps-là.

Galatas II, surnommé le Jeune, commença de régner 1278 ans avant Jésus-Christ. Il partit avec une grande armée, subjugea les Tartares, Polonais, Hongrois, Prussiens, Russiens et autres barbares qui lui refusaient l'obéissance. Il bâtit Galata, aujourd'hui Péra, près de Constantinople. Les Gaulois, ses sujets,

ailleurs qu'en Flandre, a établi que Flessingue (en flamand Vlissinghem) a été bâtie par Ulysse. Les Portugais ont la même prétention pour Lisbonne (Ulisbona). On ferait de ces singularités un gros volume.

portèrent chez les Grecs la théologie, la philosophie et la rhétorique. Il régna vingt-cinq ans.

Namnès ou Nannès, fils de Galatas, occupa quarante-cinq ans le trône des Gaules. Il bâtit Nantes en Bretagne et fonda dans l'île d'Ouessant un collége de druidesses qui prédisaient l'avenir. On vit aussi s'élever en ce temps-là, dans l'île de Sena ou Sein, près de la côte de Quimper, d'autres druidesses qui avaient le pouvoir de retenir les vents et d'exciter les tempêtes.

En l'an 1208 avant la venue du Messie, Rhémus, fils de Namnès, monta sur le trône, où il siégea trente-neuf ans. Il fonda la ville de Reims.

On parlait beaucoup en son temps de la guerre de Troie. Il envoya au roi Priam un secours de quelques escadrons commandés par Hictar ou Hagtor, que des savants interprètent porte-hache. Le sieur de Mouceaulx prétend, à la vérité, que le nom de Hagtor signifie hache-torse, parce que le manche de sa hache d'armes était tordu; mais le gros des érudits préfère la première explication comme plus savante. Or, en arrivant à Troie, Hictar ou Hagtor trouva la ville ruinée, se remit en mer et débarqua aux Palus-Méotides, où il vécut en bonne intelligence avec quelques Troyens qui s'y étaient réfugiés; si bien qu'il y mourut, laissant un fils, nommé Francus ou Francion, lequel n'était pas Troyen, comme l'a dit Ronsard, mais bien du bon sang gaulois. Ce Francus revint en Gaules, épousa la fille unique du roi Rhémus et succéda à icelui.

Il ne faut par croire pour cela que le sceptre fût

tombé en quenouille, ni que la généalogie des rois français fût interrompue. Le sentiment le plus général et le plus probable est que Francus ou Francion était fils d'Hagtor, qui fut fils de Boïus, qui fut fils de Bibracte, qui fut fils du roi Léman.

Mais si on lui préfère la version de ceux qui prétendent que Francus était fils d'Hector, nous dirons qu'Hector était fils de Priam, roi de Troie, lequel, par diverses générations avérées, descendait du vaillant Hercules-Ogmius, notre vingt-deuxième roi, et que les Troyens ne furent dans l'origine qu'une émigration de Gaulois, qui se retrouvent partout.

Francus épousa donc Rhème, fille unique du roi Rhémus, et bâtit la ville de Troyes en Champagne, qu'il fortifia de trois châteaux, lesquels furent autant cause de son nom que le souvenir de la ville de Priam. Il eut à guerroyer contre divers princes qui s'étaient fortifiés dans les Gaules, sous le faible règne précédent. Oscus s'était emparé du Berry, Lemovix du Limousin, Gergester de l'Auvergne. Francus les défit et prit la ville de Limoges, que Lemovix avait bâtie. C'est depuis Francus Ier que les Gaulois commencèrent à être appelés Francs. Il porte pour armes trois diadèmes, parce qu'il régna en Asie, en Pannonie et en Gaules.

Ici va commencer la dynastie des Sicambres, dont Sicamber fut le chef. Fils de Francus, il ne régna que sur une petite partie des Gaules, savoir sur les Parisiens et les Champenois. C'est depuis ce monarque que nos aïeux ont aussi porté le nom de Sicambres. Malgré les victoires du roi précédent, il y avait sous ce règne plus de douze rois en Gaule. L'Italien Brutus, fils du roi des Albains, était même venu y chercher des conquêtes. Mais il fut obligé de passer en Angleterre et donna son nom au pays ; quoique, si l'on en croit Pierre de la Ramée, la Grande-Bretagne n'ait été appelée ainsi que parce qu'elle fut peuplée de Gaulois-Bretons.

Sicamber monta sur le trône vers l'an 1114 avant Jésus-Christ et mourut après plus de soixante ans de règne. Il porte pour armoiries trois croissants d'argent sur champ d'azur.

Priam Ier. C'est au souvenir de la guerre de Troie qu'on doit les noms qui vont suivre. Priam, fils de Sicamber, régna quatre-vingts ans et ne gouverna, comme son père, qu'une partie des Gaules, alors partagées entre plusieurs souverains. C'est sous ce règne que divers princes fondèrent Clermont en Auvergne, Moulins en Bourbonnais, Thérouenne, Poitiers, Tours et plusieurs autres villes. Xantus fonda Xaintes ou Saintes et fut roi de Saintonge. Agen fut bâtie aussi par un petit roi nommé Agénidor.

Hector, fils de Priam le Sicambre, a fait moins de bruit que l'autre, quoiqu'il ait régné quatre-vingt-dix ans. Il bâtit, dit-on, la ville de Vienne en Dauphiné, pendant que Bassiève, roi de Langres, imposait son autorité au Bassigny.

Du vivant de son père, Troïus, fils d'Hector le Sicambre, gouvernait l'Autriche et la Hongrie, où quelques provinces restaient soumises aux Gaulois, dominateurs naturels de l'Europe. A la mort de son père, il laissa à sa place Bassibilan, son fils, et s'en vint avec une armée; il reprit la Belgique et reçut obéissance des Français du Nord, qui donnèrent à ses soldats le nom de Germains, comme qui dirait cousins issus d'un même germe. Mais d'aucuns qui entendent d'autres langues que le latin disent que Germain, qui se prononce Ghermann en allemand, veut dire homme de guerre, car ce mot guerre nous est venu de l'allemand. D'autres entendent par le nom de Germains, que portaient diverses peuplades du Nord, *confédérés*. Troïus bâtit Bonn, près de Cologne, et mourut après cinquante années de règne, laissant le trône à Torgot son fils.

Les Gaules étaient toujours divisées entre plusieurs petits rois, princes et magistrats. Torgot, Torgor ou Torchot ne gouverna guère que la Belgique et les Flandres. Mais il envoya des colonies chez les Scythes, aimant mieux utiliser ainsi ses sujets trop nombreux que les mener à la guerre; car il était très-pacifique. Il ne régna pourtant que quarante-huit ans.

Tongris, fils du roi Torchot, régna cinquante-cinq ans. Il reconquit une partie du domaine de ses ancêtres, laissa la Hongrie à Gethilanor, son cousin, fils de Bassibilan, bâtit la ville de Tongres, reprit la Champagne, vécut en bonne intelligence avec les Allemands, à qui il prodiguait le nom de Germains. Il mourut 749 ans avant la venue de Jésus-Christ.

Teuton, qu'on représente coiffé comme les Osages et armé d'une énorme épée, succéda à Tongris, son père. Il s'empara de la Gueldre, de la Hollande et de diverses contrées de l'Allemagne, dont les habitants furent appelés de son nom Theutons ou Tudesques. Après un règne de cinquante ans, il mourut 665 ans avant notre salut.

Agrippa, son fils, n'a rien fait de remarquable. Les Gaules étaient toujours partagées. Le plus haut prince d'alors était Ambigat, qui résidait à Bourges et commandait à la plus grande partie de la France. Agrippa régna quarante-trois ans. Il n'avait autre chose à faire que de se reposer.

Ambron régna soixante-quinze ans et ne fit pas mieux qu'Agrippa son père. Cependant Ambigat envoyait ses enfants Bellovèse et Sigovèse en Italie, qu'ils peuplèrent de Gaulois, et où ils fondèrent Côme, Crémone, Vicence, Pavie, Gênes, Mantoue, Milan et Venise.

Thuringus régna encore soixante-quatorze ans, suivant les traces d'Ambron son père et de son aïeul Agrippa. Marseille se fonda sous son règne (si elle n'est pas plus ancienne). Mais ce n'est point par lui qu'elle fut bâtie. Il résidait de préférence dans une partie de l'Allemagne, qui fut depuis appelée la Thuringe.

Cimber nous offre encore la même fainéantise; et observez que nos rois reculaient toujours. Cimber, fils de Thuringus, se retira jusqu'au Danemark, où ses sujets furent depuis appelés Cimbres, et il mourut, sans même laisser d'enfants, après trente-trois ans de règne, l'an 440 avant Jésus-Christ.

Marcomir, que quelques-uns nomment aussi Mérodac, interrompit ici la ligne directe. Ce quarante-huitième roi n'était que parent de Cimber. On prétend qu'il venait de conduire une petite colonie de

Gaulois en Galice, et qu'il s'emparait de la Lusitanie, appelée depuis Portugal, comme qui dirait port aux Gaulois, *portus Gallis*. Lorsqu'il apprit la vacance du trône, il accourut pour faire valoir ses droits.

Marcomir était fils d'Anténor, qui fut fils d'Hélénus, fils d'un prince Priam qui ne régna point, fils d'un autre Marcomir, fils de Dilugvin, fils de Plasserius, fils d'un autre Hélénus, fils d'un autre Dilugvin, fils d'Almadion, fils de Gethilanor, fils de Bassibilan, lequel était fils du roi Troïus. Marcomir reprit la Gueldre, les pays de Clèves et de Juliers, la Hollande, et fonda Bruxelles, pendant qu'en France on bâtissait Auxerre. Il gouverna glorieusement les Gaules-Belgiques pendant vingt-huit années. Il portait pour armes trois grenouilles ou crapauds, de sinople en champ d'argent, pour marquer la bonté de son territoire. Ce sont ces trois grenouilles qu'on a depuis accommodées en fleurs de lis.

Anténor monta sur le trône après la mort de Marcomir son père, l'an 412 avant Jésus-Christ ; il épousa la belle Cambre, fille de Bellinus, roi de la Grande-Bretagne, et se disposa à jouir en paix des États de son père. Mais ses voisins, enhardis par son humeur peu guerrière, le battirent de tous côtés et le réduisirent à un petit coin de la Hollande, où il régna trente ans.

Pendant qu'Anténor fainéantisait, Brennus, roi de Sens, passa en Italie avec trois cent mille Gaulois, fonda Trente, Bergame, Vérone, prit Rome, comme on sait, et illustra les noms de ses concitoyens. Les Romains ne rachetèrent leur ville qu'en comptant aux vaincus mille livres d'or. Des historiens, il est vrai, disent que Camille se ressaisit de cette rançon; mais Justin, en son *Précis de l'histoire universelle,* et Suétone, dans la *Vie de Tibère,* avouent et conviennent que les Gaulois emportèrent ces mille livres d'or dans leur pays, ce qui leur procura beaucoup de douceurs.

Priam II, fils unique d'Anténor, ne régna non plus pendant vingt-cinq ans que sur la Hollande et les extrémités de la Belgique. Il bâtit Nimègue et Nieuport, tandis que son cousin Grun édifiait la ville de Groningue. C'est vers ce temps-là qu'on fortifia Clèves. Cependant les Gaulois jetaient une si grande terreur en Italie, que le sénat romain, au décret qui exemptait les prêtres d'aller à la guerre, ajouta cette exception : pourvu que ce ne soit point guerre de Gaulois.

Hélénus, fils aîné de Priam, lui succéda 356 ans avant la naissance du Messie. Quelques historiens, le prenant pour Hélénus, frère d'Hector le Troyen, à cause que l'un et l'autre furent fils d'un roi Priam, ont écrit que les rois des Français descendaient de la race troyenne. Mais cette erreur est détruite par la simple date des temps.

Hélénus n'était pas sans bravoure. Il battit les Tongrois et les Brabançons révoltés, tua de sa main le prince Guédon, fils du roi de Thérouenne, et agrandit un peu ses États. Il régna dix-neuf ans et laissa le trône à son fils Dioclès.

Les vieilles chroniques font de Dioclès un grand batailleur. S'il faut en croire des historiens, tels que

Chaumeau et François de Rivières, qui s'appuient d'un passage de Justin, Dioclès à la tête des Sicambres se serait mesuré contre Alexandre le Grand, de manière à en obtenir un traité glorieux. Il s'agrandit encore et régna trente-neuf ans.

Hélénus II, fils aîné de Dioclès, ne s'adonna qu'à la débauche, sans se soucier des affaires. Les Gaulois, irrités de ses déportements, le chassèrent du trône, après qu'il l'eut occupé quatorze ans, et couronnèrent son frère Bazan à sa place.

Autant Hélénus avait des mœurs relâchées, autant celles de Bazan étaient sévères. On le représente avec un code, parce qu'il donna des lois à son peuple et fut grand justicier. On conte que, marchant en public, il faisait porter devant lui une épée et une corde, pour faire voir qu'il était toujours prêt à rendre la justice.

Ce despote, dont la rigueur alors était si nécessaire, montra aussi qu'il était brave. Il reconquit toute la Belgique, reprit la Flandre et, après la mort du grand prêtre Théocale, se fit élire souverain pontife de ses sujets, qui l'adorèrent après sa mort.

Cependant des essaims de Gaulois s'emparaient de la Macédoine et détrônaient le roi Ptolémée-Céraune. D'autres, sous la conduite du second Brennus, ravageaient la Grèce, pillaient à Delphes le temple d'Apollon et imposaient des tributs à la plupart des rois de l'Asie. D'autres enfin établissaient en Thrace et en Illyrie des peuplades de colons appelés depuis Gallo-Grecs; et nos armes eussent envahi le monde, si les Gaulois avaient été unis comme les Romains.

Bazan mourut, après trente-six ans de règne, l'an 248 avant la Rédemption. Clodomir, son fils, hérita de sa bravoure. Il battit ses voisins, conserva les conquêtes paternelles et régna dix-huit ans. Il portait le lion sur son bouclier. Nos pères, en ce temps-là, relevaient leurs cheveux sur le sommet de la tête et se peignaient la figure.

Nicanor, fils aîné de Clodomir, monta sur le trône l'an 230 avant notre ère et régna trente-quatre ans. Belliqueux, mais étourdi, d'une part il vainquit les Goths, de l'autre il perdit une portion de ses États. Cependant Ménicate, Cuismare, Antaric, Congolitan, Britomare et autres rois des Gaules s'illustraient en Italie, où le Carthaginois Annibal était venu aussi chercher de la gloire et du butin.

Marcomir II, fils de Nicanor, régna vingt-huit ans. Il reconquit ce que son père avait perdu et joignit à ses États la Westgallie ou Westphalie. C'était un roi savant. Par ses ordres, on écrivit en vers héroïques les hauts faits de nos ancêtres; il les faisait chanter à sa cour et dans les villes, pour exciter ses sujets à être braves.

Clovis, appelé aussi Clodius ou Louis, premier du nom, fils aîné de Marcomir II, commença de régner vers l'an 168 avant la nativité de Notre-Seigneur. Il eut à soutenir des guerres continuelles contre ses voisins, toujours divisés, et fut tué en combattant, dans la onzième année de son règne. Son fils Anténor lui succéda.

Fatigué des guerres de son père, Anténor II fit avec ses voisins une trêve de dix ans et mourut de maladie en l'an 141 avant Jésus-Christ.

Jusque-là les druides, dans leurs sacrifices, avaient le droit d'immoler des victimes humaines. Anténor II abolit dans ses États cette coutume sanglante, et c'est un titre de gloire qui en vaut un autre.

Clodomir II succéda à son père Anténor et tint le sceptre vingt ans. Il eut des guerres à soutenir, étendit ses États jusqu'aux rives de la Meuse et se fit redouter de ses voisins.

Mérodac, fils de Clodomir II, régna vingt-huit ans. Il se tira très-bien des guerres que lui suscitèrent ses voisins. Encouragé par les succès, il porta ses armes en Italie, vainquit les Romains près de Ravenne et s'en revint chargé de dépouilles.

En ce temps-là, Teutomatus, roi des Francs-Saliens, fut vaincu par les Marseillais, colonie phénicienne, comme on sait, alors très-florissante. Bictinus, roi d'Auvergne, qui combattait sur un chariot d'argent, fuyait devant les Romains, quand Mérodac, venu à son secours, leur fit reprendre le chemin de l'Italie. Ce brave roi mourut en l'an 93 avant Notre-Seigneur.

Cassandre soutint la haute réputation de son père Mérodac, maintint ses États et battit les Romains et les Goths. — Le reste des provinces gauloises était en grand trouble. Divitiacus, roi de Soissons et d'Angleterre, tourmentait ses voisins. Les Parisiens, les Champenois, les Auvergnats et les Gaulois d'Autun s'accordaient si mal, qu'ils appelèrent Arioviste, roi d'Alsace et d'une partie de l'Allemagne, pour les mettre d'accord. Mais il commença par s'emparer d'une bonne partie de la Gaule séquanaise et accorda les Gaulois dissidents en les battant les uns après les autres.

Cassandre régna vingt et un ans. Antaire, son fils, régna trente-cinq ans. Il se maintenait en paix dans la Gaule-Belgique, lorsque les Gaulois-Éduens, nommés depuis Bourguignons, ayant appelé les Romains à leur secours contre Arioviste, Jules-César arriva. Il lui fallut dix ans de guerre et l'aide des Gaulois eux-mêmes pour soumettre ces provinces. Il nous peint les Gaulois, nos ancêtres, comme des peuples belliqueux, toujours armés et terminant leurs querelles par le combat; légers, mais sincères, hospitaliers, généreux, et faisant consister la justice dans le droit du plus brave ou du plus fort. Il nous est resté quelque chose de ces mœurs. Un homme du peuple qui reçoit un démenti assène un coup de poing et dit : « Eh bien, ai-je raison à présent ? » Il faut que l'assailli réponde par un coup de poing plus vigoureux, s'il ne veut pas perdre sa cause. Et souvent les rois, dans leurs débats, ne cherchent pas d'autres arguments.

On peut s'assurer, dans les Mémoires de Jules-César, que Paris, renfermé alors dans l'île de la Cité, se défendit vaillamment.

Mais enfin, le roi Anthaire ou Antharius, voyant que Galba, roi de Soissons, Comius, roi des Atrébates (Artois), Teutomat, roi de Montpellier, Tasgatius, roi de Chartres, Viridorix, roi du Perche, Abducillus, roi des Allobroges, Cavarin, roi de Sens, Ambiorix, roi de Liége, Vercingetorix, roi d'Auvergne, Arioviste lui-même, et plusieurs autres rois, princes et capitaines gaulois, s'étaient soumis aux Romains, ne voulant pas subir leur joug et ne pouvant plus résister à leurs forces, il abandonna la Gaule-Belgique et se retira de l'autre côté du Rhin. C'est là dès lors que fut la France.

Quelque temps néanmoins après le départ de César, Anthaire voulut rentrer dans les Gaules et délivrer sa patrie. Il soutint avec une poignée d'hommes une longue bataille, contre les Gaulois mêmes unis aux Romains, et fut tué en combattant, 37 ans avant l'ère chrétienne.

Francus II succéda, comme de juste, à son vaillant père Anthaire. Il renouvela l'alliance avec les Saxons et les Thuringiens. Aidé de leurs armées et de celles de plusieurs Francs-Gaulois qui s'étaient réunis à lui pour repousser la domination romaine, il reprit les parties septentrionales de la Gaule-Belgique. Il portait pour enseigne une fleur de lis d'or sur champ d'azur; ce fut le signe de ralliement des Français d'alors, car, comme dit François Connan, au troisième livre de ses *Commentaires du droit civil*, les Francs n'étaient pas à proprement parler une nation particulière, mais une réunion d'hommes de diverses provinces qui se rallièrent en une masse imposante pour le maintien de leurs libertés et franchises. Francus mourut en l'an 9 avant la nativité de Notre-Seigneur. Plusieurs chroniqueurs en parlant de lui l'appellent le premier roi des Français.

Clodion Ier ou Clogion, fils aîné de Francus, fut notre soixante-cinquième roi. Il régna dans le nord de la Gaule-Belgique et en Allemagne sur les bords du Rhin, où il réunissait tous ceux des Gaulois qui tenaient au nom de Francs. Il voulut aussi repousser les Romains; mais Drusus le fit reculer jusque chez les Cattes. Clodion s'y établit et y fit couronner roi Frison son second fils; ce qui fut cause que, depuis, ce pays s'est appelé la Frise. Il revint ensuite à la charge, força les Romains à lui laisser la jouissance paisible de la Hollande et reprit quelques provinces de la Gaule-Belgique. Il mourut en l'an 20 de Notre-Seigneur.

Les Gaulois, déjà las de la domination étrangère, essayaient de tous côtés de redevenir Francs; mais partout les Romains étaient les maîtres. Hérimer, fils aîné et successeur de Clodion, leva aussi l'étendard, combattit les douze années qu'il régna et mourut les armes à la main.

Comme Hérimer ne laissait pas d'enfants, Marcomir, son frère, troisième du nom, lui succéda. Il combattit avec gloire dans les pays de Trèves, Mayence et Cologne, et mourut 50 ans après la naissance du Sauveur.

Marcomir III avait laissé quatre fils, à savoir, Clodomir, qui régna sur quelques provinces de la Gaule-Belgique; Sicamber, qui gouverna avec son fils Melon la Gueldre et le pays de Clèves; Sygemir, qui commanda en Over-Yssel; et Véromir, qui tint le trône en Hollande. Les Romains chassèrent les trois derniers princes. Mais Clodomir reconquit leurs États et agrandit le sien.

C'est vers ce temps-là que la foi fut apportée à Lyon,

à Vienne en Dauphiné, à Valence, à Arles, à Narbonne, à Troyes, à Sens, à Paris et dans d'autres parties des Gaules.

Anténor III, fils de Clodomir, monta sur le trône en l'an 62 de notre salut et ne régna que six ans. Il combattit les Romains et se noya dans la Meuse. Rather, son fils aîné, gouverna vingt et un ans toujours en guerre contre les Romains et presque toujours victorieux. Il fut aidé, à la vérité, par Julius Vindex, Brinnio, Civilis, Classicus et plusieurs autres princes gaulois qui voulaient redevenir Francs, et qui, vaincus enfin, se retirèrent avec Rather au delà du Rhin.

Richimer Ier, fils de Rather, fut proclamé grand prêtre en même temps que roi. Il gouverna vingt-quatre ans et envoya des colonies sur les bords de l'Elbe. Audemar ou Audenar, son fils aîné, monta sur le trône en l'an 143 et régna quatorze ans. — C'était un prince doux, sage, paisible, qui vécut en bonne intelligence avec tout le monde. Il bâtit Audenarde, quelques autres villes et beaucoup de temples.

Il y avait alors en Bourgogne un certain roi Trophime-Étienne, converti, qui vivait si saintement, disent les chroniqueurs, que le Pape le surnomma très-chrétien, d'où est venue, ajoutent-ils, l'épithète donnée aux rois de France, depuis la réunion de la Bourgogne à la couronne des rois de Paris.

Audemar en mourant laissa le trône à son fils Marcomir VI.

Celui-ci commença de régner en l'an du salut 127.

Il secourut l'empereur Adrien dans ses guerres contre les Daces, qui furent contraints de demander la paix, émerveillés qu'ils étaient de voir les Francs et les Bataves armés et à cheval traverser le Danube à la nage sans rompre leurs rangs.

Marcomir avait épousé Attilde, fille de Marianus, roi d'Angleterre, de laquelle il eut sept fils : Clodomir qui lui succéda, Marcomir qui fonda Marcbourg, Clodion mort en Grande-Bretagne, Francus duc d'une province sur la Meuse, Mérodac tué à la chasse par un sanglier, Nicanor qui régna à l'embouchure du Rhin, et Odemar qui fut grand prêtre des Francs-Gaulois. Marcomir mourut en l'année 148 — l'empire romain étant gouverné par Antonin le Pieux, Gaulois d'origine.

Clodomir VI régna sagement l'espace de dix-sept années. Tout ce qu'on sait de plus, c'est qu'il avait épousé Hastilde, princesse de Poméranie.

Pharabert, son fils, notre soixante-quinzième roi, lui succéda en l'an 165; il régna vingt ans, toujours en guerre contre les Romains, qu'il vainquit plusieurs fois. Il sut se maintenir en ses États au milieu de mille obstacles; et c'est de lui que vient la devise du roi des Pays-Bas : « Je maintiendrai. » Roric, l'aîné de ses fils, s'étant noyé, il laissa le trône au puîné, qui est Sunnon.

Celui-ci régna vingt-huit ans. Il passa la Meuse, repoussa les Romains et les chassa presque entièrement de la Gaule-Belgique. Il fut puissamment secondé par Godefroid, roi de Cologne, Véric, duc de Trèves, et Soric, duc des Germains, qui voulaient aussi s'affranchir et qui y parvinrent comme lui, au moins pour un temps.

Childéric Ier, fils aîné de Sunnon, monta sur le trône l'an de Jésus-Christ 213, et y siégea trente-sept ans, toujours vainqueur des Romains. Il avait à sa cour un docte personnage nommé Hildegast, qui poliça ses sujets en leur enseignant plusieurs choses honnêtes et profitables. Comme il était un peu magicien ou astrologue, Hildegast prédit aussi que l'aigle romaine serait un jour terrassée par le lion des Francs. Si bien que le grand roi Childéric, laissant pour lors de côté ses enseignes ordinaires, qui étaient les trois crapauds de sinople et le coq des Gaulois, fit faire des bannières qui représentaient un lion rampant, avec une queue de serpent, de laquelle il entortillait par le cou une aigle impériale, le tout sur champ d'or. Et, en effet, c'est avec ces bannières qu'il se maintint constamment victorieux des Romains.

Barther ou Bather succéda paisiblement à son père Childéric et régna quelque temps sans guerre. Il alla ensuite la chercher jusqu'en Italie, où il pilla Ravenne, pendant que son fils aîné Clovis gouvernait en son absence, et que son second fils Antharius ou Anthaire, portant ses armes jusqu'en Espagne, détruisait Tarragone. Barther revint d'Italie avec une paix honorable. Il mourut dans la vingt et unième année de son règne.

Clovis ou Louis II fit d'abord la guerre avec succès contre les Romains. Il fut ensuite battu près de Mayence par l'empereur Aurélien et obligé de se réfugier en Frise, où il mourut.

Valther, son fils, lui succéda en l'année 298. Il rassembla un corps de Francs, rentra dans les Gaules et s'avança même jusqu'à Troyes en Champagne. Mais ayant été totalement vaincu par Constance, et voyant son armée dispersée, il en mourut de chagrin, après huit ans de règne.

Il eut encore le malheur de laisser un fils qui ne put pas le venger. C'était le premier Dagobert, qui régna onze ans, dans une espèce de retraite, où les troubles qui ravageaient les Gaules empêchèrent qu'on songeât à lui.

Clodion II, fils aîné de Dagobert, monta sur le trône l'an 317. — Il ne régna qu'un an. Mais dans ce court espace de temps il reprit la Gueldre, le duché de Clèves et la Hollande. Il fut tué l'an 318, en combattant vaillamment contre les Romains. Son frère Clodomir, qui était à ses côtés, craignant que la mort ne fît perdre la bataille, revêtit promptement les armes du roi tué et rallia les Français, qui, pensant être toujours commandés par Clodion, remportèrent la victoire.

C'était l'usage des Francs, en couronnant leur monarque, de l'élever sur leurs boucliers. Clodomir V fut proclamé ainsi, tout fumant encore de la bataille qu'il venait de gagner. Il régna dix-neuf ans, étendit ses États jusqu'en Flandre et envoya une colonie de trente mille hommes sur les bords du Mein, chargeant son frère Génebault de la gouverner sous la suzeraineté du roi franc. C'est ce qu'on a depuis appelé la Franconie, comme qui dirait franche colonie de Francs.

Quelques historiens ont dit que les Francs tiraient leur nom de la Franconie. Mais le nom de Franconie ne se trouve pas avant cette époque, tandis que le nom des Francs remonte à des temps bien plus reculés.

Richimer II, que l'on représente coiffé d'un bonnet pointu et armé d'une massue, était fils de Clodomir V. Aidé de son oncle Génebault, duc de Franconie, il fit la guerre aux Romains et agrandit ses États en Belgique. Il régna treize ans, presque toujours les armes à la main ; il fut tué dans une bataille l'an 350.

Théodomir, son fils, faisait sa résidence au château de Diest, et par d'habiles excursions molestait les Romains, qui finirent par le prendre avec sa famille. Théodomir et la reine Hastilde eurent la tête tranchée. Son fils Clodion fut emmené à Rome avec Génebault, Arbogast, Sunnon, Marcomir, Priam, Anténor et plusieurs autres princes francs, *quorum multitudo*, dit Ammien Marcellin, *ea tempestate in palatio florebat*. Mais on tenta vainement d'éteindre en eux les idées de liberté et de franchise. Clodion s'échappa et vint ressaisir le sceptre de son père.

Clodion III régna dix-huit ans, toujours dominé par la pensée de venger son père. Il reconquit les États de ses ancêtres, s'empara même de Cambrai, ravagea tout ce que possédait l'ennemi, brûlant les villes et tuant tout Romain sans miséricorde. Alors Julien, depuis empereur, vint dans les Gaules; Clodion fut repoussé jusqu'en Franconie. Mais peu après il obtint un traité de paix et fut remis en possession de son royaume. Il mourut l'an du salut 378 et eut pour successeur son fils aîné Marcomir, cinquième du nom.

Les Romains ayant sommé Marcomir de leur payer tribut, il leur fit réponse que ses prédécesseurs n'en ayant encore jamais payé, il ne s'écarterait point de leur coutume; si bien qu'on lui déclara la guerre. Une grande bataille se livra près de Cologne; Marcomir en sortit vainqueur. Valentinien prit sa revanche; il repoussa les Francs au delà du Rhin. Marcomir revint avec une armée, qui, sous la conduite des ducs Priam, Génebault, Sunnon et Anténor, fit reculer les Romains à leur tour et reprit à peu près toute la Gaule-Belgique, qui allait jusqu'à Paris. Mais pendant ce temps-là l'empereur Valentinien, ayant passé le Rhin sans bruit, surprit Marcomir en Franconie, le vainquit, le tua et imposa aux Franconiens un tribut; de quoi ils furent si amèrement blâmés par les autres Francs qu'ils ne le payèrent pas.

Marcomir avait régné quinze ans. Son frère Dagobert II lui succéda en l'an 393.

A son avénement au trône, l'empereur Valentinien lui envoya demander le tribut consenti par les Franconiens. Il répondit que les Francs, loin de payer des tributs, avaient coutume d'en imposer, comme ils feraient à lui-même, s'il n'abandonnait pas ses prétentions. Valentinien dit que c'était là de la férocité et non pas de la franchise; il envoya un autre ambassadeur, nommé Sisiamius, que les Francs du Nord tuèrent avec sa suite; après quoi ils se dépêchèrent de prendre les armes, ravagèrent les pays occupés par les Romains et les forcèrent à demander la paix. Dagobert ne régna que cinq ans.

Génebault, son fils, lui succéda. Son règne fut plein de troubles. Les Gaules, dominées par les Romains, étaient encore dévastées par les Vandales. Il profita de cette confusion pour reprendre plusieurs villes de la Gaule-Belgique, et mourut l'an 410 de l'ère moderne.

Marcomir VI, son frère, régna dix ans après lui et mourut également sans laisser d'enfants, ce qui amena quelques troubles. De tous côtés on était las des Romains. Plusieurs Gaulois voulaient une république; mais comment unir tant de peuples de mœurs différentes? Les plus sages et les plus nombreux penchèrent, dans une assemblée générale, pour le maintien de la royauté. Tous les vœux se portaient sur Pharamond (descendant du soixante-huitième roi, Clodomir III), alors duc de Franconie, renommé pour son habileté et sa bravoure. Les Francs passèrent le Rhin, et en mettant le pied dans les Gaules ils proclamèrent Pharamond roi des Français. Les Bourguignons, ou plutôt Bourgognons, comme dit Fauchet, ainsi nommés à cause que leur première ville ou bourg était situé sur la rivière d'Ogne, secondèrent Pharamond; toutes les Gaules se soulevèrent, et on chassa les Romains.

A Pharamond, quatre-vingt-onzième roi, succéda Clodion, son fils; à Clodion, Mérovée, que les chroniqueurs font à tort fils de Clodion. Mérovée laissa le trône à son fils Childéric, père du grand Clovis.

Les recollecteurs de cette généalogie ne l'interrompent pas, depuis Adam jusqu'à Louis XIV; et au temps même de Louis XIII, on voit des historiens, très-considérés alors, aujourd'hui trop peu connus, admettre sans hésiter toute cette histoire que nous avons résumée le plus succinctement possible. Louis XIII accepta la dédicace de l'abrégé qui nous a servi de guide principal, et dont nous avons reproduit tout le fond.

Ce qui suit Pharamond se trouve dans toutes les histoires de France usuelles, où Pharamond entame une nouvelle chronologie.

En nous arrêtant ici, nous soumettrons une remarque au lecteur. C'est que tous ces rois, placés à la file depuis les enfants de Noé, ne sont pas des personnages imaginaires. Tous, en effet, ont régné sur des États plus ou moins étendus. Un savant artiste, qui habite la province, a recueilli d'à peu près tous des monnaies qui forment un cabinet précieux. De vieux érudits ont conservé leurs noms, qu'ils n'ont pas fabriqués. — Mais vingt de ces rois, que l'on couronne les uns après les autres, régnaient en même temps, les uns à Troyes, les autres à Chartres ou à Provins, à Reims, à Châlons, à Rouen, etc., etc. Au temps où César envahit les Gaules, on y comptait environ soixante rois. En les disposant par succession, on a fait une généalogie, qui donne la mesure de ce que nous devons penser des vieilles dynasties chinoises, indiennes, égyptiennes, lesquelles ont certainement la même solution. Ainsi, en Égypte on a rangé à la suite les uns des autres trente petits rois qui régnaient à la fois dans trente médiocres localités ; et on a empli cinq ou six siècles de ce qui n'a occupé réellement que quinze à vingt ans.

Sur de tels fondements, des savants d'une nature exceptionnelle ont bâti leurs systèmes, pour ébranler les données vraies qui établissent les âges du monde.

XXXII. — LES CANARDS CÉLÈBRES.

> Il y a des gens qui ne croient à rien, mais qui ne manquent pas de croire tout cela.
>
> GORGY.

Nous ne venons pas ici vous exposer l'historique des illustrations qui ont marqué dans la famille des palmipèdes, vulgairement appelés canards. Nous ne parlerons ni du canard accusateur, principal personnage d'un ancien mélodrame, qui dévoila un insigne voleur dont il avait déchiré le pantalon; ni du canard conspirateur, que le tribunal révolutionnaire mit à la broche en 1794, pour avoir fait son nid dans un bonnet rouge; ni des deux canards automates de Vaucanson, qui cancanaient, barbotaient, mangeaient et prenaient leur vol en poussant le cri musical de leur race. Vous en avez assez, des automates.

Nous ne ferons pas non plus d'histoire naturelle. Nous laissons de côté le canard de basse-cour, le canard de la Chine, le canard des Canaries, le canard domestique et le canard sauvage, le canard empaillé et le canard d'Irlande. Nous ne décrirons pas la délicatesse des canards, l'excellence de leur estomac, la grâce de leur démarche. Nous nous taisons sur le canard aux navets, le canard aux olives, le canard aux marrons, le canard aux pruneaux. Nous vous faisons même grâce du bec de cane et du proverbe *trempé comme un canard,* qui n'a pas de sel. Et si nous mentionnons le tadorne, que les Allemands appellent canard-renard, les Anglais canard-lapin, et nos chasseurs canard-terrier, parce qu'il se loge comme les taupes, c'est pour montrer que nous avons étudié la question.

Nous pourrons un peu plus loin consacrer un paragraphe au canard végétal, qui rentre, comme on le verra, dans la matière de cette dissertation.

Nous n'en voulons pas non plus aux personnages célèbres de la famille humaine qui ont porté le nom de canard; — ni même aux Hollandais, que Voltaire, qui n'était pas poli tous les jours, appelait canards, — ni enfin à ce ménage tourangeau, sur lequel Thénard avait fait une romance; couple heureux qui ne se séparait point, qui fuyait le monde, qui avait les goûts simples, qui passait doucement ses journées à voir couler l'eau :

> Ces amants de Touraine
> Dont l'histoire et les arts
> Ont célébré la chaîne
> Étaient deux bons canards.

Nous n'avons d'autre but que de rassembler quelques notes sur les échantillons fameux de ces articles de journaux et de ces nouvelles des rues, que l'on est convenu d'appeler *canards*, et qui doivent leur nom étrange à cette circonstance qu'ils produisent les cancans. — (Dans son sens naturel, le cancan est la langue des canards.) — Ces notes pourront servir de matériaux à une histoire qui serait le pendant des Fastes du pouf.

Le canard tient du pouf, avec cette différence que le pouf est intéressé, qu'il a un instinct lucratif, qu'il vise à l'argent, tandis que le canard est ordinairement gratuit et sans arrière-pensée. On a placé le chien qui parle, le brigand Sobri, le serpent de mer dans les poufs : c'étaient des canards.

Vous n'avez pas oublié la *machine à calculer*, annoncée il y a trente ans avec fracas. L'inventeur était le docteur Babbage, professeur au collége de Cambridge ; les journaux anglais donnaient très-longuement l'explication de son ingénieux mécanisme.

Le *Journal des connaissances utiles*, qui s'imprimait à Paris, s'étendait là-dessus avec une gravité, un sérieux qui firent honneur à sa bonne foi. Au moyen de cette machine, disait-on de toutes parts, les professeurs d'arithmétique vont se trouver sans emploi, les mathématiciens se croiseront les bras, la chambre des comptes manœuvrera avec un ressort, les multiplications de fractions se feront à coups de pied, les logarithmes se dérouleront sur une bobine.

Dans le temps de cette nouveauté, à côté de la machine qui imprime, qu'on appelle vulgairement presse mécanique, on avait inventé un *composteur* analogue ; avec un paquet de caractères et un clavier, un livre se composait tout seul. On parlait aussi d'un nouvel instrument de musique, qui rendait la voix humaine, prononçait et chantait. Tous les chanteurs célèbres étaient en alarmes; toutes les voix allaient mourir de faim. C'était aux États-Unis qu'on avait fabriqué ce prodige (1).

Par malheur, la machine à calculer de M. Babbage n'était qu'à moitié faite et ne s'est point achevée; on attend encore les produits du composteur mécanique, et les États-Unis n'ont pas envoyé en Europe leur piano à la voix humaine.

C'est à l'époque de la machine à calculer qu'on put lire dans plusieurs feuilles publiques l'annonce de la *machine universelle*, que nous reproduisons avec plaisir :

« On nous a fait espérer des machines-poëtes et des machines-ministres; en attendant voici une machine domestique. Il y en avait déjà, mais celle-ci du moins est sans malice. Elle vient d'être inventée par M. Birtelm, mécanicien de Manheim, et conduite à une grande perfection.

» Cette machine est une montre qui va quinze jours sans être remontée, et qui épargne à son maître

---

(1) Mais en même temps le *Standard* annonçait de l'Allemagne quelque chose d'analogue. On y lisait :

Machine parlante. — M. Faber, natif de Fribourg, a surmonté, nous dit notre correspondant de Hambourg, les difficultés que présente la construction d'un instrument qui imite la voix humaine. Il a construit une de ces machines, où il a imité en caoutchouc le larynx, la langue et les narines; une paire de soufflets mus à l'aide de pédales et une série de clefs pour modifier les sons forment tout l'appareil. La température affecte le caoutchouc, aussi M. Faber, quoiqu'il puisse tirer de son instrument toutes les inflexions de la voix, appuyer même sur des mots et des syllabes, dit-il qu'il reste beaucoup d'améliorations à y apporter. On sent surtout le besoin de perfectionnement lorsque M. Faber fait chanter sa machine.

une bonne servante ou deux domestiques médiocres. Le matin elle moud et prépare le café; elle blanchit ensuite le linge et le repasse. A table elle aiguise les couteaux. Après le dîner elle lave la vaisselle. Le soir elle sert de métier à faire des bas, tricote une paire de chaussettes, reprend les mailles perdues, ourle les mouchoirs, remet les boutons de culottes. Plus tard elle rince les verres à punch. »

On promettait plus sérieusement alors, dans le *Journal des connaissances utiles* et dans d'autres recueils graves, une machine à blanchir, qui était un simple coffre dans lequel on mettait son linge sale. On le retrouvait au bout de deux heures savonné, blanchi, séché, plié, repassé et calandré.

Le vent soufflait aux machines; on les tirait toujours des États-Unis ou de leur hémisphère, qui a eu le privilége de nous donner plus récemment les habitants de la lune et d'autres merveilles de ce genre. C'est de là déjà que venait cet article inséré dans plusieurs feuilles publiques en octobre 1814 :

« On lit dans les journaux de New-York ce fait singulier :

» Il est rare que nous ayons à mentionner un événement aussi extraordinaire que celui qu'on va voir dans l'extrait suivant d'une lettre datée de Boieville (Mississipi), 13 août :

» L'érection dans ce village d'une grande manufacture avait attiré pour l'inauguration une foule de curieux du voisinage. On fit les dispositions d'un grand dîner; et une salle de verdure fut arrangée pour les dames.

» Quelques jeunes gens, dans l'intention de ménager une joyeuse surprise, avaient pendant la nuit caché une pièce de canon de neuf dans un épais bosquet, à deux cents verges de la salle improvisée. Ils devaient la décharger au moment où l'on porterait le premier toast. La pièce était pointée sur l'entrée de la salle de verdure; elle n'était chargée qu'à poudre. Mais il se fit qu'un peu avant, quelque misérable, que personne ne vit, ayant pris un chat, lui lia les pattes et le glissa dans le canon. On se levait pour porter la santé du premier magistrat du village, lorsque le coup partit. Mistriss Blackson se trouvait à la tête de la table, le bras étendu; le chat l'atteignit, lui emporta la main, brisa dix-huit verres, renversa une carafe, tomba ensuite au fond de la salle et s'enfuit. On a pansé le bras de mistriss Blackson, qui en est quitte pour la perte d'une main; et on frémit aux malheurs plus grands dont la réunion a été préservée. Les autorités ont offert une somme de cinq cents dollars à la personne qui découvrira l'auteur de ce trait abominable (1). »

(1) La *Démocratie pacifique* a publié, au commencement de mai 1846, le trait suivant d'un chat de génie, que l'on doit placer dans les rangs des canards : « Un physicien expérimentait en public; pour prouver qu'on ne peut vivre sans air, il avait mis un chat dans la machine pneumatique. Plusieurs coups de piston étaient donnés. L'animal, qui commençait à se sentir gêné dans une atmosphère qui se raréfiait de plus en plus, eut le singulier bonheur de s'apercevoir d'où venait le danger. Il mit la patte sur le trou qui donnait issue à l'air et empêcha qu'il n'en sortît davantage. Tous les efforts du physicien furent inutiles, soit pour tirer le piston, dont le jeu était arrêté par la patte du chat, soit pour déboucher le trou de la plate-forme. Le chat, dont alors la patte se trouvait dégagée, la retirait aussitôt; mais au premier coup de piston qui le privait d'une portion d'air, il se hâtait de l'y remettre.

Ce qu'il y a de plus remarquable dans de tels canards, que vous ne croyez pas à présent, c'est qu'on les reçoit très-bien dans leur fraîcheur.

Tous les journaux publiaient, il y a vingt-quatre ans, une plaisanterie assez piquante. C'était l'histoire de ce charlatan italien qui, à l'aide d'un sirop merveilleux, avait guéri le célèbre chanteur Duprez d'une extinction de voix et lui avait donné son fameux *ut* de poitrine. Ce conte fut pris au sérieux par un pauvre chanteur de l'Opéra-Comique de Paris, qui écrivit à Duprez pour lui demander le nom et l'adresse du sirop musical auquel il devait sa voix admirable. Il ajoutait : « Si vous me communiquez le secret de la chose, vous pouvez être sans crainte; je ne vous ferai pas concurrence; par respect pour votre voix de ténor, je vous donne ma parole que je me bornerai à prendre du sirop de basse-taille. »

Autre chose. N'a-t-on pas répété ce fait assez récemment :

« On lit dans le *Phénix,* journal de la Nouvelle-Orléans :

» Lundi 14 juin 1841, à la tombée de la nuit, une femme accoucha dans un des chars du rail-road Pontchartrain. Elle jeta son enfant hors du char, sans faire arrêter la marche des wagons, qui se trouvaient vis-à-vis l'hospice du docteur Luzenberg; elle le pensait mort-né, disait-elle. Mardi matin, à cinq heures, l'enfant fut trouvé à terre, vivant et bien portant, et

---

Tous les spectateurs applaudirent à la sagacité de l'animal, que l'on fut obligé de délivrer pour lui en substituer un autre moins intelligent. »

recueilli à l'hospice, où une esclave lui prodigua tous les soins d'une mère.

» On ne s'explique pas comment a pu supporter tant de fatigues un pauvre enfant, né d'une mère que personne au monde n'a secourue au moment de son accouchement, exposé pendant toute une nuit aux insectes et aux intempéries de l'atmosphère, au milieu des bois, après avoir subi une chute presque insupportable à toute autre créature, et laquelle à lui n'a causé qu'une légère petite marque bleue au front. »

Cet article, qui n'est pour nous qu'un canard, était un pouf à la Nouvelle-Orléans, où il annonçait adroitement l'hospice du docteur Luzenberg.

On a donné dernièrement le canard suivant, qui du moins n'est qu'une facétie incapable de tromper personne.

« *Pavé en caoutchouc* — J'en ai bondi comme une balle élastique! et pourtant le fait est positif; il est visible à l'œil nu dans les rues de Londres. Tout Londres est en l'air, et avec le pavé en caoutchouc, la chose était inévitable. Car le sol doit, à chaque pas, faire rejaillir le grave habitant d'Albion à cinq cents millimètres au-dessus du niveau de la chaussée.

» John Bull ne marchera plus; il dansera, il sautera, il bondira d'un quartier à l'autre. On ne verra plus que des sauts dans les rues de Londres.

» Quant aux voitures, elles s'enfonceront dans le pavé jusqu'à l'essieu, les chevaux s'en donneront jusqu'au ventre. Les enfants tailleront en pleine rue pour se faire des balles; les fabricants de bretelles se fourniront chez les paveurs.

» Cette entreprise de pavé est sans contredit l'idée la plus flexible et la plus élastique d'un siècle qui se prête à tout. »

A côté de cette mystification, tous les journaux de Paris, qui aiment les choses merveilleuses, annonçaient qu'une compagnie anglaise venait de prendre un brevet pour une nouvelle machine destinée à transporter à travers les airs les voyageurs, les marchandises et les dépêches; elle ferait en quatre jours le voyage de Londres aux Indes, c'est-à-dire environ cent milles à l'heure.

« Cette nouvelle a été traitée à Paris de pouf britannique; rien n'est pourtant plus vrai, dit gravement le *Globe* parisien, que l'existence de cette compagnie et de cette nouvelle machine brevetée, à laquelle les inventeurs ont donné le nom de *voiture à vapeur aérienne*. Il est certain encore que le service doit être complétement organisé pour le mois de janvier prochain (1). »

(1) On lisait alors à ce propos dans les journaux français : « Le *Newton's London,* journal of arts and sciences, exprime les plus grands doutes sur le succès probable de la voiture à vapeur aérienne (*aerial steam carriage*). On sait que pour mettre en mouvement ce char, il faudra d'abord qu'il soit transporté sur une plate-forme élevée ; avec les roues inférieures disposées sous la caisse de la voiture, ce char descendra rapidement un plan incliné et se trouvera lancé dans les airs, c'est alors que fonctionneront les autres roues dont l'appareil est muni, et dont le jeu doit être aussi approximativement que possible conforme au mécanisme du vol des oiseaux. De la soie huilée et des cannes de bambou, tels seront les éléments principaux dont se composera cette espèce de prodigieux hippogriffe. Il paraît que dans ce char aérien on irait à vol d'oiseau de Londres à Bombay en deux jours. Ce résultat est encore plus étonnant que la machine elle-même, composée : 1° du char à roulettes pour descendre le plan incliné, avec un gouvernail afin de

Ce mois de janvier prochain est passé depuis bien des années, et la voiture aérienne est allée rejoindre la machine du docteur Babbage et la montre qui lave la vaisselle.

La *Gazette des hôpitaux* citait, au printemps de 1852, le récit suivant : « Ne riez pas, je vous prie; ce que j'ai à vous dire est très-sérieux; le fait est rapporté dans un recueil scientifique de l'Angleterre, et il est relatif à un de nos confrères les plus graves et les plus haut placés des trois royaumes unis.

» Le docteur Warvick, se promenant un soir dans le parc de Durham, s'approcha d'un étang où les poissons étaient conservés. Il remarqua un brochet d'environ six livres, qui, effrayé à son approche, se retourna avec une telle précipitation, qu'il se heurta violemment la tête contre un crochet fixé à une pierre et se fractura le crâne. L'animal parut éprouver une douleur inexprimable; il s'élança au fond de l'eau, enfouissant sa tête dans la vase, et tourna avec une telle vivacité que parfois on le perdait entièrement de vue. Après avoir plongé à plusieurs reprises, il finit par sauter complétement hors de l'eau sur le terrain.

» Le docteur, s'étant approché de lui, vit que l'encéphale sortait un peu par la fracture du crâne, et, armé d'un petit cure-dents d'argent, il le remit

---

diriger la course; 2° de deux ailes en soie huilée, montées sur cannes de bambou, afin de fendre l'air; et 3° une queue en soie huilée susceptible de s'élargir ou de se rétrécir à volonté comme celle des oiseaux, pour faire monter ou descendre la machine.

délicatement à sa place et souleva la portion enfoncée du crâne. Le poisson demeura quelque temps immobile, puis fut rejeté dans l'eau. Il parut fort soulagé; mais bientôt il recommença à plonger et finit par s'élancer de nouveau sur le terrain.

» Le docteur fit encore ce qu'il put pour le soulager et le remit dans l'eau. Il continua à sortir de l'étang plusieurs fois, jusqu'à ce qu'enfin, avec l'aide du jardinier, le docteur lui fit une espèce d'oreiller, après quoi il l'abandonna à son sort. Le matin suivant, quand le docteur s'approcha de l'étang, le poisson vint vers le bord et posa la tête sur son pied. Le docteur, étonné de ce procédé, examina le crâne du brochet; il vit qu'il était en bon chemin de guérison, et continua à se promener autour de l'étang. Le brochet persista à nager en le suivant; mais, étant aveugle du côté blessé, il semblait toujours agité quand son bienfaiteur se trouvait de ce côté, où par conséquent il ne pouvait le voir.

» Le docteur amena le lendemain quelques jeunes amis pour leur montrer le brochet, qui vint vers lui comme à son ordinaire, et bientôt il réussit à lui enseigner à manger dans sa main et à venir à l'appel de son sifflet. Ce poisson resta aussi timide que jamais avec les autres personnes. »

Les Américains et les Anglais n'ont pas seuls le privilége de donner des canards. Voici ce qu'on lisait, il y a quelque temps déjà, dans un journal russe :

« Le comte Orlow a présenté à S. M. l'empereur de Russie un phénomène musical des plus extraordinaires. C'est un jeune Valaque nommé Frédéric

Roltz, qui est né avec quatre mains qui ont chacune dix doigts se mouvant avec une dextérité impossible à décrire.

» Ce jeune homme a été élevé jusqu'à l'âge de vingt ans par un pope (prêtre) qui lui a appris à toucher de l'orgue jusqu'à quinze ans. Depuis cette époque, Frédéric Roltz a travaillé seul ; il est devenu d'une force extraordinaire. Ce pianiste phénoménal s'est fabriqué lui-même un instrument de huit octaves, qu'il parcourt avec facilité, car ses avant-bras sont d'un tiers plus longs que les bras ordinaires.

» Pendant huit ans, Frédéric Roltz a travaillé quatorze heures par jour, sans quitter son instrument, même pour manger à midi ; on lui apportait une soupe qu'il prenait d'une main, tandis que les trois autres travaillaient l'instrument. Ce qu'il y a de plus extraordinaire dans ce musicien, c'est que la première main de droite a le style de List, la première de gauche celui d'Émile Prudent, la seconde main de droite le style de Talberg, la seconde de gauche celui de Schopin ; à l'aide de ces diverses nuances, Frédéric Roltz produit des effets admirables.

» Le pope qui a élevé Frédéric Roltz est mort l'année dernière et lui a laissé une petite fortune avec laquelle le pianiste à quatre mains a acheté plus de deux cents bagues, ornées de roses, de petits brillants. Lorsqu'il joue, il met toutes ses bagues, et cela produit sur les touches une pluie d'étincelles.

» Frédéric Roltz se propose de venir à Paris et d'y donner des concerts. »

Les journaux sont les patrons des canards. Ils les

accueillent avec une vraie tendresse. On a parié un jour, et le pari a été gagné (au temps où l'on payait le passage du pont des Arts), que la nouvelle suivante serait publiée par tous les journaux :

« Les receveurs du pont des Arts ont fait une singulière remarque; depuis cinq ans, le même sou, très-reconnaissable à une marque particulière, donné tous les jours plusieurs fois et tous les jours rendu, n'a jamais cessé de se retrouver le soir dans le compte de la recette. »

Dans les journaux de la fin de janvier 1842, on lisait : « On parle d'un beau chien de Terre-Neuve que M. le comte de C... a acheté en Italie, et qui laisse bien loin derrière lui les Munito et toutes les merveilles de ce genre. On raconte de cet animal des choses presque incroyables. Ainsi, il joue aux échecs, aux dames, aux cartes; il fait les quatre règles de l'arithmétique sans jamais commettre une erreur; et il prononce distinctement trente-trois mots français, dont six de quatre syllabes. M. le comte de C..., auquel ce chien coûte vingt-quatre mille francs, en a refusé quatre mille livres sterling d'un spéculateur anglais... »

Mais nous ne pouvons nous dispenser de donner ici l'origine du mot *canard*, appliqué à des bruits absurdes. Le dictionnaire de l'Académie n'en a pas encore consacré l'usage; voici comment M. Quetelet de Bruxelles raconte cette origine dans l'Annuaire de l'Académie (*Notice sur Norbert Cornelissen*) :

« Pour renchérir sur les nouvelles ridicules que les journaux lui apportaient tous les matins, Cornelissen avait fait annoncer, dans les colonnes d'une de ces feuilles, qu'on venait de faire une expérience intéressante, bien propre à constater l'étonnante voracité des canards. On avait réuni vingt de ces volatiles; l'un d'eux avait été haché menu et jeté aux dix-neuf autres, qui en avaient avalé gloutonnement les débris. L'un de ces derniers, à son tour, avait servi immédiatement de pâture aux dix-huit survivants, et ainsi de suite jusqu'au dernier, qui se trouvait par le fait avoir dévoré ses dix-neuf confrères dans un temps déterminé très-court. Tout cela, spirituellement raconté, obtint un succès que l'auteur était loin d'en attendre. Cette petite histoire fut répétée de proche en proche par tous les journaux et fit le tour de l'Europe; elle était à peu près oubliée depuis une vingtaine d'années, lorsqu'elle nous revint de l'Amérique avec des développements qu'elle n'avait point dans son origine, et avec une espèce de procès-verbal de l'autopsie du dernier survivant, auquel on prétendait avoir trouvé des lésions graves dans l'œsophage. On finit par rire de l'histoire du *canard,* et le mot resta. »

On a pu voir qu'en général les inventions ne naissent pas d'un jet, non plus que les découvertes qui demandent quelque étude. Les canards mêmes ne sont pas modernes, car les anciens en sont riches; et ces excentricités peuvent confirmer la parole de Salomon, qu'il n'y a rien de nouveau sous le soleil. Nous rappellerons, à propos de l'électricité, que les anciens ont connue, un fait assez remarquable. L'odieux Marat, quelques années avant son horrible célébrité, frappé des effets de la machine électrique, surtout du fluide qu'une chaînette de mille pieds lançait à distance en moins d'une seconde, alla trouver le physicien Charles et eut avec lui une discussion animée, où il soutenait qu'avec cet agent on pouvait obtenir ce que nous avons aujourd'hui, et que nous appelons la télégraphie électrique; on le traita de fou, parce qu'alors on s'occupait des télégraphes de Chappe, aujourd'hui sans valeur. Il en a été de même de Fulton, que l'Académie des sciences, à qui il présentait son bateau à vapeur, repoussa comme un songe-creux.

Les philosophes mêmes, les hérétiques, les schismatiques, et tous ces hommes qui veulent réformer ou redresser les choses saintes, n'ont l'initiative de rien. Tout leur procédé consiste en négations. Or, ils ont été précédés dans cette voie, aux premiers jours du monde, par celui qui a menti dès le commencement, et qui a introduit dans le monde la négation.

Et appliquée à la vérité, qui est la vie, la négation est la mort.

On peut consulter d'autres légendes qui se rapportent aux *Origines*, dans divers volumes de cette collection, comme la Légende du houilleur, où l'on reporte au moyen âge seulement la découverte de la houille, qui était connue dès le temps de Job; cette légende a sa place dans les *Légendes des esprits et démons;* les almanachs ont leur histoire dans les *Légendes du calendrier;* l'Histoire de la liberté se rencontre dans les *Légendes des vertus théologales;* la Pierre de Brunehaut dans les *Légendes infernales;* le Comte de la mi-carême dans les *Légendes des commandements de l'Église.* Il y a aussi quelques origines dans les *Légendes des croisades,* dans les *Légendes du moyen âge* et dans celles de *l'Histoire de France.* Les Origines du monde entament les *Légendes de l'Ancien Testament.*

FIN.

TABLE ALPHABÉTIQUE.

Abdication, 190.
Acarus de la gale, 131.
Adam, premier roi de France et du reste de la terre, selon les vieilles chronologies, 343.
Aérostatique (l'), 300, 305 en note.
Aérostats, devinés par les anciens, 339.
Aimant (l'). Ses propriétés connues des anciens, 340.
Albert (l'archiduc) établit les monts-de-piété en Belgique, 240.
Alembert (d'). Un de ses mensonges, 337.
Alexandre le Grand. Une anecdote, 336.
Alliance de la religion et de la liberté, 19.
Allobroges. Leur origine, 351.
Allumettes chimiques. Leur origine, 340.
Anaxagore. Ce qu'il dit des comètes. 339.
Anaximène enseignait la pluralité des mondes, 336.
Anciens (les). Nous leur devons presque toutes les initiatives, 334.
Angleterre (l') n'était pas autrefois séparée de la Gaule, 347.
Annonces de parades, 155.
Antipodes (les), connus de Platon, 337. Moyen de se transporter chez eux en douze heures, 304.
Anvers. Origines de cette ville, 174. Sa splendeur au seizième siècle, 177.
Araignées. Leurs fils tissés, 8.
Architas de Tarente. Son aérostat, 339.
Aristarque. Ses découvertes, 337.
Aristote, à propos de l'éternument, 283. Peut réclamer beaucoup de découvertes attribuées aux modernes, 335.
Arnould le Vieux. Son abdication, 190. Sa mort, 196.
Assistants (les) aux clubs, payés, 13. Aux prêches, *ibid.*
Augustin (saint), auteur de l'argument « je pense, donc je suis », que Descartes s'est attribué, 335.
Aventures de Claude Pochinet, 37.
Avocats. Leurs prétentions dès le quinzième siècle, 264.
Ballons (les), 300.
Bardes (les). Leur origine, 347.
Bateau (le) volant, 302.
Batteries flottantes inventées autrefois, 189.
Baudouin III, comte de Flandre. Ses noces, 190. Couronné, 192. Sa mort, 195.
Bazars d'échange, 195.
Berquen (Louis de) invente l'art de tailler les diamants, 66.
Beukels (Guillaume), inventeur de l'encaquement des harengs, 54.
Binocles. Leur invention, 7.
Blanchard, aéronaute, 302, 306.
Boussole (la). Ses origines, 286, 290. Connue de l'ancienne Egypte, 291, note.
Broussais et les sangsues, 225.
Canard de Vaucanson, 340.
Canard pouf, 382.
Canard (les) célèbres, 375. Origine du canard, 387.
Canon, le plus ancien connu, 189.
Carillon (le premier), 204.
Cartes à jouer, 253, 256.
Centripètes et centrifuges (les forces), connues de Plutarque, 355.
Charlatans de foire, 138.
Charlemagne. Ses flottes, 288.

Charles le Téméraire, 65. Son diamant, *ibid.*
Chartes et libertés. Comment elles ont été acquises, 221.
Chevaliers errants, 48.
Chevalier (le) du cygne, 48.
Chien canard, 387.
Chloroforme, connu de Papin, 340.
Chronologie (la) des temps obscurs. Comment elle s'explique, 374.
Cimbres (les). Leur origine, 358.
Clèves. Une légende de ce duché, 49.
Cocher (le) de Charles-Quint, 23.
Collier (le) de perles, 237.
Colomb trouve le tabac, 230.
Colombe-aérostat d'Architas, 339.
Composteur mécanique; canard, 377.
Copernic. Ce qu'il doit aux anciens, 337.
Corpuscules, enseignés par Aristote, Epicure et Plutarque, 335.
Correction typographique, 280.
Danse (la) armée, 109. Danse macabre, 116.
Davy. Sa lampe connue au dix-septième siècle, 340.
Découvertes des anciens attribuées aux modernes, 333.
Delepierre (M. Octave), cité, 274.
Démocrite connaissait la voie lactée, etc., 334 et suiv.
Descartes a peu inventé, 334.
Diamant (le premier) taillé, 64.
Disputes de priorité, 1.
Docteur (le) Péperkouk, 125. Avide du titre de docteur, 129. Fait la parade, 156. Son habileté, 166. Breveté docteur, 172.
Droits réunis. Qui les a inventés, 9.
Druides (les). Leur origine, 346, 347.
Dutens (Louis). Ses recherches sur l'origine des découvertes attribuées aux modernes, 333.
Duteil (M.), conservateur du musée égyptien au Louvre, cité, 291, note.
Echanges faute de monnaie, 194.
Echasses (les) de Namur, 291. Leur antiquité, 299.
Electricité (l'), connue des anciens, 340.
Elzévir (les), imprimeurs célèbres, 279.

Epicure pillé pas Newton et Gassendi, 335.
Erlinn, le chevalier du Cygne, 51.
Escaut (l'), figuré par un géant, 177.
Espagne (l'). Ses origines, 349.
Estomac, siége de l'intelligence, suivant Van Helmont, 226.
Eternument (l'), 281. Honoré du temps d'Homère, 283. S'il a quelque chose de divin, 285.
Fernand Cortès et ses vaisseaux, 9.
Fétis (M.), cité à propos des carillons, 210.
Feu. Ce qu'en dit Van Helmont, 226.
Fichet (Guillaume), savant généreux du quinzième siècle, 261.
Flessingue. Son origine, 353.
Flibustiers (les). Leur origine, 316.
Fournier (M. Edouard), cité, 338, 339.
Franconie. Origine de ce nom, 370.
Franklin. Son paratonnerre dû aux Etrusques, 341.
Frontignières a publié les mémoires d'Œxmélin, 324.
Fusées à la congrève, dues à Louis de Collado, 340.
Fust (Jean). Un des pères de l'imprimerie, 257. Son voyage en France, 267.
Galates (les). Leur origine, 349.
Galilée rendait justice aux anciens, 336.
Gallipoli. Son origine, 349.
Gallo-Grèce. Origine de ce nom, 361.
Gassendi a moins découvert qu'on ne le croit, 335.
Gaubil (le P.), cité à propos du télescope, 338.
Géant (le) d'Anvers, 178.
Gering (Ulric) amène l'imprimerie à Paris, 272.
Godefroid de Bouillon entre à Jérusalem le premier, 3.
Gomer, petit-fils de Noé, père des Gaulois et des Francs, 345.
Gravitation (la), connue de Plutarque, 335.
Grenades et grenadiers à la guerre. Leur origine, 185.
Grotius (madame). Son dévouement, 9.
Gusmao (le P.), jésuite portugais, qui le premier a découvert l'aérostatique, 305.

Guttenberg, 256.
Guyot de Provins, cité, 291.
Hahnemann, 226.
Hareng peck. Ce que c'est, 61.
Hareng saur, *ibid.*
Harengs (les). Origine de l'art de les conserver, 54.
Héliogabale. Ses loteries bizarres, 198.
Henri IV. Trait qu'on lui prête, 2.
Homœopathie, 226.
Idées (les) innées sont connues de Platon et de saint Augustin, 335.
Imprimeurs (les premiers), 252. Imprimerie due au clergé, 253. Elle a eu pour ennemis à sa naissance non les moines, mais les copistes laïques, 264.
Imprimerie (l') en Chine au huitième siècle, 257.
Incas (les) au Pérou, copie des Lévites de l'Ancien Testament, 332.
Iroquois (les). Origines qu'ils se donnent, 342.
Jacob. Légende de l'éternument, 281.
Jacotot. Sa méthode connue des Grecs, 340.
Jacques Ier hostile au tabac, 235.
Jean Ier, comte de Namur, 292.
Jean V, roi de Portugal, 305.
Jeanne d'Arc, Champenoise, 2.
Je maintiendrai, devise du roi des Pays-Bas. Son origine, 368.
Jenner. Sa vaccine connue des Hindous, 341.
Jérusalem. Qui y est entré le premier? 3, 4.
Kircher (le P.). Son opinion sur la boussole, 290.
Knops, gueux des bois, 237.
Koeck (Barthélemy) fait le premier carillon, 205.
Lamennais, cité, 19.
Langues interdites, 10.
Lapeyrouse, navigateur, 307.
Laurette d'Alsace, 109.
Leen (Gérard), artiste, 277.
Liberté (la) avec la religion, 20.
Libertés (les) n'ont pas été conquises par la révolte, 221.
Lierre en Belgique. Son origine, 352.
Linné. Ce qu'il dit du tabac, 235.

Lisbonne. Son origine, 353.
Loterie (histoire de la). Son antiquité, 196. Loterie de 1720, 202. Loteries romaines, *ibid.*
Lombards (les). Leur origine, 348.
Louis XI. Redressements historiques en faveur de ce roi, 265. Protége les premiers imprimeurs, 270.
Louis XIV à la conquête des Pays-Bas, 125. Est guéri par Péperkouk, 170. Il le fait docteur, 172.
Lune (la) habitée, selon quelques anciens, 339.
Lyon. Son origine, 350.
Machine à blanchir. Canard, 379.
Machine à calculer. Canard, 377.
Magiciennes des Sarasins à Jérusalem, 4.
Maizières (Philippe de), auteur du *Songe du vieux pèlerin*, cité, 59.
Malatesta (Pandolphe), dit inventeur des bombes, 188.
Marat, un fait de lui, 389.
Marie d'Artois, comtesse de Namur, 292.
Marmite (guerre de la), 300, 307.
Médecins, vains de leurs priviléges, 136.
Mesmer, 225.
Méxique (le). Son antiquité, 333.
Mirabeau, peint par Victor Hugo, 18.
Montesquieu, cité en faveur de Louis XI, 267.
Montgolfier. Son aérostat, 300.
Monts-de-piété. Leur origine, 240.
Napoléon Ier. Ses calembours sur les noms, 85.
Navigation (la) prospère au moyen âge, 288. Source de richesse et de puissance, 289.
Newton a moins découvert qu'on ne le croit, 335.
Nicot introduit le tabac en France, 230.
Nihisdale (lady). Son dévouement, 9.
Noé. Est-il venu en France? 345.
Noms inventés ou empruntés, 71. Corrigés, 73. Origines des noms, 74. Noms excentriques, 76. A calembours, 78. Noms effrayants, 82.
Œxmélin (Alexandre), le Robinson flamand, 312.

Oolen. Pintes de ce village, 88.
Ordéric Vital, cité, 4.
Orgues au huitième siècle, 13.
Orlow (le comte). Son canard, 385.
Orphée enseignait la pluralité des mondes, 336.
Oudegherst (Pierre), cité, 241.
Papin. On lui doit la machine à vapeur, 340.
Paracelse, 225.
Parades, 146, 155.
Paris. Son berceau, 348, 352. Clos de murs par les fermiers généraux, 307.
Parlement (le) de Paris arrête comme sorciers les premiers imprimeurs, 263, 269.
Pascal, sur les idées mères, 7.
Personnages vivants mis en scène au théâtre, 101.
Pendu (un) qui n'en meurt pas, 41. Un autre pendu qui tue son bourreau, 47.
Péperkouk (le docteur), 125.
Pérou (le). Par qui peuplé, 332.
Perruque (la) de Philippe le Bon, 211.
Pestalozzi. Son enseignement mutuel connu des vieux Romains, 340.
Petun, nom du tabac au Brésil, 232.
Pic de la Mirandole, cité, 7.
Pie VII, cité, 20.
Pierre (Jean de la), savant de Sorbonne, 262.
Pilâtre des Rosiers, aéronaute, 309. Sa mort, 310.
Pipes à fumer antérieures au tabac, 235.
Pisciculture (la), connue des Chinois, 341.
Plantin, imprimeur célèbre, 279.
Platon pillé par les modernes, 335 et suiv.
Pline, à propos de l'éternument, 284.
Pluralité des mondes enseignée par les anciens, 336.
Plutarque peut réclamer beaucoup de découvertes attribuées aux modernes, 335.
Pochinet (Claude). Ses aventures, 37.
Portugal (le). Origine de son nom, 359.

Postes (les). Qui les a inventées? 9.
Présent (un) impérial, 86.
Presse (la première) à Paris, 261.
Priorité (la), où est-elle? 1.
Pythagore pillé par les philosophes modernes, 335 et suiv. Ce qu'il pensait de la lune, 339.
Quetelet (M.), cité, 387.
Quinquet (le) dû à Léonard de Vinci, 340.
Quirino (Pierre). Ses voyages, 325.
Raspail (M.). Sa médecine due au vieux Avicennes, 340.
Réaumur. Son avis sur les fils d'araignée, 8.
Régent (le), diamant précieux, 69.
Représentation (une) dramatique en 1587, 101.
Rêves appliqués à la loterie, 203.
Rhubarbe. Un des premiers essais de cette plante, 34.
Rime (la), quand inventée, 18. Inventée par Samothès, 346.
Robinson (le) flamand, 312.
Roi (le) des harengs, 62.
Rois de France. Leur chronologie depuis Adam, 343.
Rolt et ses fils d'araignées, 8.
Romain, aéronaute, 309. Sa mort, 310.
Saint-Simon. Ses mémoires cités, 69.
Salle (Jean de la). Son invention, 189.
Salomon. Ses flottes, 387.
Samothès, premier roi qui ait résidé en France, 346.
Sancy (le), diamant de Charles le Téméraire. Son histoire, 67.
Sans-culottes fiers de ce nom, 238.
Scipion justifié, 11.
Schœffer, un des pères de l'imprimerie, 257.
Séguier (le président). Un petit trait, 11.
Sénèque, cité à propos des comètes, 339.
Serna-Santander (M. de la), cité, 274.
Sizains singuliers, 13.
Sorbonne (la). Faits à son éloge, 261. Dote Paris de l'imprimerie, 270.
Spallanzani, 226.
Sphéricité de la terre connue des anciens, 338.

Stras, faux diamant. Son inventeur, 71.
Tabac (le) et ses usages, 230. Origine de son nom, 231. Ses effets, 236.
Tertullien, cité, 20.
Thalès. Sa doctrine sur l'eau, 226.
Thierry Martens, imprimeur, 276, 277.
Thou (de), l'historien, cité, 186.
Télescopes, connus des anciens, 338.
Télescope à réflexion n'est pas dû à Newton, 338.
Tibère, à propos de l'éternument, 284.
Titus fait des loteries, 198.
Tortue (île de la), 316.
Tourbillons (les) de Descartes, dus à Leucippe et à Démocrite, 336.
Troyens (les). Leur origine, 355.
Turenne. Un mot supposé de lui, 2.

Van Helmont (le docteur), 218.
Vapeur (la) au huitième siècle, 13.
Vaugelas, administrateur des loteries, 199.
Véber (Martin), cocher de Charles-Quint, 24.
Verbrouck (Servais), médecin à Courtray, 129.
Victor Hugo, cité, 18.
Virgile, cité à propos des postes, 9.
Virgile, évêque de Salzbourg, justifié, 337.
Voiture à vapeur aérienne, 383.
Voleurs (une aventure de), 143.
Wachtendonch, ville qui prétend avoir reçu les premières grenades, 186.
Westphalie. Origine de ce nom, 362.
Xénophon, à propos de l'éternument, 284.

TABLE DES MATIÈRES.

I.	Disputes de priorité.	1
II.	Les idées nouvelles.	7
III.	L'alliance de la religion et de la liberté.	19
IV.	Le cocher de Charles-Quint.	23
V.	Les aventures de Claude Pochinet. Mémoires d'un pendu.	37
VI.	Le chevalier du Cygne.	48
VII.	Les harengs de Guillaume Beukels.	54
VIII.	Le premier diamant taillé.	64
IX.	Les noms propres.	71
X.	Un présent impérial.	86
XI.	Une représentation dramatique en 1587.	101
XII.	La danse armée.	109
XIII.	Le docteur Péperkouk.	125
XIV.	Le géant d'Anvers.	174
XV.	Les grenades.	185
XVI.	Le règne court de Baudouin III.	189
XVII.	Histoire de la loterie.	196
XVIII.	Le premier carillon.	204
XIX.	La perruque de Philippe le Bon.	211
XX.	Le docteur Van Helmont.	218
XXI.	Le tabac et ses usages.	230
XXII.	Le collier de perles.	237
XXIII.	Les premiers imprimeurs.	252
XXIV.	L'éternument.	281
XXV.	La boussole.	286
XXVI.	Les échasses de Namur.	291
XXVII.	Les ballons.	300
XXVIII.	Le Robinson flamand.	312
XXIX.	Les voyages de Pierre Quirino.	325
XXX.	Les découvertes attribuées aux modernes.	333
XXXI.	Les origines des peuples.	341
XXXII.	Les canards célèbres.	375

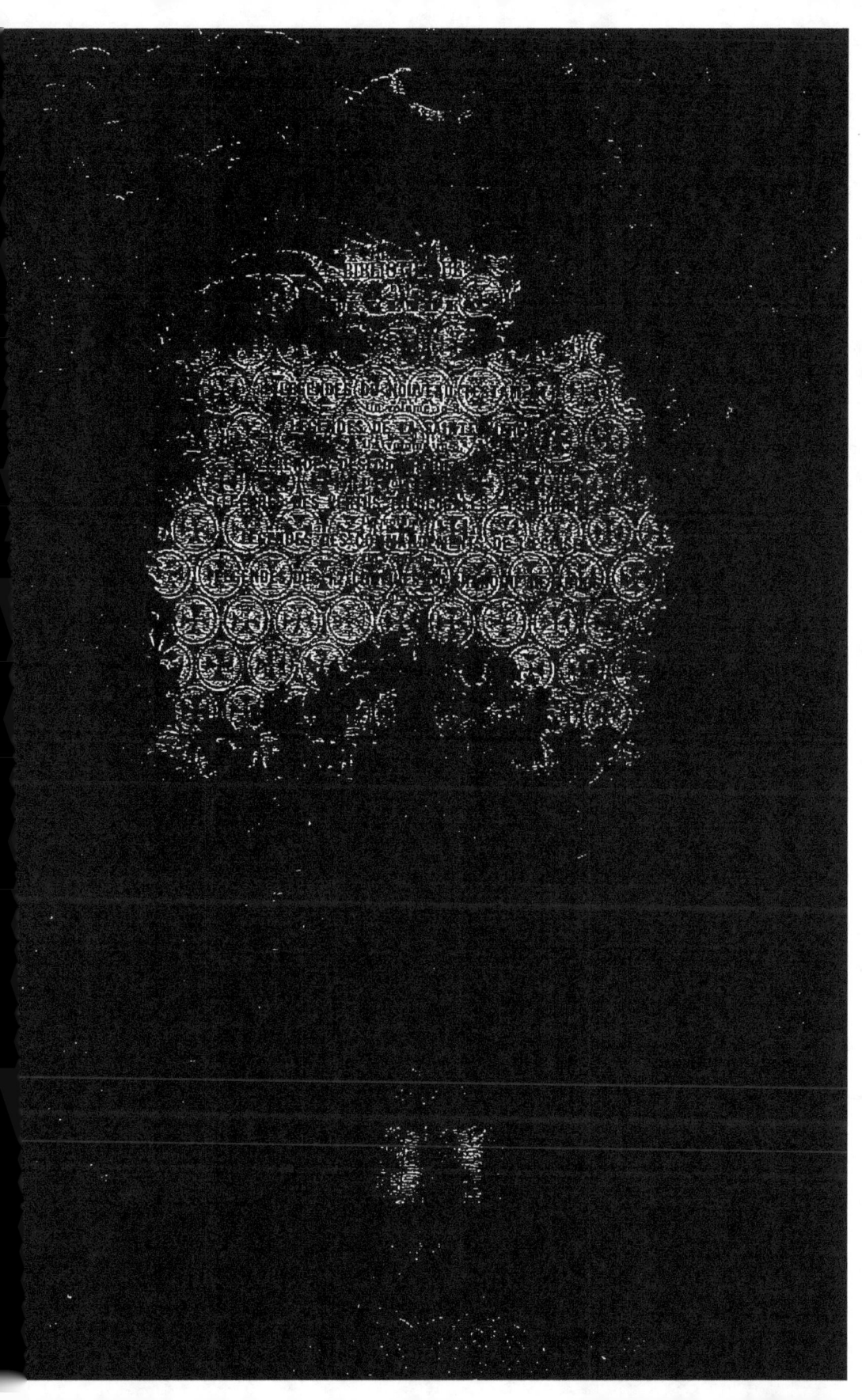

www.ingramcontent.com/pod-product-compliance
Lightning Source LLC
Chambersburg PA
CBHW052138230426
43671CB00009B/1295